JUSTINA RUIZ DE CONDE

EL CANTICO AMERICANO DE JORGE GUILLEN

TURNER
MADRID

Mauricio d'Ors, editor. Rosales, 52. Madrid-8.
ISBN 84 - 85118 - 11 - 1
Depósito legal: M. 28733-73
Imprimió EOSGRAF, S. A. Dolores, 9. Madrid-29
PRINTED IN SPAIN

A la memoria de mi hermano
José Antonio Ruiz Malaxechevarría
(1912-1968)

Introducción

Este libro sobre la poesía americana de Jorge Guillén nació con intención de averiguar si el poeta hubiera escrito de la misma manera caso de haberse quedado en España, es decir, de resolver en un aspecto un problema comparable al del de la cuadratura del círculo, y, en otro aspecto, de volver a descubrir el Mediterráneo. Porque verdad es, por un lado, que por mucha imaginación y muchas computadoras que poseamos, nos quedaremos sin saber qué y cómo hubiera escrito de no haber salido de España en 1938, y, por otro lado, que, con la obra de Guillén ya completa y en la mano, la mayoría de la crítica está de acuerdo en afirmar su inquebrantable continuidad de temas y estilo. Pronto caí en la cuenta de todo esto y de algo más también. Mi elevado y académico propósito inicial, justificadísimo para las aulas universitarias, no era en el fondo más que una tapadera subconsciente de algo mucho más humano e interesante para mí: Jorge Guillén, amigo y compañero mío en Wellesley College, a quien conocí en Middelbury el verano de 1940. Enderecé entonces mis intenciones a escribir un pequeño estudio de los poemas escritos en y sobre Wellesley, College o miniciudad; lo amplié después a otros que se relacionaban con los Estados Unidos; y, por fin y aconsejada por Guillén mismo, determiné incorporar otros acerca de México, Colombia y Puerto Rico, formando así este *Cántico americano*. En el último momento incluso puede que se me haya ido la mano, porque he decidido incluir también poesías no estrictamente americanas (como «Familia») referentes a la vida de Guillén en este continente, pero de carácter universal y a la vez privado, poesías que, en mi entender, se ajustan perfectamente al tono de mi antología.

Este libro está dividido en tres partes: antología, comentarios y notas, y apéndices. La antología comprende setenta poemas de asunto americano [1] casi exclusivamente, tomados de *Cántico, Clamor* y *Homenaje* [2]. Comento solamente trece de ellos, todos de *Cántico* (1950), mientras que los demás llevan simplemente unas breves notas. Tanto éstas como aquéllos van dirigidos al lector culto, no al especialista. Por eso pongo en apéndices algunas observaciones o algún mínimo descubrimiento de interés para los eruditos. Los otros apéndices contienen datos de la vida académica del poeta en Wellesley College y alguna anécdota más personal de su estancia allí, época relacionada con el último *Cántico* y a veces reflejada en dicho libro o en los posteriores.

En realidad, estas poesías sobre América y compuestas en su mayoría aquí pudieran haberlo sido en cualquier lugar. Sin embargo, escritas así en el Nuevo Mundo expresan más de cerca y con mejor luz aspectos muy intensamente americanos. La visión y la expresión de Guillén son muy consistentes a lo largo de toda su obra, es el detalle de la realidad del que hace saltar la chispa para el poema lo que varía. Por esto, fijando la mirada en América, enriquece su obra con cosas y casos particularmente americanos. Como la miniciudad en el frondoso bosque, el cementerio urbano, las grandes ciudades a base de rascacielos, las inmensas nevadas y otros paisajes, el cinematógrafo y sus estrellas, la publicidad, los indios, los negros, los desterrados, los volcanes, canales y jardines de México, los coquíes de Puerto Rico, los Cerros de Bogotá, la montaña dentro de la montaña, los altavoces, el *garden party,* los atracos, el *campus* y sus universitarias. Americanos son también los des-

[1] Ya en la imprenta este libro, Jorge Guillén me ha hecho el nuevo favor de enriquecerlo con el anticipo de otros diez poemas, inéditos aún, también de tema americano y que formarán parte de su libro *Otros poemas,* en vías de próxima publicación.

[2] *Cántico,* Buenos Aires, Editorial Sudamericana, 1950, por lo que citaré. *Clamor: tiempo de historia* tiene tres tomos, publicados también en Buenos Aires por la misma Editorial Sudamericana: *Maremágnum,* 1957; *...Que van a dar en la mar,* 1960, y *A la altura de las circunstancias,* 1936. *Homenaje: reunión de vidas* se publicó en Milán, All'Insegna del Pesce d'Oro, en 1967, donde en 1968 vio también la luz *Aire nuestro,* edición definitiva de la poesía completa de Guillén. Emplearé las siguientes abreviaturas: C., *Cántico;* Cl., *Clamor;* M., *Maremágnum;* Q., ... *Que van a dar en la mar;* A., *A la altura de las circunstancias;* H., *Homenaje;* A. N., *Aire nuestro.*

trozos de Carry Nation, el suicidio de Marilyn Monroe y el asesinato de John Fitzgerald Kennedy en 1963, en Dallas. La sensibilidad de Guillén recibe estos estímulos y responde a ellos con poemas, muchos de los cuales se encuentran en la antología de la primera parte de este libro.

Debo hondo reconocimiento a Jorge Guillén por la ayuda prestada en la preparación de *Cántico americano.* El mismo eligió muchos de los poemas, él leyó también la primera versión y me hizo observaciones, él me concedió permiso para reproducir las poesías, y él, en fin, en nuestras numerosas conversaciones y cartas, me aconsejó, me iluminó y me animó de manera tan fundamental, que no es convencional retórica expresarle aquí mi gratitud diciéndole: «Gracias, don Jorge, sin su auxilio esta *suite americaine* hubiera naufragado.»

Mass., julio de 1969.

J. R. C.

PRIMERA PARTE

ANTOLOGIA

NOTA PRELIMINAR

La numeración al margen izquierdo del texto de estos setenta poemas corresponde a las estrofas y, cuando no existen éstas, a grupos de versos que establezco para simplificar. En el caso de estrofas uso números cardinales; en el de grupos, ordinales.

Las poesías, con la excepción de algún «trébol», siguen el mismo orden que les dio Guillén en *Cántico* de 1950, *Clamor* y *Homenaje*. Cuando sé la fecha de composición, la doy, casi siempre según el día en que Guillén las comenzó, aunque en el caso de poemas con comentario (segunda parte) proporciono a veces la de los días en que el poeta los trabajó, corrigió y completó. En la mayoría de los casos, estas fechas me las ha suministrado Guillén mismo, después de consultar sus notas.

He agrupado estas poesías en un índice alfabético que se puede consultar en las últimas páginas de este libro.

POESIAS

I. CANTICO

1

LAS SOLEDADES INTERRUMPIDAS

1 Hay robles, hay nogales,
Olmos también, castaños.
Entre las muchas frondas
El tiempo aísla prados.

2 Troncos ya no. Son tablas.
Renacen las maderas.
... Y una pared, un porche.
Ya es un pueblo: se esfuerza.

3 Colorines. Reluce,
Desordenando el día
Más luminosamente,
La terca tentativa.

4 Casas, al fin, despuntan
Por entre unos verdores
Sujetos a un dibujo
Sumiso. Quiere el hombre.

5 Las calles —rectilíneas
Y tan silvestres— quedan
Acogiendo aquel ansia
De historia con su selva.

6 ¡Oh codicia elegante!
El cristal de las lunas
No deja al maniquí
Perder su compostura.

7 Todo está concebido.
¡Cuidado! La persona
Se detiene en un borde,
Con los demás a solas.

8 Y se desgarra el tiempo...
Es el pitido súbito
De un tren que allí, tan próximo,
Precipita al futuro.

9 Fluyan, fluyan las horas:
Gran carretera. Van
Manando ya las fuentes
De la velocidad.

10 Los follajes divisan
A los atareados,
En su esfuerzo perdidos,
Oscuros bajo el árbol.

11 Un rumor. Son las hojas
Gratas, profusas, cómplices.
Los tejados contemplan
Tiernamente su bosque.

2

VIDA URBANA

1 Calles, un jardín,
Césped —y sus muertos.
Morir, no, vivir.
¡Qué urbano lo eterno!

2 Losa vertical,
Nombres de los otros.
La inmortalidad
Preserva su otoño.

3 ¿Y aquella aflicción?
Nada sabe el césped
De ningún adiós.
¿Dónde está la muerte?

4 Hervor de ciudad
En torno a las tumbas.
Una misma paz
Se cierne difusa.

5 Juntos, a través
Ya de un solo olvido,
Quedan en tropel
Los muertos, los vivos.

3

TIEMPO LIBRE

1 ¿Apartamiento? Campo recogido
Me salve frente a frente
De todo.

2 Jardín, no. Sin embargo...
Una atención de experto
Vigila,
Favorece esta pródiga ocurrencia.
¿Artificio de fondo?
Delicia declarada.
El césped
Nos responde a los ojos y a los pies
Con la dulzura de lo trabajado.

3 Yo. Solo.
¿Será posible aquí
—Centro ya fatalmente—
Una divagación, y solitaria?
Todo conmigo está,
Aunque no me columbre nadie ahora
Con sus ojos de insecto,
Su arruga de corteza,
Su ondulación de sol.

4 Siempre, siempre en un centro —que no sabe
De mí.
Seguro de alentar entre existencias
Con presión de calor tan evidentes,
Heme aquí solidario
Del día tan repleto,
Sin un solo intersticio
Por donde se deslice
La abstracción elegante de una duda.

5 Duden con elegancia los más sabios.
Yo, no. ¡Yo sé muy poco!
Por el mundo asistido,
Me sé, me siento a mí sobre esta hierba
Tan solícitamente dirigida.
¡Jornalero real!
También de mi jornada jornalero,

Voy pisando evidencias,
Verdores.

6 Esos verdores trémulos clarean
Plateándose, fúlgidos
Bajo el sol, hacia el sol allí pendiente:
El álamo es más álamo.
De pronto
Se oscurece el rincón, las hojas pálidas.
Y el álamo despunta
Más juvenil aún:
Su delgadez se afila.

7 Vigor, y de verdores.
Bajo la mano quedan.
Hojas hay muy lucientes
Y oscuras.
¡Rododendros en flor!
Extendidos los pétalos,
Ofreciéndose al aire los estambres,
Muy juntos en redondo,
La flor es sin cesar placer de amigo.

8 En las tan entregadas
Corolas
Se zambullen avispas, abejorros,
Y con todo el grosor
Menudo de su cuerpo
—Venid—
Pesadamente sobre los estambres
Gravitan
Durante unos segundos exquisitos.

9 ¡Oh danza paralela al horizonte!
Velocísima, brusca,
Se estremece ondulándose
La longitudinal
Libélula

Del atolondramiento.
Y un instante se posa entre sus alas
De rigor tan mecánico,
Y aturdiéndose irrumpe.

10 Así volante no verá esos grupos
De un amarillo altivo
Que avivan
Los rojos de su centro
Floral.
¡Cómo los quiere el aire soleado!
Aire que ignora entonces
Tanta flor diminuta
Recatada por hierbas.

11 Hierbas y hierbas. Con su hacinamiento
Me designan el soto:
Gran profusión en húmeda penumbra
De más calor, inmóvil.
¡Imperio del estío! —No absoluto:
Un agua.
Alguien quizá asustado brinca. Golpe
De repente y su estela. Son concéntricos
Círculos. ¿Una rana? Con su incógnita.

12.1 Estanque.
Vuelan, si no patinan
—¿Buscando, ya jugando?—,
Versátiles mosquitos presurosos.
Mosquitos: realidad también. ¡Qué extensa!
Poseo —no soñando— su hermosura,
Su plenitud de julio.
12.2 (¡Oh calidad real,
Oh sumo privilegio
Que adoro!) Centellean pececillos
De una estúpida calma,
O agitándose en quiebros

Con sus ángulos súbitos
Que enfoca el sol: un haz
Dirigido a esta cima,
Este claro del agua, temblorosa
12.3 De múltiple reflejo
Sobre el zigzag del pez.
Onda, reflejo, variación de fuga:
Agua con inquietud
De realidad en cruces.
Veo bien, no hay fantasmas,
No hay tarde vaporosa para fauno.
Acción de transparencia me confía
Su vívido volumen. ¡Cómo atrae!
12.4 Ya la mirada se demora, yerra
Por una superficie que me expone
Con humildad la más sencilla hondura.
¿No hay nada? Nada apenas. ¿Un espejo?
Sobre el estanque y su candor me inclino.
¿Y si tal vez apareciese un rostro,
Una idea de rostro sobre el agua,
Y ante mí yo viviese, doble a gusto?
El estanque, novel pintor, vacila.
12.5 ¿Alguien está naciendo, peleando?
Comienza a estremecérseme un testigo,
Dentro aún de mi propia soledad.
¿O es otro quien pretende así, tan torpe,
Desafiar mi vista y mi palabra
Desde fuera de mí, que le contengo?
Tiéndase, pues, visible entre las cosas.
¡Ah, que este sol concrete una apariencia!
Agua-espejo: ¿lo eres? Heme aquí.
12.6 Yo.
¿Por fin?
Yo.
¿Ahora?
Turbio espejo...

El agua no me quiere, se rebela,
Trivial, contra el semblante que le brinda
La conjunción de un hombre con la luz.
Entonces... ¡Bah! No importa. Mi capricho
No turbará —¡mejor!— las inocencias
Sabias, muy sabias de ese plano trémulo.
¡Contemplación risible de sí mismo,
Deleitarse —quizá morosamente—
12.7 O hablar en alta voz a la figura
Que yo sería con sustancia ajena!
Imposible careo sin sonrojo.
Feliz o no, ¡qué importa mi conato
De fantasma! ¿Fantasma? No consigue
Remontarse a tan leve ministerio.
¡Ay! Ya sé que ese esbozo sin final
Temblando con las ondas me diría:
Quiéreme. —¡No! Así yo no me acepto.
12.8 Yo soy, soy... ¿Cómo? Donde estoy: contigo,
Mundo, contigo. Sea tu absoluta
Compañía siempre.
¿Yo soy?
Yo estoy
—Aquí, mi bosque cierto, desenlace
De realidad crujiente en las afueras
De este yo que a sí mismo se descubre
Cuando bien os descubre: mi horizonte,
Mis fresnos de corteza gris y blanca,
A veces con tachones de negrura.
12.9 Yo, yo soy el espejo que refleja,
Vivaces, los matices en mi fondo,
También pintura mía. ¡Rico estoy
De tanta Creación atesorada!
Profundamente así me soy, me sé
Gracias a ti, que existes.
Me predispone todo sobre el prado

Para absorber la tarde.
¡Adentro en la espesura!
12.10 Como una vocación que se decide
Bajo esa estrella al propio ser más íntima,
Mi destino es salir.
Yo salgo hacia la tarde
Que muy dentro me guarda,
Dentro de su verdad resplandeciente,
De este calor de siesta,
De este prieto refugio,
Más remoto en su pliegue de frescura
12.11 —Hayas, hojas de cobre
Por alguien esculpidas—
Frente a ese surtidor que nunca cesa
De ascender y caer en un murmullo
Batido por espumas,
Por chispas.
¡Cómo brillando saltan y sonando
—A merced de ese viento que es un iris—
Para todas las ondas del estanque!

13 Soy yo el espejo. Vamos.
Reflejar es amar.
... Y un amor se levanta en vuestra imagen,
¡Oh pinos! —con aroma
Que se enternece despertando restos
De mi niñez interna.
Allá, bajo el verdor inmarcesible,
Una tierra mullida por agujas.
¡Pinar!

14 La realidad alcanza
Su más claro apogeo, su hermosura.
¡Floresta! Surge hermosa, femenina
La aparición: escorzo que hacia mí
Promete,

Bajo una luz común, iluminarse,
Esclarecer su mocedad. Sí, sola,
Y por el campo en julio,
Por la vasta alegría, por el ocio.

15 Despacio,
Con el ligero empaque
Digno de la belleza,
Con la desenvoltura
Que atina,
¿Y ya próxima a mí?
Distante en reservada actualidad,
En su nimbo de sol embelesado,
Pisa el césped, se aleja.

16 ¡Qué certidumbre de potencia cálida,
De forma en henchimiento,
En planta y prontitud!
La piel con su color de día largo,
El cabello hasta el hombro.
¿Para qué modelada
Durante el fortuïto
Minuto
De visión? —Te querría.

17 La muchacha se aleja, se me pierde.
Profunda entre los árboles
Del soto,
Se sume en el terreno,
Bellísimo.
¡Cuánto lazo y enlace
Con toda la floresta, fiel nivel
De esa culminación
Regente!

18 Asciende mi ladera
Sin alterar su acopio de silencio.

Llamándome
Se ahonda el vallecillo.
Susurro.
En una rinconada de peñascos,
De la roca entre líquenes y helechos
Rezuma
Con timidez un agua aparecida.

19 Es un surgir suavísimo de orígenes,
Que sin pausa preserva
La mansedumbre del comienzo puro:
Antes, ahora, siempre
Nacer, nacer, nacer.
Una evaporación de gracias ágiles
Domina.
Más frescor se presiente, y en su joya.
Fatal: otra doncella.

20 ¿De un estío no rubio? Pero erguida,
Sin querer invadiendo y no benévola,
Toda ajustada al aire que la ciñe,
Toda, toda esperando
La fábula que anuncia.
¿Pasó? Pasó. Contigo
Mi júbilo, mi fe.
Me invade la delicia
De ti.

21 Anchura de la Tierra en variedad:
Respondo
Con amor a tus dádivas posibles.
He aquí más... Y cantos sobre arena.
También el arroyuelo,
Que se dispone a ser, ya me cautiva.
Y tú, chiquito y bronco. ¡Te saludo,
Oh pájaro discorde!

22 Libre será mi tiempo
De veras derramándose entre muchos,
Escalas hacia todos.
Soy vuestro aficionado, criaturas.
Aficionado errante,
¡Ay!, que me perdería
Si tú no me salvaras,
Gloriosa,
Tensión providencial de sumo abrazo.

23 Yo te veo presente en la floresta
Por donde
Tú continua, sin forma aquí, refulges.
El tiempo libre se acumula en cauce
Pleno: tú, mi destino.
Me acumulo en mi ser,
Logro mi realidad
Por mediación de ti, que me sitúas
La floresta y su dicha ante mi dicha.

24 ¡Cuánto impulso estival!
El cielo, que es humano, palidece.
El aire no, no deja por la fronda
De sonar como espíritu,
De ejercer su virtud
—Nunca invisible— de metamorfosis.
Frágil y en conmoción,
¡Cuánto equilibrio al fin —y deshaciéndose—
Que gana!

25 Hojas menudas. ¿Roble?
Fino el árbol fornido.
Retorciendo el ramaje desparrama
Su paz.
Murmullos de arboledas y aguas vivas
Se funden en rumor que va salvando,

Sosteniendo silencios.
Paz de tierras, de hierbas, de cortezas
Para el tiempo, ya libre.

26 Andando
Voy por entre follajes,
Por su sombra en sosiego sin mi sombra.

4

ENTRE LAS SOLEDADES

Me cobija un cerrado recinto a libre cielo.
Las murallas son tierra. Moles hay vegetales.
Fresco verdor consigue su oscura solidez.
A veces las murallas se reducen a grises
Canteras matutinas, y entonces me aventuro
Por algún corredor de amanecer flotante.
Después el valle otorga su entereza, tan íntima
Frente a la magnitud del viento y la montaña.
Tal realidad lo es tanto que también al esquivo
Circunda compañía. Múltiples soledades
Son quienes me sostienen alerta sobre el término
Más desenmarañado del número en tumulto.
Con lontananzas vivo, puras y familiares.
Mi atención aproxima los montes y sus nubes.
Las nubes ya fraternas en hermandad solar,
A través de una atmósfera común de frío lúcido,
Frío con sol de agosto serenado hacia octubre.
Entre esos herbazales como tardías mieses,
Enramado el arroyo que espuma da a sus peñas,
Aun más amigo soy de ese mundo compacto
Más allá de la mente, fuera de la altivez,
En esta elevación que no impide el silencio
—A no ser con un bajo desliz de golondrina.
¡Amplitud del favor entre las soledades!

5

OTOÑO, CAIDA

Grupo 1.° Caen, caen los días, cae el año
Desde el verano

Sobre el suelo mullido por las hojas,
Cae el aroma

Que errando solicita la atención
Del soñador.

2.° Atento el soñador, a pie, despacio
Va contemplando

Cómo en los amarillos de la flora
La luz se posa,

Reconcentrada ya en la claridad
De un más allá.

3.° Más acá se difunde por la atmósfera
Casi una gloria

Que es ya interior, tan íntima al amparo
De los castaños,

Tan dulcemente abandonada al sol
Del peatón.

4.° Con ondas breves de silencio el lago
Llega hasta el prado,

Propicio a recibir algunas ondas
De remadoras,

Apariciones que a los sueños dan
Cuerpo real.

5.° Y el soñador y el sol, predestinados
Por tanto hallazgo,

Se exaltan con asombro ante las frondas
Cobrizas, rojas

De esos arces divinos en furor
De donación.

6

A VISTA DE HOMBRE

I

1 La ciudad, ofrecida en panorama,
Se engrandece ante mí. Prometiendo su esencia,
Simple ya inmensamente,
Por su tumulto no se desparrama,
A pormenor reduce su accidente,
Se ahínca en su destino. ¿Quién no le reverencia?

2 Así tan diminutas,
Las calles se reservan a transeúntes mudos.
Hay coche
Que transforma sus focos en saludos
A los más extraviados por su noche.
¡Aceras acosadas! Hay disputas
De luces.
En un fondo de rutas
Que van lejos, tinieblas hay de bruces.

3 ¿Llueve? No se percibe el agua,
Que sólo se adivina en los morados
Y los rojos que fragua
De veras, sin soñar, el pavimento.
Lo alumbran esos haces enviados
A templar en la noche su rigor de elemento,
Las suertes peligrosas de sus dados.

II

4 Contradicción, desorden, batahola:
Gentío.
Es una masa negra el río
Que a mi vista no corre —pero corre
Majestuosamente sin ornato, sin ola.
En la bruma se espesa con su audacia la torre
Civil.
Infatigable pulsación aclama
—Plenitud y perfil
De luminosa letra—
La fama
Del último portento.
Así brillando impetra
Los favores de todos —y del viento:
El viento de las calles arrojadas
A esa ascensión de gradas
Que por la noche suben del río al firmamento.

5 Muy nocturnas y enormes,
Estas casas de pisos, pisos, pisos
—Con sus biseles en el día incisos
Escuetamente—
Se aligeran. Conformes
Con su cielo resisten, ya tenues, las fachadas
En tantos vanos tan iluminadas.

¡Es tan frecuente
La intimidad de luz abierta hacia lo oscuro:
Esa luz de interior
Más escondido bajo su temblor!
Y late el muro
Sólido en su espesura acribillada
Por claros
De energía que fuese ya una espada
Puesta sólo a brillar.
¿Tal vez hay faros
Que enrojecen las lindes —ya en suburbios— del [fondo,
Bajo un cielo rojizo
Sin una sola estrella?
Con mi ventana yo también respondo,
Ancho fulgor, a la ciudad. ¿Quién la hizo
Terrible, quién tan bella?
Indivisible la ciudad: es ella.

III

6 Sálveme la ventana: mi retiro.
Bien oteada, junta,
La población consuela con su impulso de mar.
Atónito de nuevo, más admiro
Cómo todo responde a quien pregunta,
Cómo entre los azares un azar
A tientas oportuno sirve a los excelentes.
He ahí la ciudad: sonando entre sus puentes.

7 Mientras, ¡ay!, yo columbro, fatigado, la trama
De tanta esquina y calle que a mi ser desparrama,
Laborioso, menudo, cotidiano,
Tan ajeno a mi afán, en lo inútil perdido:
Esta vida que gano
Sin apenas quejido.

¿Solución? Me refugio
Sin huir aquí mismo, dentro de este artilugio
Que me rodea de su olvido.

IV

8 Espacio, noche grande, más espacio.
Una estancia remota,
De mí mismo remota en el palacio
De todos, de niguno. ¿Compañía
Constante,
Soledad? No se agota
Cierta presencia, nunca fría.
¡Oh muchedumbre, que también es mía,
Que también yo soy! No, no seré quien se espante,
Uno entre tantos.
No hay nada accidental que ya me asombre.
(La esencia siempre me será prodigio.)
Es invierno. Desnudos bajo mantos:
El hombre.
¿Tú? Yo también. Y todos.
La confusión, el crimen, el litigio.
¡Oh lluvias sobre lodos!
Gentes, más gentes, gentes. (Y los santos.)

9 Esta es mi soledad. Y me remuerde:
Soledad de hermano.
El negror de la noche ahora es verde
Cerca del cielo, siempre muy cercano.
¡Cuánto cielo, de día, se me pierde
Si a la ciudad me entrego,
Y en miles de premuras me divido y trastorno,
Junto al desasosiego
De los cables en torno!

10 Soledad, soledad reparadora.
Y, sin embargo,
Hasta en los más tardíos repliegues, a deshora,
No me descuides, mundo tan amargo
—Y tan torpe que ignora
Su maravilla.
¡Oh mundo, llena mi atención, que alargo
Sin cesar hacia ti desde esta altura
Que en noche se encastilla,
Así jamás oscura!
Vive en mí, gran ciudad. ¡Lo eres! Pesa
Con tus dones ilustres. El alma crece ilesa,
En sí misma perdura.

V

11 Vencido está el invierno.
La fatiga, por fin, ¿no es algo tierno
Que espera, que reclama
Sosiego en soledad?
Y el drama…
Siga en lo oscuro todo.
Básteme ya lo oscuro de un recodo,
Repose mi cabeza.
¡Unica soledad, oh sueño, firme
Transformación! Empieza
Modestamente el ángel a servirme.
Poco a poco se torna la dureza
Del mundo en laxitud. ¿Es fortuna interina,
Perderé?
Ganaré. Creciente olvido
Negará toda ruina.
¡Gran pausa!
¡Cuánto, nuevo!
Y yo despertaré. No será lo que ha sido.

(¿Padecerá en su ayer el malherido?)
Mi existencia habrá hincado sus raíces
En este ser profundo a quien me debo:
El que tan confiado, gran dormir, tú bendices.
¡Todo, mañana, todo me tenderá su cebo!

7

MELENAS

¡Oh melenas, ondeadas
A lo príncipe en la augusta
Vida triunfante: nos gusta
Ver amanecer —¡doradas
Surgen!— estas alboradas
De virginidad que apenas
Tú, Profusión, desordenas
Para que todo a la vez
Privilegie la esbeltez
Más juvenil, oh melenas!

8

NATURALEZA CON ALTAVOZ

1 La sociedad, graciosa en el otero,
Sin atender al soto ni a su lago
Se unía y desunía en un amago
De pompa rebajada con esmero.

2 Una intención cortés flotaba, pero
Preponderaba por el aire el vago
Sonreír de las hojas, y el halago
Del sol era en la brisa más certero.

3 La realidad se trasmutaba en fiesta.
Ante el árbol y el hombre aquella hora
Dispuso allí de tales engranajes

4 Que una música fue. ¿No había orquesta,
La máquina del mundo era sonora?
Dios velaba su asombro con celajes.

9

LA AMISTAD Y LA MUSICA

(Chimenea. Discos.)

—Desde su azul el fuego amarillea
Con tal palpitación que no podría
Descansar sin morir. —¡Si fuese mía
Tanta inquietud! —Yo admiro la marea

Varia a compás. ¡Tropel hostil serpea
Por ese casi azul! —Ya la armonía,
Mientras resurge de esa gruta umbría
Sonando a mar, nos salva de pelea.

¡Eludir tantos vínculos ajenos
A este ser rodeado del sonido
Que lo clausura en plenitud de gracia,

Y columbrar la perfección al menos
Cuando nos purifica el gran olvido,
Y nuestro afán de más allá se sacia!

10

LA NOCHE DE MAS LUNA

1 ¡Oh noche inmóvil ante la mirada:
Tanto silencio convertido en pura
Materia, ya infundida a esta blancura
Que es una luz aun más que una nevada!

2 Hasta el frío, visible al fin, agrada
Resplandeciendo como la textura
Misma de aquellos rayos, mientras dura
Su proyección en la pared lunada.

3 Sobre esos lisos blancos se concreta
Lo más nocturno, que de cada objeto
Va dejando a la sombra el pormenor,

4 Y elementales fondos de planeta
Fortifican un ámbito completo:
Noche con nieve, luna y mi estupor.

11

DAMA EN SU COCHE

Triunfan madera y metal,
Deliciosamente acordes
Al arrullo de un desliz,
Irradiando, regalando
Placer de victoria en viento
Siempre sumiso a la guía
De unos guantes, de un volante
Bajo la fascinación
Que en relámpago de emporio
Logra la quizá beldad.

12

ESTIO DEL OCASO

Sobre el terrón, ahora oculto, nieve.
Sobre esa nieve, la invernal carencia,
Algo supremo sustraído al aire
Que se ciñe a la rama,
Tan solitariamente rama aguda.
Y sobre la arboleda —nervio todo y crispándose—
La gran hora del cielo,
Rubores de algún pórfido en boatos
Que se nos desparraman con su estío:
Agresión de esplendor contra la nieve atónita.

13

¿OCASO?

Intima y dúctil, la sombra aguardando aparece
Sobre las piedras y sobre las brañas. Lo oscuro
Se junta. ¿Fin? El silencio recibe en su alfombra
Los sones menguantes del mundo. Pozo de ocaso,
Nada se pierde. La tierra en su ser profundiza.

14

RICO OCCIDENTE

¿Catástrofe?

No hay catástrofe,
No hay muerte en ese derrumbe,
Tras el horizonte. Mira

Cómo un frenesí de flor
Se transforma en un despliegue
De leonadas florestas
Que todo lo dan, granates
Ya con sus derroches últimos,
Riberas del universo
Máximo.

Piso tesoros.

15

FAMILIA

Para Steve.

Persistiendo está el gran Aparte
Con su atmósfera de aventura.
A unos pocos reúne el arte
De la diaria vida oscura.

No hay puertas. Por la habitación
Franca de continuo transita
La intimidad de varios. Son
Los habitantes de una cita.

¿Lugar de costumbre o sorpresa?
Ambito de tanto secreto,
De tanto interior que no cesa
Nunca de aparecer discreto.

¡Interior! Y todo se aloja
Retraído a cierta manera.
Es íntima ya hasta esa hoja
Visible en el aire de fuera.

Y no es nada... Neutras paredes
Que nadie sabe cómo son.
¿Entre cuatro, vida, concedes
Tanto infinito al corazón?

Amor, un ocio que es trabajo,
Poesía, la criatura.
¿Quién más minero más extrajo
De la existencia que perdura?

Aquí está la tan femenina
Varïando tan ágil hacia
La rosa imposible que atina
Con la duración de la gracia.

La gracia anterior, en su punto
Más firme de temple, refrena
Para el sostenido conjunto
Sus contradicciones de pena.

Solemne en silencio el piano
Daría decoro a la sala
Si no se lanzase una mano
Sola a resucitar la escala.

¿Y el creador de este concierto?
Esperando escucha. ¡No ignora
Que todo queda al descubierto
Frente a la ciudad invasora!

He ahí persistiendo el grupo
Que tan sólo Amor arracima.
Es Amor quien de veras supo.
El sabrá llegar a su cima.

16

MUCHACHAS

Presentando la colina
Se esparce una mocedad
—Más rubia en su regocijo—
Que se escapa, que se va
Por entre un verdor y un sol
De fuentes.
¡Fuentes! Atrás
Vencido en figura un fresno,
Se asoma a una intimidad
De prado en flor sorprendida
La más Esbelta.
¿La más
Esbelta?
Brotan, se alzan
—Bucles hacia su espiral
Y melenas sobre cuellos
Erguidos con un afán
De tallo aún— creaciones
De Primer Jardín.
Está
Culminando, fascinando
—Iris de su manantial—
Ese impulso hacia la fábula
Que es de un dios y es realidad.

II. CLAMOR

MAREMAGNUM

17

TREN CON SOL NACIENTE

El vagón es silencio que un bufido
Permanente en sus ráfagas preserva.
Las ráfagas ignoran el aire allí servido:
Suma que unos pulmones
Entre sí muy remotos
Van reduciendo a sierva
Comunidad de tren. A borbotones
Se precipitan ruidos preñados de alborotos,
Que la rueda incesante
Muele y confunde.
¿Sol? Un haz.
Levante.

El foco en abanico de los rayos
Surge de un horizonte que no cierra
Su doblez ni es final de comba o cielo.
Un tumulto de mayos
Multiplica una sierra
De metales en erupción, en celo,
En furia derramada por el mundo ya verde,

Ya radiante y sonante. Bosques, trigos
Y prados,
Cuerpos con ansiedad que no se pierde,
Testigos
Felices de así ver:
Entonces son. Y tan privilegiados
Que les basta su ser.
¡Alerta!
Siempre la luz nos llama.
El vagón se despierta
Poco a poco. Principian los semblantes
A recibir destellos del programa
Solar.
Comunicando está sus virtudes cambiantes
Para que de tan lejos puedan ya retornar
Todos los tan sumidos
En sus propios olvidos.

Se mueve un pie, tan alto en el asiento
De enfrente
Que su nación declara
Más aún que esa cara
Curtida al sol y al viento
Militares. Valiente
Con bastante inocencia, se recobra.
Sin querer un recuerdo le envuelve y tararea
Casi una canción. ¿Cuál? Hay músicas de sobra
Siempre en el fondo oscuro. No, no renace fea
La canción muy sabida.
Oh, it's a long, long while
From May to December,
But the days grow short
When you reach September...
La nostalgia remueve los trances de más vida.

Bien esculpido rostro varonil:
Un vigor de corteza

Que fuese dura piel
De toro estupefacto en el toril
Abierto. La sonrisa ya empieza
Con su inocente luz a suavizar aquel
Bulto que aún se ignora:
Negro inocentemente
Negro en su soledad. Todavía la hora
Blanca, civilizada
Tal vez, no le degrada.
Sin malicia este sol: no lo consiente.

Aquella criatura, sin malicia
También, no se despierta aún, resiste
Desde su sueño mismo como Alicia
Desde el país quizá no más extraordinario.
¿Por qué estaría triste
Si aguarda su «birthday», su aniversario,
Que será el quinto o sexto?
Este sol la acaricia
Sin abrir sus miradas hacia el inútil resto.

Más luz. Un español se despereza.
Aurora:
Por fibras de energía difunde su belleza.
Despertar, recordar... Una imagen aflora
De la estancia en París
Aquel
Verano. Deliciosa, la imagen. ¡El «Hotel
De l'Univers et du Portugal»! De Portugal
Ilustre y no «país
Pequeno», todavía con grandeza imperial.

Muchacha. Despertándose apenas, instintiva,
Ya dirige sus manos, y con tino,
A sus cabellos casi en orden. Fino
Rojo de barra aviva

Los labios, más gentiles y así menos desnudos.
A un señor con los ojos cerrados —dos escudos
Que guardan noche y sueño—
Le envuelve un cigarrillo, sin embargo,
Entre sus vaguedades. La jornada
—Bajo el humo inicial— presenta un ceño
Que promete excluir lo más amargo.
Sentirse errante por la orilla agrada.

Mira el reloj, muy seria,
Una señora. Contra la miseria
(Birth Control Association) va su lucha
De ciudad en ciudad. Un mozalbete escucha
Su radio, que al oído le precipita mucha
Batahola de feria.

Batahola de pista
Circense nunca falta. ¡Cuánto vario pelaje!
Más de una solterona, tres marinos,
Un mozo bien barbado, probablemente artista,
Un francés sin mirada hacia el paisaje
—Ah, les États Unis, rien à voir, rien à voir!—,
Dos torvos y robustos con manos de asesinos...
El mundo es un vagón. Interminable lista,
Cuento de no acabar,
Confuso, baladí, maravilloso,
De tan espeso poso
Bajo formas ligeras
Que transcurren juntando sus premuras
En el mismo bisel de sus fronteras,
Más amigadas cuanto más impuras.

Entre dos vidas próximas no hay más que algún abismo.
Tras el perfecto acorde la disonancia embiste,
Y llega a un paroxismo
Que ha de absorber, por fin, la luz del día.

¿No es placentero estar un poco triste?
Se embrollan los conflictos bajo la paz más fría:
Maremágnum veloz como un estruendo
De tren.
...Y el tren, hacia su meta lanzándose, corriendo
—Mirad, escuchad bien—,
Acaba por fundirse en armonía,
Por sumarse, puntual, sutil, exacto,
Al ajuste de fuerzas imperiosas,
Al rigor de las cosas,
A su final, superviviente pacto.

18

...QUE NO

Edificios y gentes, la premura, la calma,
La arista de la esquina, todo está asegurado.
Negociantes colmenas, de vidriados alvéolos
En grises muros lisos como láminas límpidas,
Vertical de un vigor sin vértigo suspenso,
Todo está asegurado contra el mal y sus duendes.
Los cruces en que el tiempo palpita, verde o rojo,
Dóciles peatones, coches entre rumores,
Todo está asegurado. Y... ¿quién es el hostil?
(Grupos de silenciosos en lóbregas tabernas
Miran y escuchan raudos movimientos de imágenes.)
A los negros sonoros con una voz caliente
De niño envejecido que sonríe temiendo,
A las mujeres, fausto de rubias clamorosas
Donde el cabello es júbilo que la piel abalanza,
A toda la ciudad, a su carne y su piedra,
¿Quién está amenazando mientras promete glorias
De jardín en retiros de cielos asequibles?
(Tensión de una riqueza por la tensión de todos.

Triunfa una voluntad ilimitada siempre.)
Pero ¿será posible? Atónitos suicidas,
Más aseguradores, quisieran arrojarse
Desde el último piso de la Mansión al suelo.
—Posible sí sería. —... Que no. —Tal vez. —¡No, no!

19

DAFNE A MEDIAS

UN MISERABLE NAUFRAGO

Se aleja el Continente con bruma hacia más brumas,
Y es ya rincón y ruina, derrumbe repetido,
Rumores de cadenas chirriando entre lodos.
Adiós, adiós, Europa, te me vas de mi alma,
De mi cuerpo cansado, de mi chaqueta vieja.
El vapor se fue a pique bajo un mar implacable.
A la vez que las ratas huí de la derrota.
Entre las maravillas del pretérito ilustre
Perdéis ese futuro sin vosotros futuro,
Gentes de tanta Historia que ya se os escapa
De vuestras manos torpes, ateridas, inútiles.
Yo no quiero anularme soñando en un vacío
Que llenen las nostalgias. Ay, sálvese el que pueda
Contra el destino. Gracias, orilla salvadora
Que me acoges, me secas, me vistes y me nutres.
En hombros me levantas, nuevo mundo inocente,
Para dejarme arriba. Y si tuya es la cúspide,
Con tu gloria de estío quisiera confundirme,
Y sin pasado exánime participar del bosque,
Ser tronco y rama y flor de un laurel arraigado.
América, mi savia: ¿nunca llegaré a ser?
Apresúrame, please, esta metamorfosis.
Mis cabellos se mueven con susurros de hojas.
Mi brazo vegetal concluye en mano humana.

20

Cristiano autobús. Un negro.
Sin mirar se le respeta.
De ser cristiano me alegro.
(Vedle: soledad completa.)

21

INDITOS

(Oaxaca.)

Relieve sobre palacio,
Junto a una pared de esquina,
Tres indios espectadores
Permanecen en cuclillas
Y sin llegar a posarse,
Decoro guardando, miran
La ciudad y cuchichean,
Hombres dulcemente orillas,
Por siglos y siglos lejos
Desde su melancolía.

22

JARDIN QUE FUE DE CARLOTA

(Cuernavaca.)

Jardín en declive umbrío
Con plazoletas y fuentes,
Y bancos donde sentarse
Para contemplar los verdes
Que cierran el horizonte
Y un poco dejados crecen.

Intimamente disperso
Jardín con sombras de reyes
Y tanta delicia fresca
De un ayer que es hoy de siempre.

23

SUAVE ANAHUAC

A tal altura me yergo
Sobre el tan remoto mar
Que es preciso aquí moverse
Paso a paso del afán.
Las montañas me acompasan
Con su majestad coral,
Y sobre esta cima es grave
Suavemente el mismo andar.
La Creación para el hombre:
¿Quién por menos le da más?

24

BAUDELAIRE

Humo de la gasolina
Sobre el asfalto y la lluvia…
La dulce noche camina.

25

POESIA ERES TU

Ante el profesor (yo) la clase
Compone su imán de doncellas.
«Poesía… eres tú.» (Más ellas.)

¡Ah, si su voz resucitase
Para decirles esa frase,
Que prendería a blonda y bruna
Bajo un cono de luz de luna,
Riel de temblor por un lago!
Poesía… ¿Quién? (Bécquer mago:
Todas nos sonríen.) ¡Ninguna!

26

EL NIÑO NEGRO

Jugaban en la plazoleta
Con una alegría de asueto,
Violentamente menores,
Las turbas solares: chicuelos.
¡Cómo hacia la luz resaltaba,
Condenado de nacimiento
Que aun no ve ni sombras ni muros,
El niño todo error tan negro,
Todavía criatura firme,
No imagen cruel del espejo!

27

LA ESTATUA MAS ECUESTRE

(«El Caballito». Ciudad de México.)

A caballo triunfa el rey
Solo —¿quién más ignorado
Por los buenos transeúntes
De la plaza?—, sin contacto
Con el mundo que domina,

Fornidamente gallardo,
Desde la crin a la cola
Señor de todo el espacio
—¡Tales son las perfecciones
De los tiempos!—, el caballo.

28

RETORICA DE RAICES

(Nacimiento del Chapultepec.)

Los árboles centenarios
De este bosque me descubren
El gran enmarañamiento
De sus raíces ilustres
Como si fuesen visibles
Hipérboles del empuje
Con que en la tierra se ahíncan
Para erguir tal pesadumbre.
Raíces al sol, qué alarde:
Retórico ya, me aturde.

29

LOS SUPREMOS

Ha dejado de llover
Torrencialmente. La plaza
Resuena con su domingo
Sonoro entre muchas caras,
Bajo los grandes laureles
Prietos ya de su algazara
Crepuscular. ¡Qué de pájaros

Dominando a todos cantan,
Ultimos conquistadores,
Ay, Cortés, de Cuernavaca!

30

NOCHE DE LUCES

San Francisco.

¡Estrellada, la bahía!
Y los rojos y amarillos
Y verdes viven en brillos
Que enarbolan alegría.
El cielo entonces confía
Sus soledades inquietas
A los rumbos y facetas
De claridad tan humana:
Luz que de este Globo emana,
¿Primero entre los planetas?

31

GENESIS
MEXICO

El volcán nos arroja lava
Como sangre que fuese fuego:
Convulsiones hacia un sosiego
De Creación que no se acaba.

32

RASCACIELOS

Sobre el compacto caserío
Que dividen las paralelas
De unas calles —sin corruptelas
En quiebros curvos por el río
Del azar— se levanta, frío
Cálculo o fervor de intelecto,
Otra ciudad: empuje recto,
Que elevándose hacia el futuro
Prefiere tajante el gran muro,
Abstracto como su proyecto.

33

LOS ATRACADORES

Boston. Sábado por la mañana. Gran vestíbulo de gran hotel. Hilos de novela se anudan con tanta corrección que no se advierten.

Entre el despacho de flores y el de cigarrillos, entre los que observan poco y los que se van con calma, de repente irrumpe…

Agil, veloz, tajante, una cuadrilla. Se sitúan en sus puntos de eficacia los enmascarados. A la agresión multiplica la estupefacción.

Ya el cajero entrega los miles de dólares de la semana. Nadie chista. Ya los atracadores huyen sobre cálculos de fuga.

Huyen, huyen, huyen con sus Monedas y se precipitan hacia el Optimo Fin los más desesperadamente burgueses, los tan apresurados.

No se atienen a reglas, las violan. ¡Con tal vigor asumen las ambiciones de todos: Dinero hacia Vida Confortable!

34

NADADORAS

(Wellesley, 21 de marzo.)

Acordes al compás
—Una música suena desde un mármol de orilla—,
Los dos grupos de nadadoras
Desenvuelven figuras de salud,
Y como respondiendo al más
Sutil laúd
Posible sobrepasan —de un orden servidoras—
A la nunca sencilla
Naturaleza,
Ignorante del ritmo prodigioso
Donde empieza
—Cuna, taller y coso—
El ímpetu que asciende a esta belleza
Del movimiento exacto.
¡Regocijo del músculo obediente,
Qué gozo en el contacto,
Qué noble libertad por su corriente,
Piel todavía flor,
Carne que ya es amor,
Muchachas que son música en la mano
De nuestra primavera!

Las nadadoras, frente al sumo arcano,
Dirigen la armonía de la Esfera,
Maravillada por el cuerpo humano.

35

MAR QUE ESTA AHI

(Salem, Massachusetts.)
A Ruth Whittredge.

El mar. ¿El mar? Estable, me confía
Sosiego a estilo de laguna
Para que todo se reúna
Con limpieza en la sólo insinuada melodía.

Las conchas y los caracoles
Bajo mi pie
Me insinúan un no sé qué,
Desde tan abajo, divino.
¡Cómo atraen los tornasoles
Varïando hacia su destino!

Si ese oleaje lo es apenas,
Esta luz difunde unos grises
Casi azulados hacia antenas
Con mensajes de otros países.

El mar lanza sus olas más allá
De sus visibles tumbos inmediatos,
Y sin cesar me rompe mis retratos
Del mar. No sé quién es
Ni adónde ahora va.
Todo se revuelve al revés.
Del azul reposo robusto
Se desparramará
Verdor amoratado de vaivén a disgusto.

¡Torvas veleidades marinas!
¡Aquellas plantas ya de bronce,
Tersos los ramos a las once,
A las dos tumultos de espinas!

Pero el mar está ahí, buen compañero,
Sencillo, cotidiano,
Con su reserva de verano
Para quien lo divisa, forastero,
Desde sus vacaciones más pueriles.
¡Memoria en la mirada
Que, si no recordase, ya no vería nada
Frente a un presente descompuesto en miles
De trozos sin perfiles!

Pero el mar huye bajo el muro
De su horizonte hacia otros mares,
Infiel, caprichoso, perjuro,
Creando y negando sus lares.

Mar clemente, mar protector,
Mar iracundo,
Mar criminal:
Yo con mi amor
También fecundo
Tu abismo de Venus y sal.

36

UN EMIGRADO

(Nueva Inglaterra.)

Era otoño. Y el emigrado se sumía en el ardor de los arcos rojizos. Más allá de su horizonte imaginaba un leve Octubre dorado de chopos.

Se decía...

¡Ah! Los amigos, tan fieles, salvan a través de los años el fondo verdadero que resiste a la ausencia de muchos años.

¡Cuántas conversaciones no gozadas, cuánta vida común, en la profunda comunidad, va frustrándose! Allí habría conseguido plenitud.

Pero aquella tan dictada res pública, que tanto concierne a la persona, a toda persona, aquella trágica paz sobre tantos muertos...

¡No!

Entonces no veía más que otoño rojizo de arces. Y más allá de su horizonte imaginaba un Octubre leve, dorado, trémulo de chopos.

37

VIRGEN DOCENTE

El mundo ha sido cruel:
He aquí la doncellona,
Víctima de su papel.
Quien la ve... ya la perdona.

—¿Sólo trabajar por gusto?
Sufrir es más necesario.
Dios no modeló mi busto
Para placer de corsario.

¿Me persigue? No. Me araña,
Me amonesta. —¡Señorita!
Y con la más suave saña
De virtud mi celo excita.

¿Dónde la flor, dónde el fruto?
Un deber, otro deber.
Va tan frustrado el minuto
Que hiere con alfiler.

Se borran en la pizarra
Los primores de la tiza.
El final ya no se narra:
Fuego apagado, ceniza.

...QUE VAN A DAR A LA MAR

38

MUERTE EN LA ESCALERA

La escalera estaba oscura,
Sólo murmullo era el ruido,
Y una multiplicación
De noche inicial por niños
Juntaba el vivir de todos
En hábitos compartidos.
Sin romper este sosiego,
Alguien otra vez rehízo
Su costumbre, su descenso
De los peldaños. ¿El sino
Pendía sobre el minuto
Desde su resbaladizo
Cuchillo? No. Ningún hado
Gozaba con aquel filo.

Una pierna cargó un pie
Sobre lo oscuro. ¿Qué advino?
Advino el azar cruento,
De los dioses enemigo
Siempre. Salpicando sangre
Rodó, convulso y tan chico,
El doméstico animal
—Como el hombre sometido,
Bajo la absurda fortuna,
A muerte. ¡Caos! Sus gritos.

39

DESTERRADO

Mucho me duele que no viva
Mi lenguaje a mi alrededor,
Mucho sufre el tiempo interior
Ante su muda perspectiva.

40

ULTIMA TIERRA EN EL DESTIERRO

El destierro terminó ya.
No es de nadie ese fondo ciego,
Que ignorando el nombre de arriba
Ni emplaza en sitio humano al muerto.
No hay país por esas honduras,
Tan remotas, del cementerio
Donde sólo nosotros somos
Melancólicos extranjeros.
Quien fue el ausente yace ahí:
Ultima tierra en el destierro.

41

«La muerte». Más tajante: «death».
No es menos penoso que rime,
Si tarda en llegar, con «vejez».

42

POR DE PRONTO

Estos arces y robles en Noviembre,
Espesuras espléndidas
Ayer,
Van perfilando ahora,
Noche aún entreclara
De un otoño invernizo,
Sus ramillas desnudas
A medias,
Entre las ya desparramadas hojas
Y las aún pendientes del ramaje
Trémulo bajo el viento.

Un frío todavía
Cortés
Me introduce más dentro de la noche,
Que me ilumina apenas
Este cuarto menguante de la luna,
Acompañada apenas por las luces
De un cielo retraído,
Muy lejano del hombre.
El hombre al cielo mira
Como si, familiar, lo saludara,
Y sigue solo por los ya arrabales,
Una casi ciudad aún silvestre,
Hojas secas pisando

Con una crueldad —las hojas crujen—
Que es amor al otoño.

A través de unas láminas
Cortantes
—Otoño amenazado— la frescura
Me descubre más hondo, más nocturno
Desvelo,
Su vertiente a Diciembre,
Ruta de una agonía hacia un final
Que ha de envolver a todos
En su frío futuro.

En su frío, su muerte...
¿Está ya aquí? Las frondas,
Que adelgazan sus masas
Y aguzan sus contornos,
Se yerguen
Con un ahilamiento más estricto.
Los altibajos del vigor son vida.

Vida siempre mortal.
¿Y tal vez simultánea de muerte?

Estos minutos frágiles
—Que mi reloj me cuenta
Con su tictac abstracto—
Por mi vivir transcurren
Sin roce
De postrer hundimiento,
Sin latido latente de estertor.
Ando sobre unas hojas
Que recubren aceras
Sin trampas.
Te conozco, sofisma.
Vivir es algo más que un ir muriendo,

O un no morir aún.
¿El último minuto? Que me aguarde:
Gran orden cronológico.
Respiro, no agonizo, vivo y vivo.

Así, mortal sin muerte, yerro
Demorándome a solas con los bultos
De los arces, los robles,
Sin prisa por llegar
A la postrera etapa.
¿Postrera?
Si el polvo nos abriese finas vías,
Polvo que fuese pórtico
Quizá de glorias, de transformaciones,
De aventuras con luces o con fuegos...
¡Quién sabe!

Es sublime soñar entre estas hojas
Que sin soñar perecen.
¿Me toca a mí, varón, con mis palabras
Edificarme eternidad, abrigo
De quienes se imaginan
Residentes del ultrafirmamento?
Nubarrones ahora
Se me deslucen bajo las ocultas
Estrellas.

Sueñen los más audaces,
Sueñen, creen, esperen
También para los tímidos,
Los pobres.
Aquí están, por de pronto,
Este suelo, sus hojas,
Y yo vagando voy,
Nocturno,
Al par de los ramajes vulnerables

Como yo, pasajero de planeta,
Sometido a un vivir
Que me llama y reclama,
A medida del hombre
Si consigue ser hombre esta fugaz
Figura:
Meta ya suficiente,
Aun sin apoyo de celeste hipótesis.
¿Aplazaré mi plenitud de vida
Renunciando a sus gracias
Aquí?
Adora el mundo a Dios
Valiendo, por de pronto,
Aunque sea en Noviembre. Robles, arces.

43

FIN Y PRINCIPIO

(Nueva York, Times Square.)

Mucha gente busca más gente,
Más simpatía, más bullicio
Multiplicando los enlaces
De comunidad en el ruido,
Y agrada acrecer el barullo
Con canturreos y con gritos
Que juntan en una alegría
Común a los desconocidos,
Pero todos supervivientes
A través del mismo peligro,
Todos por fortuna al final
Triunfal de una etapa. No quiso
Dios que estos hombres pereciesen,
Y a tiempo se detuvo el filo

Del instante amenazador.
He aquí los tan decididos
A sostenerse en una vida
Bien dispuesta aún como río
Preferible a... Qué disparate,
Someter a gusto y capricho
—¿Y quién superior?— la aventura
De este vivir, nuestro destino.
Son las doce, las doce en punto.
Año Nuevo, Fin y Principio.

A LA ALTURA DE LAS CIRCUNSTANCIAS

44

LO QUE PASA EN LA CALLE

(Cinematógrafo.)

Volviendo y revolviendo esquinas
Un hombre corre, corre, corre,
Se para mirando hacia atrás
Con ojos de muchos terrores
Y en el repliegue de un rincón,
Tensísimo instante, se esconde
Mientras se precipitan, cruzan,
Se pierden los perseguidores,
Uno tras otro por senderos
Que han de conducir hasta el choque,
Fatal... Y topa de repente
La fuga de los pies veloces
Con la violencia asestada
Por puños ávidos de golpes,
Profesionales. Se derriba,
Se agarra, se arrolla, se rompe,

Y al fin... Ya dejó tras de sí
Mordiscos, zarpazos y coces
Ese que, brutal y triunfante,
Va huyendo sin saber adónde,
Entre unas pistolas de súbito.
Gime un polvo de caos pobre
Con sus alimañas-peleles
Dentro de la selva del hombre.

45

BRINDIS

Hijo de la madre Europa,
América hospitalaria,
Por ti levanto mi copa.
Desde el más desnudo paria
De algún país devastado
Hasta el altivo emigrado
Fuera de patria en acoso,
¡Cuántos dan a su aventura,
América tan futura,
Forma de esfuerzo dichoso!

46

CANTE JONDO

Cante jondo, cante jondo,
Un ay se aleja y se esconde.
Con el alma le respondo:
¿Adónde vas, ay, adónde?
La voz a campo traviesa
De lamentarse no cesa,

Que el mundo no es ya redondo.
¡Ay! Por el campo nunca verde
Un ay se quiebra, se pierde.
Cante jondo, cante jondo.

47

CARRY NATION
(1846-1911)

Tan pura creció la muchacha
Que hasta las botellas rompía
Con su virtud, que era ya un hacha:
Tragicómica Tontería.

48

EL JARDIN DE LOS COQUIES

(Puerto Rico.)
A Esther y Elsa Fano.

Este jardín, espeso como selva,
Para los ojos, para los oídos
Más que para los pies,
Este jardín ahonda su espesura,
Más tropical aún,
De noche.
Se han callado los perros.
En la ausencia nocturna se disuelven
Los pájaros, los grillos.
Desde la oscuridad crepuscular
Fue emergiendo una nota
Que muy limpia, se aísla y vibra, neta,
Resaltando un instante:

«¡O-í!»
Y sucede una pausa,
Brevísima.
«¡O-í!» de nuevo suena,
Próximo al canto y fuerte,
Aunque tan diminuto se adivine,
Escondido en la hierba, junto a un agua,
El cantor nunca visto.
Le responden más lejos otras notas
Esfumándose, débiles,
Que dicen su distancia.
Ya ha caído la noche, pronto densa
De una gran soledad sin desventura,
Que están atravesando los coquíes
Con sus penetraciones numerosas,
Enérgicas,
Pacientes, implacables,
Sin fatiga que mengüe
Tanta —quizá infinita—
Tenacidad. ¡O-í, o-í, o-í!
¡Coquí, minúsculo coquí! Muy puro,
Apenas corporal, no siendo pájaro,
Hinche este gran jardín de melodía
Tan incesantemente
Multiplicada y tensa
Que forma profusión de surtidores
Armónicos:
Aves ya que en la noche
Con vocación de música
—No de sueño— cantaran
Cada vez más unidas
En una sucesión
De orquestadas respuestas
Argentinas, muy pulcras,
Entre las sombras donde se agazapan
Los diminutos personajes grises,

Blanquecinos y tiernos
Como ranitas ínfimas.
Con vosotros, coquíes,
La noche es delicadamente inmensa.

49

AL MARGEN DE THOREAU

CULTO DE LA AURORA

I have been as sincere a worshipper of Aurora as the Greeks.

«Walden», II.

... Y despertarse. ¿Dónde
Mejor que entre arboledas junto a un lago?
«Renuévate a ti mismo cada día.»
Aquel hombre lo entiende,
Y la mañana es siempre edad heroica.
Una Odisea vaga por el aire
Con un vigor perenne de frescura
Frente a una flor que nunca se marchita.
Su Genio a cada uno
Le pone ante el suceso memorable:
La vida que le asalta y le realza.
«Los poetas, los héroes
Son hijos de la Aurora»,
Y en torno al pensamiento así ya elástico
—Bajo la luz del sol—
Todo el día mantiene
Transparencia temprana.
Hombre: con firme expectación de aurora
Retornemos al mundo. ¿No es gran arte
Modificar la cualidad del día?

III. HOMENAJE

50

12 DE OCTUBRE

Del affannosa grandiosità spagnola.

CARDUCCI.

España quiso demasiado.

NIETZSCHE.

—Esa España que quiso demasiado
Con grandeza afanosa y tuvo y supo
Perderlo todo ¿se salvó a sí misma?
—De su grandeza queda en las memorias
Un hueco resonante de Escoriales,
De altivos Absolutos a pie firme.
—No, no. Más hay. Desbarra el plañidero.
Hubo ardor. ¿Hoy cenizas? Una brasa.
Arde bien. Arde siempre.

51

AL MARGEN DE CESAR VALLEJO

MINERAL, ANIMAL, ESPIRITU

A Octavio Paz.

I

Oscuro arranque profundo
Se transmuta en balbuceo
De un hombre que es una roca,
Trozo aún de serranía.
¿Borrador de las entrañas?
No. Pujando hacia una luz
De cárdena violencia
Concluye el gemido en canto:
De la desesperación
Va surgiendo la esperanza.

II

Mineral milenario, con su carne
Padece, criatura desvalida
Que exige, siempre en alto voz paterna,
Relación hermanada entre los muchos,
Comunidad ingente en gran historia
Por tierras paralelas a los cielos
Que presiden y alumbran: luz-espíritu.

52

MARGEN VARIO

LOS NEGROS

FAULKNER.
The intruder in the dust.

Fieras hay más feroces que nosotros.
¿Algo habrá comparable a nuestra infamia?
Gime la esclavitud, de muchos culpa.
Y muerdo el polvo de la gran vergüenza.

My only sin is my skin,
ANDREAMENTENA RAZAFINKERIEFO.
«Black and Blue».

«Mi piel es mi pecado», canta el negro con voz
Hermosa y dolorida. Desenlace imprevisto:
¿Va, por fin, a nacer de verdad Jesucristo?
El blanco está más blanco de una vergüenza atroz.

JAMES BALDWIN.
The fire next time.

Algo tremendo ocurre en el planeta.
¿Se viene abajo el mundo conocido,
La gran liberación será completa,
No más esclavos? Todo es alarido.

53

RUBEN DARIO

Hay profusión de adornos,
Y entre los pavos reales y los cisnes
El lujo —¿somos reyes?— nos clausura.
Pero... no somos reyes. Las materias

Preciosas —oros, lacas—
Transmiten una luz
Que acrece nuestra vida y nos seducen
Alzándonos a espacios aireados,
A más sol, a universo,
Al universo ignoto.
Ansiedad. ¿Por un reino,
Ese «reino que estaba para mí»?
Siempre un ansia de vida hasta sus fuentes
Bebiendo en manantiales
Y sin saciar la sed,
Sumiéndose en pureza originaria
—¡Oh ninfas por sus ríos!—
Con el alma desnuda
Bajo cielos inmensos.
¿Hacia dónde nadamos? Mundo incógnito,
Conciencia de orfandad entre asechanzas,
Francisca Sánchez, acompáñame,
Búsqueda de unos brazos, de un refugio,
Huérfano esquife, árbol insigne, oscuro nido.

54

SOSPECHA DE FOCA

(Maine.)

El mar murmura grandeza.
¿Un punto negro en el agua?
Adivino la cabeza
De una foca. No la fragua
Mi magín, que nunca empieza.

Ondulación de oleaje
Sobre el dorso de una foca.
¿Encontré lo que yo traje?

A la realidad ya toca
Con su potencia el lenguaje.

55

PASIONES

Eres ya la fragancia de tu sino.
«Presagio.»

Si el azar no era ya mi fe,
La esperanza en acto era el viaje.
Todas las rosas son la rosa.
«La Florida.»

Fresca persiste una fragancia.
Fin no tendrá mi amor a Francia.
Tiempo.
Más tiempo.
¿Sólo tiempo?
Tesoro dura en creación.
Fin no tendrá mi amor a Italia.
Todas las dalias son la dalia.

56

VISTO Y EVOCADO

(Florencia, Wellesley.)

Amarillas, cayendo van las hojas,
Una por una, cada diez segundos,
Sobre el llovido asfalto.
Frondas rojas
De octubres que recuerdo, ya profundos.
Alma: ¿todo lo salvas, nada arrojas?

57

PASAPORTE

¿Por qué español? Lo quiso mi destino.
Años, años y años extranjeros,
Fui lo que soy, no lo que me convino.
Hado con libertad: soy lo que quiero.

58

JUAN CENTENO

Se nos fue según vivía:
Sin pedir al mundo nada,
Quieto en su melancolía.

¡Era de tal señorío
Contemplando desde el puente
Cómo pasa y pasa el río!

Elegante hasta en el modo
De parecer tan humano
Mientras renunciaba a todo.

¡Cuánta su delicadeza
Para quedarse detrás
Cuando la función empieza!

Así fue don Juan Centeno.
Una sola pulcritud:
Exquisito de tan bueno.

59

PLURILINGÜE

A Pierre y Alix Deguise, en Wellesley.

El niño es una mina.
¡Qué gran fortuna
Ya para quien se inclina
Sobre la cuna!

Dice la madre: «Touchez,
Ah, comme sa peau est fine!»
De la cabeza hasta el pie
Jacques es un niño de cine.
¿Tal gracia no es condición
Sine
Qua non?

El padre, que sabe griego,
También responde en inglés:
Yes!
De la cabeza a los pies
James afirma su Ego.

¡Qué gran fortuna
Para quien ama y se inclina
Sobre la cuna,
Del mundo la mejor mina!

60

LA BELLA TAN MARIDABLE

Miss So and So: belleza.

¿Belleza? Más. Figura
Donde una tentación de gracia empieza
Por ser la gran frescura
Maravillosa de una tez que canta
—Color anglosajón— la valentía
De quien con esa planta
De Venus —rubia melena— sabe economía
Política y sonríe en su despacho.

¿A ese nivel de Olimpo
se alzará algún
muchacho?

61

REGRESO AL CAOS

Se necesita en Dallas
Otro Mingo Revulgo
Para hincar en tus alas,
Murciélago, sus clavos.
La plebe con el vulgo.
Ni señores ni esclavos.
... Y un crimen se perpetra,
Público, frente a frente
De todos. Triunfa letra
Sin espíritu. Masa
—Mayor jamás— de gente
Ve el crimen desde casa.

No hay nadie responsable.
Ni ciencia ni dinero,
Ni un hisopo ni un sable.
El peor de los caos
Es quien, cero tras cero,
Suma al fin: condenaos.
El caos, una fiera
Reducida a su hez,
Más caos prolifera.
Mientras es aplastada,
Ella aplasta a su vez.
Negocio, muerte, nada.

62

ARCHIBALD MACLEISH

EL VIEJO FRENTE AL LAGARTO

«The old man to the lizard» en «New Poems»

Amante del calor, del alto mediodía,
De la cálida piedra, y ya con el sol áureo
En tus ojos sin guiños... Y dicen que eres viejo,
Más viejo que las rocas por donde te deslizas
Con dedos delicados, ágil sobre los hornos
En que ni el grillo fuerte pudo jamás cantar.
Dime, lagarto amante del sol, ¿por qué le quieres?
¿Porque es oro entre llamas? ¿O le quieres, le adoras,
Oh lagarto solar, porque tu sangre es fría?

LA OLA

«The wave» en «Songs for Eve»

Plata son en el muro de la ola
Miles de pececillos

Con polvareda ante ellos del mar, de su derrumbe.
Tras ellos, los Jacks, los Crevalli, los Barracuda.
Plata entre muerte y muerte
Por dentro de los verdes vidrios claros,
Ante la ola rompe la ola culminante:
Miles y miles,
Por entre muerte y muerte, ay, la plata.

63

LOS COLEGAS

Carmona es muy bueno. Se desvive por sus hijos, responde muy amable al transeúnte que pregunta, se detiene a contemplar el cielo del hermoso crepúsculo. Excelente, Carmona. Pero... ¿cómo trata a sus colegas? Ahí está el quid.

Oh colegas probos, circunspectos, quizá miopes, quizá présbitas, bien criados, a veces elegantes, a veces cultos: ¿por qué, decidme, la compañía en el trabajo común envenena tanto vuestra sangre y vuestros soliloquios?

Es la peor de las relaciones humanas: Carmona, tan mezquino con Torres. Y Torres, envidioso de ese infeliz Martín, aún más de don Fernando. Y aquel profesor, muy docto, no puede roer en paz sus huesecillos, sus latines.

La «lucha por la vida» desarrolla cierta arrogancia animal. Este motivo no es quien opone entre sí últimamente a esos compañeros, víctimas de sus fantasmas, siempre temblorosos con un yo débil encogido de angustia.

64

REAJUSTE

Me encontraba en un abismo
De inconsistencia, perplejo.
Sólo recobré mi fe
Cuando me alumbró el consejo
De un amigo: «Sé tú mismo.»
¡Realidad!
Y respiré.

65

RECURSO MAGICO

A solas digna y desolada,
No la remuerde ningún yerro.
Del prójimo no espera nada.
Solución: la compra... de un perro.
Habrá para el humilde un hada.

66

CLUB

Vestida carne desnuda,
Noche de «night club» y danza.

La atención se queda muda
Frente a un despliegue que avanza,
Persuasivo, con fragmentos
De cuerpos y movimientos
De mujeres: muslos, hombros,
Un ritmo de sacudida.

En el planeta la vida
Pasa girando entre escombros.

67

LOS CERROS DE BOGOTA

Las mañanas envuelven
En una bruma nórdica los Cerros
Siempre hermosos, ahora ajironados
En informes relieves esparcidos,
Monserrate y los vahos de una cumbre.
Verdores hay de frondas
Con íntimas honduras, vagos valles.

Cambia pronto la luz.
Se despejan las cimas,
Menos grandiosas ya,
Que van aproximando sus vertientes:
Descampados rojizos, casas, rutas
Donde brillan metales
Que surgen, se deslizan y se ausentan.
El panorama se divide en trozos
Múltiples, inconexos
—Tejados, chimeneas,
Suburbios de gran urbe—
Y la Naturaleza siempre al fondo
Conforta, cotidiana,
Se tiende hacia las calles, humanísima.

Es la tarde. Las cinco.
Un resplandor inmóvil
Fija una suspensión
Que se espesa, se dora, se remansa,
Ciñe bien los objetos,

Visibles dulcemente en la tranquila
Plenitud de sí mismos. ¡Temple justo!

Esa luz, tan corpórea,
Existe con aplomo sustancial,
Y por capas levísimas se extiende,
Contorno del contorno,
Superficie dorada
De toda superficie,
¿Espíritu o materia? Sol, las cinco.

Momento muy precario.
La apariencia amarilla
—De follajes, de muros, de terrazas—
Se posa embelesando, ya se va.
Preceden al poniente unos fulgores
Eléctricos.
Nocturnos ya, no hay Cerros.
Viven focos de luz. Estrella, todo.

68

CARTAGENA DE INDIAS

A Ramón de Zubiría,
cartagenero amigo.

¡Cuánta España ha quedado por aquí,
Por estas calles y por estas plazas!

Largos balcones como corredores
Y rejas de madera
Con balaústres sobre las ventanas,
Patios profundos de otra Andalucía
Más festiva, más clara.

A nadie amenazando,
Ante el mar la ceñuda fortaleza
Que los tesoros guarda.
Y también imponente
—Obra, sí, de romanos— la muralla.

Y todo bajo sol
De trópico, luz, luz, palmeras altas,
O tempestades súbitas
De inmensidad con fábula.
Y negros, indios, blancos
Generosos de lengua castellana.

¡Cuánta vida ha dejado por aquí
La España desgarrada!

69

CUERPO A SOLAS

Junto a la tumba de M. M.

Caminantes: callad.
La hermosa actriz ha muerto,
Ay, de publicidad.

Entre fulgor y ruido,
Aquella desnudez
Extravió su sentido.

Era tan observada
Por los ojos de todos
Que se escondió en la nada.

Allí no habrá ya escena
Donde suene un fatal
Arrastre de cadena.

El bello cuerpo yace
Libre, por fin, a solas.
¡Uf!
Requiescat in pace.

70

AIRE EN TORNO

Admirad Nueva York desde ventanas altas:
Rodeados de espacio, lisos bloques esbeltos.
¡Oh verticalidad que a la hermosura asaltas
Con ataques de rectas! Edificios resueltos
A ser la más desnuda geometría del mundo,
Y con un solo adorno. Mirad bien: el espacio.

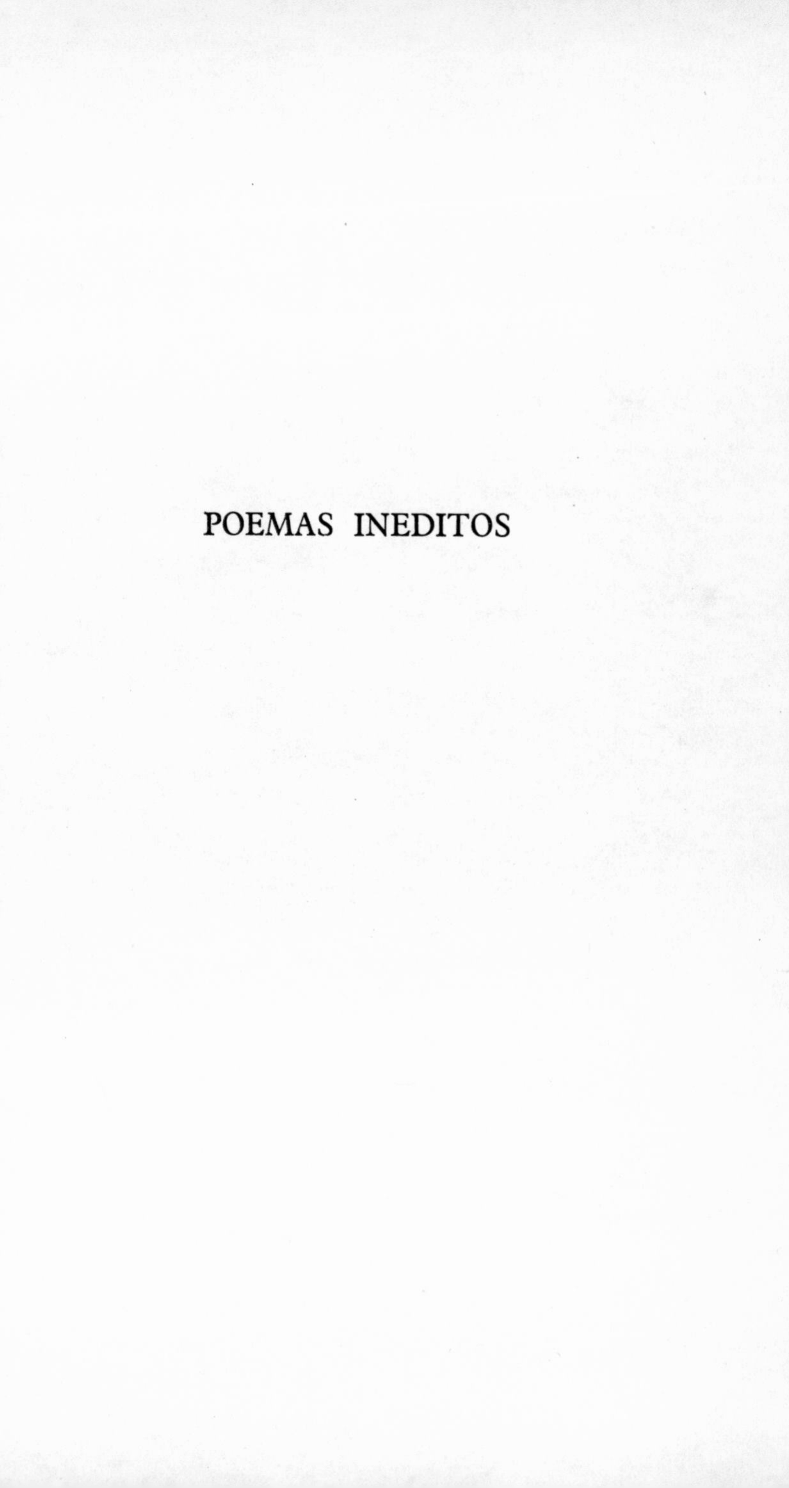

POEMAS INEDITOS

71

NATURALEZA COMO FABULA

(Dionea muscipula. Carolina del Norte.)

¿Planta que trasciende sus límites?
La realidad es prodigiosa.
Inmóvil queda si algo leve
—Hormiga quizás o una gota
De lluvia— nada más se halla
Sobre alguna de aquellas hojas.
Esta vez, por fin, aparece
Presa, ideal. ¡Una mosca!
La planta mueve sus tentáculos
Y como una cárcel se forma
Donde el animal se disuelve,
Digerido por la captora:
¿Imaginación acechante?
Un instinto —de pura lógica—
Opera con ferocidad
Humanamente rigurosa,
Móvil de una acción al servicio
De unos fines. ¿Hay ya persona?
Hay suceso que es un sistema,
Una fábula que es historia,
Historia así, tan natural;
El universo con su incógnita.

72

BALLENA

En este mar Pacífico
—Por su vuelo gaviotas—
De pronto nos sorprende
Móvil color con notas

Oscuras. Sobre el agua
Visibles, son quizá
De mole muy sutil:
Surtidor surgirá.

Y asciende por el aire
—Momento de una escena—
El disparo festivo
De entrevista ballena.

Tan enorme viviente,
A la costa vecino,
Cifra en aquel relámpago
—Con tal ímpetu advino—

Esa maravillosa
Profundidad marina
Que al hombre un nuevo mundo
Secreto le destina.

73

MILLONES Y MILLONES DE TRAGEDIAS

I

Era un hermoso adolescente oscuro.
… Y llegaron los blancos. Le raptaron.
Y perdió en un instante, de repente,
Lo que era y poseía: su persona.
Fue desde entonces cosa. La vendieron
Blancos civilizados, sí, cristianos.

II

ANUNCIO

Annapolis, Sept. 29, 1767
A cargo of choice healthy slaves.

III

Estalló al fin la cólera infinita.

74

ASPIRACION A LAS DOS DIMENSIONES

Todo el país quisiera que la vida
Fuese muy confortable, muy segura:
Superficial.
¡Asepsia!
Nada hay sucio,

Nada implica pecado tenebroso.
¿Ha sido asesinado un Presidente,
Hay crimen? Sólo al margen de esta lisa,
Correcta superficie de planicie.
¿Tal amigo mostró pasiones torvas?
No es vil, sólo pueril, sin trascendencia.
¿Todo superficial, mentira todo?

75

FALLINGWATER

F. Ll. Wright.

Sobre la roca y la cascada,
Murmullo que apenas se siente,
He ahí triunfante morada:
Reino musical de la mente.

76

ULTIMA FATIMA

Give us this nada, our
daily nada... Hail nothing full
of nothing, nothing is with
thee.
Hemingway. «A clean, well lighted
place.»

La ilusión de sentir
Y contemplar la Nada
Se impone a los propicios:
De pronto sobreviene,
En seco fascinante.
No, ni Dios ni el Demonio,
Más allá ¡Virgen Nada!

77

GENIO DEL IDIOMA

RUBEN DARIO

Félix García Sarmiento
Queda bajo su Rubén.
El nombre de pila es quien
Da a la invención fundamento.

LEOPOLDO LUGONES

Ese juego frenético de rimas
—Balón llegará a ser cualquiera luna—
Concluye dominando el mundo, circo
Final para que todo se reúna.

ALFONSO REYES

«Normalidad como energía»
Pensó el aguerrido con pluma
Creando una categoría.
Tal *virtus* a la gracia suma
La fuerza que no desafía.

VICENTE HUIDOBRO

«¿Alguien mejor? Yo no lo admito.»
No escuchemos. Ese Vicente
Se da, total, a su ajedrez,
En mano, siempre la patente
De inventor. Alfil exquisito.

JORGE LUIS BORGES

Sutileza de pensamiento
Traza laberinto de drama,
Que se ve con lente de aumento
Como universal panorama.

OCTAVIO PAZ

Si le dicen Octavio Paz,
A ninguna paz octaviana
Le han conducido tales nombres.
Real conciencia y real gana,
Vida y muerte junta en un haz.

PABLO NERUDA

Este sultán soñoliento,
Si vuela, cae de pie,
Imagine lo que ve,
Se convierte en elemento.

78

AL MARGEN DE BORGES

ENCYCLOPEDIA BRITANNICA

Debo a la conjunción de un espejo
y de una enciclopedia el descubrimiento de Uqbar.
«Ficciones», «Tlön, Uqbar, Orbis Tertius.»

¡Soñemos, alma, leamos!
Entre figuras y signos
Soñemos —en la memoria—
Ajedrez, alquimia, cábala,
Palimpsesto, laberinto,

Sumo jardín: biblioteca.

Escuchando, conversando
Con alfaquí, con astrólogo
Acumular un lenguaje
Donde se viva muy lejos.

¡Misteriosa Enciclopedia!

HUMILDE IRREALIDAD

Vio perros, vio un furgón en una
vía muerta, vio el horizonte, vio un
caballo plateado que bebía el
agua crupulosa de un charco.

«La muerte y la brújula.»

I

Vi la tierra de nadie, ni suburbio
Ni campiña en un gris acaso turbio.
Sin sentir la atracción del horizonte.
Vi un perro que husmeaba en un desmonte
El postrer comestible desperdicio.
Vi una herrumbrosa vía sin servicio.
Vi un famélico gato que bebía
Los reflejos del sol y su agonía
Sobre un agua de lluvia ahora charco.

Todo estaba en un óleo sin marco.

II

Yo no sé si en pintura acierto o fallo.
El óleo compré.
Con un caballo
Soñé que de aquel lienzo sin motivo

Surgía, solitario como chivo,
También remoto si se ve de cerca.
Más: soñé con el agua de una alberca.
Ya la errante figura allí se inclina
Para saciar su triste sed equina.

Ay, se me fue del lienzo aquel caballo.
Con palabras lo busco, y sí lo hallo.

79

WALT WHITMAN

En la playa, de noche, solo.
«On the beach, at night, alone»,
de «Sea-Drifts».

En la playa, de noche, solo.
Mientras la madre antigua se mueve de aquí
para allá cantando, ronco, su canto.

Mientras oteo las estrellas lucientes —que relucen—
y me pongo a pensar en la clave del universo,
en el porvenir.

Una vasta similitud lo entrelaza todo.
Todas las esferas, acabadas, inacabadas,
diminutas, grandes, soles; lunas, planetas.

Todas las distancias, aunque vastas, en el espacio,
todas las distancias en el tiempo, todas las formas
inanimadas,

Todas las almas, todos los cuerpos vivos
por diferentes que fueran o en diferentes mundos.

Todos los procesos, gaseosos, acuáticos, vegetales,
minerales, los peces, los brutos.

Todas las naciones, coloraciones, barbaries.
civilizaciones, lenguas.

Todas las identidades que han existido
o puedan existir en este globo o en otros globos,

Todas las vidas o todas las muertes,
todas las del pasado, el presente y el futuro.

Esta vasta similitud las abarca a todas
y siempre las ha abarcado.

Y las abarcará para siempre y las mantendrá
compactas y encerradas.

80

WELLESLEY

Campus: jardín que es parque —con paisaje
Sometido a prudente vigilancia.

Educación, en suma, de doncellas
También... con propia libertad de traje
Matutino.

La estancia
—Durante algunas bellas
Horas, lago, piscina,
Siempre a la sombra de labor mohína—
La estancia en la morada pedagógica
Somete a firme cruce
De placer y de tedio.
La mezcla es siempre situación muy lógica.
A libertad, por fin, allí conduce.

Aquel poeta, pues, buscaba el medio
De combinar los ratos juveniles
Con retiro de musa:

Armonía de fines.
¿Hay palabras en voz? Otras hay silenciosas.
Nadie al crítico acusa
De ser antes poeta:
Entre luces y cosas
Esa vida fugaz que al hombre reta,
Tan difícil de asir, tan inmediata.

Por este campus van muy doctas mentes.
Ah, no más eminentes
Que algún árbol del campus. ¿Quién no acata
Su edad y su belleza tan beata?
Tal vez entre unos arces el profesor de ruso
—Emigrado ingenioso ¿ya genial?—
Dice su paradoja:
«Al lector extranjero acaso obtuso
Le gusta Dostoievsky. ¿Cómo, si escribe mal?
Mi afirmación no tiene vuelta de hoja.»
Encanto eslavo, mariposas, tenis...
¿Aquel ruso había de renovarse como el Fénix?

Pasa el tiempo sin prisa.
Yo no siento su paso ni su peso.
Mientras, la circunstancia
Personal se transforma.
No hay siempre días para la sonrisa.
Sólo ya soledad mi vaso escancia,
Remota de mi norma.
Tanta nieve deprime, lo confieso.
Pero la juventud con su gracia envolvente
Nos sume en primavera,
Frescura de una esfera
Que aun mi memoria siente.

Wellesley, recuerdo ileso.

Del libro inédito «Otros poemas»
(1966-1972)

Campus: jardín que es parque —con paisaje
sometido a prudente vigilancia.

Educación, en suma, de doncellas
también... con propia libertad de traje
Matutino.

La estancia

—Durante algunas bellas

Horas, lago, piscina,
Siempre a la sombra de labor mohina.
La estancia en la morada pedagógica
Somete a firme cruce
De placer y de tedio.
La mezcla es siempre situación muy lógica.
A libertad, por fin, allí conduce.

Aquel poeta, pues, buscaba el medio
De combinar los ratos juveniles

Con retiro de musa:
Armonía de fines.
¿Hay palabras en voz? Otras hay silenciosas.
Nadie al crítico acusa
De ser antes poeta:
Entre luces y cosas
Esa vida fugaz que el hombre reta,
Tan difícil de asir, tan inmediata.

Por este campus van muy doctas mentes,

Ah, no más eminentes
Que algún árbol del campus. ¿Quién no acata
Su edad y su belleza tan beata?
Tal vez entre unos arces el profesor de ruso
—Emigrado ingenioso ¿ya genial?—
Dice su paradoja:
«Al lector extranjero acaso obtuso
Le gusta Dostoievsky. ¿Cómo, si escribe mal?
Mi afirmación no tiene vuelta de hoja».

Encanto eslavo, mariposas, tenis...
¿Aquel ruso habrá de renovarse como el Fénix?

Pasa el tiempo sin prisa.
Yo no siento su paso ni su peso.
Mientras, la circunstancia
Personal se trasforma.
No hay siempre días para la sonrisa.
Sólo ya soledad mi vaso escancia,

Remota de mi norma.
Tanta nieve deprime, lo confieso.
Pero la juventud con su gracia envolvente
Nos sume en primavera,
Frescura de una esfera
Que aun mi memoria siente.

Wellesley: recuerdo ileso,

Jorge Guillén

SEGUNDA PARTE

COMENTARIOS Y NOTAS

Abreviaturas empleadas:

C., *Cántico.*
Cl., *Clamor.*
M., *Maremágnum.*
Q., *... Que van a dar en la mar.*
A., *A la altura de las circunstancias.*
H., *Homenaje.*
A. N., *Aire nuestro.*

I

«LAS SOLEDADES INTERRUMPIDAS»

(Cántico, 1950)

1. Fecha, estrofa, verso y tema

El poema está escrito en Wellesley en los meses de julio, octubre y diciembre de 1946, corregido en New Haven, Connecticut, en abril de 1947 y en París el 21 de septiembre de 1947. Corregido de nuevo en septiembre de 1948 y el 17 de enero de 1949.

Once cuartetas asonantes de heptasílabos, *abcb,* con rima independiente en cada estrofa. Guillén usa el mismo tipo en varios poemas largos, como «Más allá», «Todo en la tarde» y «Salvación de la primavera».

Es un paisaje. Predomina lo conceptual. Poema de tensión marcada por varios verbos o sustantivos de voluntad. Se nos hace ver y sentir cómo el campo queda interrumpido por un pueblecito o ciudad y se transforma así en civilización. Dice Guillén: «Tras el mundo hallado, el mundo inventado: la ciudad. Son 'Las soledades interrumpidas', los intermedios urbanos de la Naturaleza» [1]. El título no dice «campo» más que metafóricamente: «soledades» es un hallazgo inteligente e inteligible, porque la palabra tiene carta de naturaleza poética en nuestro lenguaje. El pueblecito es Wellesley, Mass., pero de una manera general es una pequeña ciudad irrumpiendo en la selva. Impiden la continuidad del campo y rompen su soledad casas

[1] Jorge Guillén, *El argumento de la obra,* Milán, All'Insegna del Pesce d'Oro, 1961, pág. 18.

de madera, calles lineales con árboles frondosos, aceras, escaparates, etc. El bosque es estático, el pueblo —construido por voluntad y esfuerzo del hombre, sujeto agente de la historia y paciente del tiempo— es dinámico. El poeta asiste como testigo neutral a la lucha entre la ciudad y el campo, contempla con ojos mentales cómo el pueblecito toma y ocupa el campo, registra y realza esta victoria en su poema. El tono no es, sin embargo, ni combativo ni guerrero. La ocupación o interrupción de la selva ha sido un hecho natural, consentido por ella misma y al cual ha contribuido con su materia y sustancia: la madera [2]. La génesis del pueblecito ha llevado tiempo, mucho tiempo; esfuerzo además. Como tantos otros actos de la Naturaleza y de la Historia. Y ahora, realizada la transformación milagrosa, la ciudad está ahí, a la vista, cándida como el bosque original, tentando con su tema al poeta. La ciudad, tema poético al menos desde Baudelaire. Remontándonos mucho más, podríamos llegar hasta el Renacimiento.

El asunto de este poema cabría hacerlo entrar en la corriente del «beatus ille». El tratamiento es, naturalmente, nuevo, porque si bien nuestro poeta contempla la ciudad y el campo y medita sobre ellos, su examen no le lleva a reflexiones religiosas, morales o políticas. La Naturaleza no es vehículo para alcanzar la idea de Dios, para meditar sobre el sentido de nuestra existencia, sobre la vida eterna, sobre la fugacidad del tiempo, sobre la hipocresía, la ambición cortesana, las mudanzas de fortuna. Esto, que ha servido tan bien a los grandes poetas que han utilizado el tema de corte y aldea, no es objeto de meditación en este nuevo «beatus ille» de Jorge Guillén. Tampoco tiene que cercenar ninguna posibilidad eligiendo entre la ciudad y el campo; ni alabar a la una con menosprecio del otro. El criterio es más bien de armonía e igualdad entre ambos. La mirada, inquisitiva, filosófica, puramente intelectual en la mayor parte de los versos. La solución, cargada de acendrado sentimiento. Las reminiscencias que se sugieren al lector, clásicas, como queda dicho. Se puede pensar, por ejemplo, en Boscán y en su «Epístola a Don Diego de Mendoza», donde se precian justa y equilibradamente los goces del campo

[2] También en «Naturaleza viva» la mesa es «leña, tronco, bosque de nogal..., vigor inmóvil, hecho / materia de tablero / siempre, siempre silvestre», *Cántico,* pág. 40.

y los de la ciudad y donde ambos aparecen como deseables y convenientes para el hombre de juicio bien compuesto y voluntad libre. La «Epístola», claro, es totalmente diferente de «Las soledades interrumpidas» en muchos otros aspectos, en realidad en casi todos. Pero la idea central de ordenar, aclarar, clasificar y dominar el mundo por medio del intelecto es la misma en los dos poemas. Como lo es la de aceptarlo con heroísmo burgués o urbano; otra forma de heroísmo tan digna de aprecio como la del caballeresco, romántico o medieval. El héroe y el discreto son igualmente héroes.

El poeta pasea, contempla la ciudad, medita acerca de ella, sí. Pero medita más que nada sobre su naturaleza, la sustancia, el origen de la misma: la selva. Así, el campo y la ciudad no aparecen contrapuestos ni antagónicos, sino unidos, hermanados en su esencia silvestre: la ciudad —de madera— es también, es todavía bosque. El bosque, principio de la historia hecha de tiempo humano. De ahí que, además de pueblo, se diga tiempo, hombre, historia. El mundo está bien hecho por el hombre que lo domina natural y amablemente. La Naturaleza se le somete, se le presta amorosamente a la transformación. Por eso hay al final un par de versos transidos de sentimiento —los únicos del poema, pero de tan expresivo efecto que impregnan todos los demás— en que el campo y la ciudad, aunados en perfecta armonía, se contemplan el uno dentro de la otra, tranquilos, satisfechos de su sino. Y el poema se remata así en las cimas de la beatitud.

2. Comentario por estrofas

1. *Hay,* palabra inicial del poema, nos da el tono descriptivo, objetivo e impersonal del mismo. Los árboles concretos que nombra el poeta, la precisión con que observa. Las *muchas frondas,* la distancia sobre todo en altura en la que el ojo del autor está enclavado. Es una distancia mental más que visual o física. El segundo verbo, *aísla,* en su sentido de dejar una cosa sola y separada de otras, expresa la soledad y apartamiento en que el tiempo, gran solitario, ha puesto al prado. En *a-ís-la,* el significante aumenta el significado: la *í*

acentuada, formando sílaba independiente, refuerza el corte, la separación entre las frondas y los prados.

Entre las muchas frondas. Por su rapidez, este verso contrasta con el siguiente, *el tiempo aísla prados.* El primero, con veinte letras que articular (siete vocales), dos acentos únicamente, una sola palabra sustantiva y sin pausa alguna, se nos precipita por los órganos de articulación y nos los llena de movimiento. Mientras que el último verso, con diecinueve letras (nueve vocales), tres de las cuatro palabras que lo componen esenciales, tres pausas clarísimas, un sonido nasal fuerte, se nos prende al oído, se nos detiene más al pronunciarlo y nos produce efectos de calma, de lentitud, como si al obligarnos a emitirlo pausadamente se buscara dar tiempo al tiempo que se necesitó para la transformación del bosque en pueblecito.

En la estrofa predominan los elementos concretos: hay seis nombres concretos y sólo uno abstracto, *tiempo.*

2. Los árboles han pasado de ser troncos a ser tablas. Las maderas *renacen,* en primer lugar, porque después de sufrir un período de inorganización, el de haber sido tablas, materia inerte y desorganizada, se organizan ahora formando paredes, porches, casas; en segundo lugar, porque en esta reorganización se vuelve a ver la esencia del árbol y aparece su función.

3. Por *colorines* se indican las cosas llamativas del pueblo, los colores al azar de las casas, automóviles, anuncios, letreros, trajes. *La terca tentativa* de ser pueblo, de ser hombre y de tener historia *reluce* porque con aquellos colorines se agrega luminosidad a la luz natural del día, forzándolo con el brillo de los mismos y, por tanto, desordenándolo. Por *colorines* mal podría entenderse los pájaros así llamados. Aunque no estarían de más los pájaros en un paisaje y haya pájaros en otras poesías de Guillén [3], sería entender mal verlos aquí. Si queremos verlos en *colorines,* se nos presentan dos dificultades. El contexto de *colorines* impide la interpretación por pájaros, y, además, el jilguero no existe ya en la región geográfica del poema. Este último obstáculo se subsanaría pensando que el poeta no tiene que ser ni ornitólogo ni doctrinario en su visión

[3] De los poemas comentados en *Cántico americano* se pueden citar los pájaros de «Tiempo libre», «Entre las soledades» y «Los supremos».

de la Naturaleza, o que el colorín, callado y a distancia, puede muy bien confundirse con el gorrión —y viceversa—, abundantísimo en el Este de los Estados Unidos. Pero la primera dificultad, la del contexto, es absolutamente insuperable. A pesar de lo cual, si algún lector se extraviase en la lectura, como esta incauta lectora ha estado a punto de hacerlo, deseche los pájaros y consuélese al punto: la poesía es maga muy capaz de convertirnos en visionarios y de ponernos los gigantes tan a la vista como los molinos. No es imprudencia nuestra entreverlos un instante juntos; mas sería temeridad alargar el segundo lo bastante para registrar el milagro en una frase, por corta que fuese. A más de lo cual, la poesía, hechicera o no, es un ente benéfico con hilos misteriosos para volvernos al camino de la verdad, de la razón y de la belleza, senda de casi todos los poetas, e, incuestionablemente, la senda de Jorge Guillén.

En cuanto a los tres puntos con que comienza el tercer verso, son para indicar un mayor espacio de tiempo en la pausa que se abre con el punto final después de *maderas* y que cierra el segundo verso. Así, el silencio entre los versos segundo y tercero es más largo, marcando más el tiempo transcurrido para que se efectuara el paso de las maderas a *pared* o *porche,* el esfuerzo necesario para esta transformación y la expresada en el cuarto verso.

4. La madera hecha *casas, al fin,* es decir, con el esfuerzo antes mencionado, aparece, descuella por entre las praderías hechas por designio humano y sometidas a la voluntad del hombre. Termina la estrofa con otro verbo volitivo, *querer.* Del mismo modo han terminado las anteriores: con verbos o expresiones de voluntad.

5. Ahora las casas se organizan en calles, *rectilíneas* por la mano del hombre, *silvestres* por los edificios que contienen y por los árboles que las pueblan. Están presentes la *historia* y la *selva;* o sea, el hombre y la Naturaleza, y en las calles queda el testimonio de su *ansia* de trabajar juntos. Con la palabra *ansia* continúa, culmina y se cierra el subtema, tan importante, de la voluntad. A partir de esta estrofa hay un cambio de tensión marcada hasta aquí por verbos fuertes o expresiones similares *(aísla, se esfuerza, terca tentativa, quiere, ansia),* manifestativos del esfuerzo creador del hombre y la Naturaleza. Conseguida la victoria, la tensión afloja un tanto, el

poema descansa y el poeta puede permitirse el lujo del jugueteo que se aprecia en la estrofa sexta. Semejantemente hay otro cambio de lo abstracto a lo concreto, del hombre a la persona, al vecino, al ciudadano específico. Finalmente hay que señalar que, hasta aquí, no había en el paisaje nadie o nada concreto, movible, existente en acción. Había la esencia de las cosas, sí, que también puede ser, y de hecho lo es en el poema, dinámica intelectualmente. La transición se prepara en la siguiente estrofa, la sexta.

6. Estos cuatro heptasílabos forman como un aparte en tono y actitud del poeta. Situados después de las cinco estrofas primeras y antes de las cinco últimas, constituyen estructuralmente el centro del poema. Aparece el arte como juego y con él el humorismo, la ligereza y la gracia. En vez de hallarnos frente al hombre real, nos encontramos contemplando a un maniquí mesurado y circunspecto, preso por la luna del escaparate [4]. El maniquí es como la tentación del lujo producido por el comercio y su elegancia. El poeta juega haciéndonos pensar que si el maniquí —¿hombre o mujer? (esta lectora lo presiente mujer)— pudiera evadirse del recinto en que mantiene la compostura, en que está grave e inmóvil, sería capaz de entregarse al libertinaje, haría mil locuras y nos reiríamos con ellas. Esto supone que el maniquí está personificado, que vive en el verso, que el poeta podría llegar a ser un nuevo Pigmalión, aunque nada misógino. Este «scherzo», si bien alivia la tensión de las estrofas anteriores y nos lleva a la seriedad de las cinco siguientes, no está del todo desligado de ninguna de ellas: de las primeras, porque el comercio, producto de la civilización, es hecho natural para el pueblecito que se nos viene describiendo; de las últimas, porque el maniquí, primera aparición del hombre concreto, está preso por las leyes ingeniadas por el hombre civilizado, como lo está por las de la circulación la *persona* de la estrofa séptima.

7. Aparecido antes el hombre inmóvil y como en broma, aparece ahora en serio y en movimiento, también limitado, como queda dicho, y si no por el cristal de las lunas, sí por otro elemento también de cristal, el semáforo, concebido para el

[4] Estas lunas de escaparate aparecen en otros poemas de *Cántico;* las hay, por ejemplo, en «Como en la noche mortal», *Cántico,* pág. 82, uno de cuyos temas es también la ciudad.

orden y para la seguridad. *La persona / se detiene en un borde* (la luna del escaparate también era borde en el sentido de límite), la acera. *¡Cuidado!* debe relacionarse con *¡Oh codicia elegante!*, no sólo por ser exclamación, sino porque la codicia y la prisa (templadas por el *¡cuidado!*) tientan y amenazan nuestra libertad. *Con los demás a solas* mantiene, claro está, el tema de la soledad; el verso es por ello correlativo del *aísla* de la primera estrofa. La soledad o soledades del *con los demás a solas* es una leve punzada de dolor; leve porque también aquí está la soledad interrumpida; de ahí el *con los demás*. El hombre, mejor dicho, *la persona*, está sola y no está sola al mismo tiempo: es *yo*, y algo de este *yo* es también los demás, como la selva es en parte pueblo y éste a su vez es en mucho bosque.

8, 9. Tiempo y espacio: *el tren, la carretera, las horas, el futuro, la velocidad*, aparecen combinados para darnos no sólo la atmósfera y la vida del pueblo, sino las del hombre y su destino emplazado en el tiempo y el espacio.

10. Comienza la transformación que se continúa en la última estrofa: *los follajes divisan..., las hojas* son *cómplices..., los tejados contemplan*. Con la personificación de los follajes se inicia la prosopopeya. Aunque estén dotados simplemente de ojos para ver a los *atareados*, no están totalmente desprovistos de sentimiento, porque ellos nos dan, con las palabras *en su esfuerzo perdidos, oscuros bajo el árbol*, una matización de simpatía, de entendimiento y casi de piedad por estos hombres absortos en sus preocupaciones de trabajo, y nos revelan el interés con que los follajes los contemplan.

Se ha dicho, creo con razón, que, en su afán de exaltar la realidad, Guillén lo vivifica todo, y por esto es el poeta español que utiliza más la figura retórica llamada prosopopeya, llegando incluso a la personificación de las abstracciones; más aún, hasta la vivificación de los muertos y la mitificación de la realidad, resultando así ser «el mejor representante español de lo que se ha llamado lírica del objeto» [5]

11. Se oye el rumor de *las hojas gratas, profusas, cómplices*. La adjetivación es perfecta y está bien colocada. *Cómplices* porque ocultan y protegen a los *atareados*, porque, además, son

[5] José Manuel Blecua, en *La poesía de Jorge Guillén* (con Ricardo Gullón), Zaragoza, Editorial «Heraldo de Aragón», 1949, págs. 287-291.

parte del árbol que será madera, tabla, pared, porche, casa, pueblo. Sigue la personificación de los follajes, ahora en particular, *hojas;* hojas y follajes amigos del hombre. Finalmente, el clímax de la transposición: los dos versos últimos, en los que *los tejados* no divisan intelectual, objetivamente como los follajes, sino que con pleno sentimiento, blanda, delicada, cariñosamente, *contemplan* la casa que ahora son, las otras casas del pueblo, la madera, el bosque, *su bosque* —casa de cerca, selva a lo lejos—, ese bosque donde se originaron. El poema termina con lentitud en los dos versos finales. El verbo *contemplan* sugiere una demora de la acción. El adverbio *tiernamente,* por sus acentos y por su lentitud, da idéntica impresión de tardanza; ocupa él solo dos tercios del verso. Tanto aquel verbo como este adverbio refuerzan con su sonido el significado, sobre todo por las nasales. El sonido de las dos oclusivas de *bosque* marca el final del poema e incluso lo remata antes del punto final con que lo cierra su autor. El *tiernamente* lo llena de emoción, nos lo hace entrañable con una sola palabra. Como en toda prosopopeya, hay una transposición, aquí más tensa porque el poeta no se nos ha presentado en su composición. Son los follajes o los tejados los que parecen sentir y los que nos afectan; es el paisaje humanizado por el poeta el que se nos acerca gracias a esta humanización. Pero, aparentemente, el poeta se mantiene distante, oculto.

II

«VIDA URBANA»

(Cántico, 1945)

1. Fecha, estrofa, verso y tema

El poema fue escrito en Wellesley en dos días, el 27 de julio y el 6 de octubre de 1942; lo corrigió el autor en septiembre de 1943.

Cinco cuartetas asonantes, *abad,* de hexasílabos como en

«Tornasol» o en «Tránsito». La composición ha motivado comentarios de los críticos: Jaime Gil de Biedma [1] la ha analizado y la considera como una de las más logradas de Guillén, y Ernst Curtius [2] la ha traducido al alemán.

Predomina también lo conceptual y la voluntad de vida.

El título podría haber sido «Cementerio», ya que el poema se refiere a un camposanto, el de Wellesley, situado casi exactamente en el centro de la ciudad, con uno de sus muros en la calle Mayor de la misma. En los años en que se compuso y publicó por primera vez el poema, los senderos apresurados del cementerio servían de atajo a los vecinos impacientes por llegar a la parada del autobús o a la calle central. Guillén pudo haber tenido también presente el cementerio de Middlebury, Vermont, familiar para el poeta por lindar aquél con los edificios, canchas de tenis y parque de estacionamiento de Middlebury College, donde Guillén enseñó muchos veranos. En este lugar de enterramiento, como en tantos otros americanos, los estudiantes se citaban con las novias por la tarde o por la noche y a veces había pequeñas meriendas u otras actividades sociales o literarias. Otro cementerio que pudo recordar nuestro poeta sería uno de Boston, al lado de su Ateneo, junto a una plaza principal de dicha ciudad. Se trata, pues, de un contraste entre el cementerio católico europeo —sobre el cual tiene Guillén al menos dos poemas, «Descanso en jardín» y «Camposanto» *(Cántico,* págs. 65 y 256)— y el anglosajón, protestante.

El tema del cementerio y las tumbas no tiene en Guillén ninguna de las connotaciones atribuidas por los románticos o los simbolistas. En la palabra de nuestro poeta, la muerte, como la nada, está desprovista de horror o de angustia. Es el accidente, la amenaza lejana que todavía no desafía al presente. No se la reconoce dueña del espíritu —bien al contrario, se rehúsa dejarla triunfar antes de tiempo—, no se la esconde;

[1] *Cántico; el mundo y la poesía de Jorge Guillén,* Barcelona, Seix Barral, 1960, págs. 93-100. «Descanso en jardín» y «Vida urbana», dice, «son meditaciones de cementerio, de las más hermosas y terribles que conozco dentro de un género que cuenta con ejemplos de verdad ilustres.» Pag. 94.

[2] «Jorge Gillén, *Lobgesang*», en *Auswahe übertragen von Ernst Robert Curtius,* Zürich, Verlag der Arche, 1952.

lo que se hace es combatirla en las fronteras del presente [3]. Para Guillén, la vida incluye su final, la muerte; pero lo que se vive, lo que tiene sentido, es la vida. Opta por ella y no por la muerte: *Morir, no, vivir.* ¿Por qué vivir muriendo? ¿Por qué renunciar a vivir antes de que acabe la vida? Guillén acepta el término natural de la vida con serenidad, sin ninguna repugnancia, sin rebeldía alguna tampoco. No se oculta a sí mismo este final inexorable, se enfrenta valientemente con él sin gesticulaciones románticas o sin darse de antemano por vencido como los simbolistas. Sería tentador hablar aquí de un posible estoicismo [4] senequista en esta actitud de Guillén ante la muerte, tentador y arriesgado, porque tal tendencia no se aprecia para nada en la actitud de Guillén ante la vida. Lo que está clarísimo es que «Guillén vuelve a dar al encuentro con la muerte toda la dignidad de la obediencia» [5].

No hay en este cementerio soledad, angustia, oscuridad, luna, inmovilidad. No sabemos la hora en que el poeta nos habla de las tumbas. La ciudad, sin embargo, está en movimiento («hervor», «tropel»), luego no es de noche, ni son siquiera las siete de la tarde, cuando las calles de Wellesley se quedan desiertas debido a la hora de la cena. Hay vida, pues: *urbana* porque se trata de una urbe, pero *urbana* también porque los vivos que transitan por el cementerio van indiferentes al suelo y subsuelo que pisan, porque los allí enterrados son «urbanos»; es decir, atentos, corteses, de buenos modos con los que les rozan al pisar, porque no les producen miedo.

Los muertos de Jorge Guillén no son, están bien muertos y están juntos con los vivos, como puede verse en «Vida urbana». Las mismas ideas se hallan en dos poemas de *Clamor,* en «Los pobres muertos» y en «Las ánimas» *(A la altura de las circunstancias,* págs. 25 y 168). En el primero de éstos, *los pobres muertos no padecen nunca,* lo han perdido todo, incluso el ce-

[3] Claude Vigée, «Le message poétique de Jorge Guillén face à la tradition symboliste française», *Critique,* núm. 154, marzo de 1960, página 196.

[4] Pierre Darmangeat, en *Jorge Guillén ou Le Cantique Emerveillé,* París, Librerie des Editions Espagnoles, 1958, pág. 99, dice que Guillén «rejoint, à travers le stoicisme ancestral, une attitude proche de l'acceptation chrétienne».

[5] Joaquín Casalduero, *Cántico de Jorge Guillén,* Madrid, Victoriano Suárez, 1953, pág. 125.

menterio que en realidad no habitan, *no guardan ni su propio ser de muertos. / Tan pobres yacen que no son ni pobres, / forzados a ser muerte — y más terrosa, / cada día más polvo infuso a un fondo.* En «Las ánimas», los muertos sufren añorando la tierra de los vivos, pero ese padecer no durará, *eternidad con Dios es mansa. Mientras, montones de difuntos / tienden a los vivos las manos, / las memorias, ¡Ah, todos juntos, / y humanos, humanos, humanos!*

Toda posición intelectual ante la muerte supone de necesidad una negación o una aceptación de la otra vida; en suma, ideas o creencias religiosas. ¿Qué decir aquí de Guillén? ¿Cree o no en Dios? Como la actitud de nuestro poeta respecto al mundo es de tipo tan afirmativo para todo lo bueno, podría decirse «a priori» que Dios no puede quedar decididamente excluido ni rechazado, haya o no en «Vida urbana» referencias a El, que, como estamos viendo, no las hay; y, «a posteriori», en su obra en general, que si bien no hay poemas religiosos, hay en cambio algunas alusiones de esta clase, sobre todo relacionadas con la existencia de un más allá, al menos como posibilidad. En ambos casos adoptan la forma de interrogación, de duda, o sea la del agnosticismo. Mas Dios y el otro mundo, de existir, no se oponen a la plenitud de la vida aquí, la cual es, por de pronto, nuestro único haber. Un poema muy esclarecedor de todo esto es «Por de pronto» (*...Que van a dar en la mar,* págs. 166-169). Allí, como en otros poemas de Guillén, aunque sea nuestra vida siempre mortal, es sofisma pensar en ella como simultánea de muerte: *Vivir es algo más que un ir muriendo, / o un no morir aún.* La muerte, que se espera mientras el poeta yerra *sin prisa por llegar / a la postrera etapa.* Y llega la interrogante en boca misma del poeta: *¿Postrera? / Si el polvo nos abriese finas vías, / polvo que fuese pórtico / quizá de glorias, de transformaciones, / de aventuras con luces o con fuegos... / ¡Quién sabe!* He aquí la posibilidad en pie, aguardando con la muerte, aplazada también. Entre tanto, lo que cuenta es *este suelo, sus hojas,* el vivir del hombre esforzándose en serlo, *meta ya suficiente, aun sin apoyo de celestes hipótesis.* La composición termina con otra alusión del mismo tipo: *Adora el mundo a Dios / valiendo, por de pronto, / aunque sea en noviembre. Robles, arces.* Disposición pareja en cuanto a interrogantes sin respuesta absoluta la hallamos en «El cuento de nunca acabar» *(Homenaje,* páginas 590-593). Quizá el poema más explicativo del problema que nos ocupa sea «El agnóstico» *(Homenaje,* págs. 570-571), confesión terminante de la evolución y crisis en materia religiosa de Guillén.

La muerte es tema importante para nuestro vallisoletano y motiva otros muchos poemas, bien sobre la personal y propia, o sobre la muerte en general o la de seres queridos, como la de la primera esposa o la de varios amigos. En estas poesías se ve siempre la dignidad y el acatamiento de nuestro destino final. Consúltense al efecto: «Como en la noche mortal», «Muerte a lo lejos», «Una sola vez», «Su persona» *(Cántico,* páginas 82-83, 281, 324 y 492-495); «Muerte y juventud. Gabriel Pradal», «Ultima tierra en el desierto», «Tránsito por la calle de la tapia», *La muerte. Más tajante: «Death»* [6] y «Cualquier día» *(...Que van a dar en la mar,* págs. 40, 76, 133, 139 y 152); «El regreso al lugar en que he vivido» y «Resumen» *(Homenaje,* págs. 577 y 588). *Homenaje* contiene el recuerdo de los amigos muertos, entre otros, María Rosa Lida, Juan y Augusto Centeno, Juan Guerrero Ruiz, José Moreno Villa, Pedro Salinas, Emilio Prados, Federico García Lorca, Manuel Altolaguirre (págs. 176, 178, 194-195, 203-209, 210-215). El muerto es siempre ausencia; él, ya no más tú. Hay incluso composiciones menores, pero también angustiadas, acerca de otras muertes, como una sobre el suicidio de Marylin Monroe, «Cuerpo a solas» *(Homenaje,* pág. 576). Como no podía faltar, el poeta muestra su ansiedad y su congoja ante la posible guerra atómica y la desaparición de la supremacía del hombre en «... Que no» y «Guerra en la paz» *(Maremágnum,* págs. 33 y 160-166) y en «A la desesperada» *(Homenaje,* pág. 486).

2. Comentario por estrofas

1. Los dos primeros versos contienen un mínimo de palabras, todas significativas y ninguna de ellas verbo. Sabido es

[6] Otros tréboles sobre la muerte y la vejez son: *Ay, moneda de mal agüero, Se me muere tanta gente, Fiebre con escalofríos, Vida bárbara y deliciosa, Un año más, un año menos, Se me escapa la vida* y *Noche. Silencio de espada* (*...Que van a dar en la mar,* págs. 74, 75, 133 y 139).

que la nominación y las descripciones a base de ella es recurso estilístico de Guillén. Aquí se ve bien el papel principalísimo de la nominación: comienzo del poema y descripción del lugar en escuetas, desnudas y concentradas pinceladas, nominativas todas las de los primeros versos. El *tempo* es lento; el tono, grave; todo transpira paz y calma. La rima de las dos palabras agudas, *jardín* con *vivir,* afila y alarga los sonidos, a semejanza de la *losa vertical,* delgada y aguda, hacia arriba también, prolongadora de la vida. La rima aguda de los versos 1.º y 3.º, como en esta cuarteta, se usa también sistemáticamente en las otras cuatro del poema. Se diría que con esta repetición de rimas agudas se busca dilatar lo finito, finible de por sí cada momento, pero aquí tendiendo a extinguirse naturalmente, apagándose en esa nota sostenida, delgada y sutil, evocada o representada en sonidos como el de *ín* de *jardín.* El guión largo después de *césped* forma parte del sistema ortográfico de Guillén y sirve aquí y en otros lugares para realzar algún elemento del poema. Ya ha notado Blecua cómo «la preocupación estilística de Guillén le lleva a ordenar tipográficamente los versos de manera que los cambios de tono o clima poético se observen visualmente» [7]. Creo que con este guión largo Guillén nos marca un silencio, una pausa mayor que la de la coma, no un paréntesis o un inciso. Seguramente indica también un cambio de tono en la voz. Es una manera de matizar, de dar más relieve a las palabras, de marcar un contraste, de evitar el exceso de comas, de marcar una pausa larga entre el sustantivo ya introducido y el siguiente adjetivo, al que se le concede gran importancia por medio de la suspensión con que se le introduce. ¿Extravagancias? Nada de eso; se trata de una modulación personal. Otra particularidad ortográfica de Jorge Guillén, la de iniciar una oración con tres puntos suspensivos, innecesarios a todas luces para los gramáticos, que-

[7] Ricardo Gullón y José Manuel Blecua, *La poesía de Jorge Guillén,* páginas 170-172. En estas páginas, Blecua observa que «los versos que suponen una aclaración o un cambio de voz se imprimen algunas veces sangrados... [que] hasta en poemas de tan perfecta unidad estrófica como el romance el cambio se marca tipográficamente... incluso puede dividir los romances en grupos de distintos versos atendiendo al clima o al tiempo poético», y apoya sus descubrimientos con versos de «Una puerta», «El aparecido», «Los aires», «Plaza Mayor» y otros poemas de *Cántico.*

da ya explicada. Es que la palabra, el poema, están situados en la voz, en la del poeta o en la del lector, y cuanto más se marque la altura, el ritmo, la entonación, los silencios y su tiempo, tanto mejor. De ahí el recurrir a todo signo ortográfico o tipográfico para matizar y aclarar hasta el máximo. *Morir, no, vivir.* Se insiste ahora en la voluntad de vida de los vivos y de los muertos. *¡Qué urbano lo eterno!* indica la admiración por el buen tono, por lo civilizado, por lo cortés de este inalarmante lugar de lo eterno.

2. De nuevo dos versos sin verbo hechos con pocas palabras, todas esenciales. Se nos presentan las losas verticales con los *nombres de los otros,* los muertos. Inmortales gracias a la losa que los conmemora, los muertos perseveran *su otoño,* la vida de la memoria entre los aún vivos.

Gil de Biedma cita unos versos de «Descanso en jardín» —*Muriendo siguen los muertos. / ¡Bien se esconden! / Entre la paz y el olvido / Sin sus nombres*—, y dice que sirven para entender esta estrofa. «Los nombres son, expresivamente, el otoño de la inmortalidad; algo está vivo mientras ellos quedan, y la pérdida del nombre, que va borrándose en la lápida, es una muerte progresiva. *Los muertos están más muertos cada noche,* hasta que por fin ingresan en la muerte total, en el olvido. Y está bien que así sea, porque nosotros mismos, los vivos, nada tenemos que ver con ellos. Los muertos son, por definición, 'los otros': sólo los demás se mueren. Por un momento experimentamos una confortadora sensación de supervivencia» *(Op. cit.,* pág. 96). En la misma página cita un párrafo de Edmund Wilson sobre Proust, aplicable a «Vida urbana», y concluye que «en *Cántico* los muertos son la ausencia —y ya sabemos la importancia que la presencia tiene para Guillén—: no están ni siquiera muertos, y por lo tanto no son» (pág. 97). Los muertos de las *Coplas* de Jorge Manrique están muertos y están vivos —tienen todavía nombre, vida personal— y «es este ser y no ser a la vez lo que nos mueve en la mayor parte de las elegías» sobre la caducidad humana y deja en nosotros un poco de consuelo. «Al hacer aparecer a los muertos todavía acompañados de su vida, el poeta asume, casi sin darse cuenta, el tranquilizador supuesto del valor perdurable de cada vida humana, de cada acto y de cada intención del hombre», continúa Biedma (pág. 98). Comenta después dos estrofas del «Cimentière Marin» para mostrar un punto de vista más desconsolador: «los muertos de Valery se definen precisamente por serlo y sólo están presentes como tales, ya por completo abstraídos de sus vidas... Guillén va más lejos aún. Tantas bellas palabras, tanta noble acción, han quedado reducidas a un verso único, a una sola espantosa pregunta: *¿Dónde está la muerte?* Absoluta ausencia. Los muertos se han ido, como por escotillón, llevándose la muerte con ellos. No queda más que ese hervor de ciudad, vida incesante que se sostiene a fuerza de olvido, del *gran olvido* en que al fin nos resguardamos, nos pacificamos todos: los muertos y los vivos, anónimos como ellos» (Biedma, págs. 99-100).

3. Se acelera el ritmo. Las dos interrogaciones, con su cambio de altura de voz, marcan una variación de tono y de tiempo y nos preparan para el *hervor de ciudad* de la cuarteta siguiente. La rima aguda en *ó,* alarga e intensifica la congoja de la última despedida: esta *ó* de *aflicción* y *adiós,* oscura, tenebrosa, dolorida, funesta, refuerza el significado del significante. Y ¿dónde han ido a parar *(ubi sunt)* la aflicción del adiós postrero y el dolor de la muerte? El césped, discreto e inocente (verde), cultivado, cortés, nada sabe de ello. Asuntos tan difíciles como la muerte y el dolor han sido diluidos y transformados en olvido, ocultados por su capa o césped (tiempo, hierba de otoño), han sido escamoteados con agilidad y astucia, cubiertos por los vivos y su olvido.

4. Bulle la ciudad alrededor de las tumbas. El clímax ha llegado con estos dos primeros versos. Se distiende en los dos siguientes: los muertos y los vivos gozan de una misma paz, la de no acordarse los unos de los otros aunque estén tan próximos físicamente. Se aclara el desenlace en la última cuarteta.

5. *Juntos,* unidos por el mismo olvido, quedan los muertos y los vivos *en tropel,* en el movimiento acelerado y violento de la ciudad, de su hervor. *Juntos* y *en tropel* tienen sentidos muy claros en el mundo poético guilleniano. Con *juntos* los vivos y los muertos nos dice que la plena realidad de la vida lleva dentro la muerte también: *La palma presume monda / La calavera inminente,* dice Guillén en «La cabeza» *(Cántico,* página 233). *Tropel* significa uno de los ruidos hostiles, de las disonancias del azar que dañan y trastornan la relación

normal entre «un protagonista sano y libre y un mundo a plomo»; es uno de los vocablos que indican desorden, nos dice Guillén mismo. Estamos, pues, ante uno de esos claroscuros de fondo que sitian al luminoso centro de la vida, ante una de «esas influencias deformadoras o anuladoras que constituyen el coro de *Cántico*», necesarias dentro del conjunto para que éste lo sea, pues sin ellas se alteraría la verdad, termina diciendo nuestro autor [8]. Este coro que ya se oye tan claro en *Cántico* llevará la voz cantante en *Clamor* y en *Homenaje.* No hay para mí ruptura en la obra total de Guillén, sino una perfecta continuidad en ella. En mis comentarios sobre «Tiempo libre» [9] y «A vista de hombre» me refiero a este asunto. En la estrofa anterior una *paz... difusa* amenazaba la ciudad y su cementerio; es la *misma* para ambos, es la de la muerte. Ahora, en la última cuarteta, esa *misma paz* se transforma en *un solo olvido.* El poeta une las dos ciudades, el cementerio y el pueblecito, como une la vida y la muerte: sólo así no se adultera la realidad. Mas está anticipando un futuro que a los vivos no les ha llegado todavía: la amenaza se cierne, pero por muy inmanente e inminente que sea, no se ha cumplido aún. Guillén la anticipa en su visión total de la vida —los vivos serán muertos—, pero el *ya* no ha ocurrido aún. Y lo que aún triunfa es la actividad, es la vida; la del cementerio se incorpora a ella. No hay descanso para los muertos de este camposanto anglosajón tan diferente de los europeos. Nada mejor que la lectura de «Descanso en jardín» para apreciar el contraste sentido por el poeta cuando contempla el cementerio americano, cuando observó que en el cementerio de Wellesley hay el «aquí yace», pero no el «descanse en paz».

8 *El argumento de la obra,* págs. 25-26 y 33.

9 En «Tiempo libre» trato del yo antinarcisista de Guillén y aporto ejemplos de *Homenaje,* mientras que al estudiar «A vista de hombre» me ocupo más en general de la continuidad en la obra de Guillén.

III

«TIEMPO LIBRE»

(*Cántico,* 1950)

1. Fecha, verso y estrofa

«Tiempo libre» es quizá la poesía más importante y, sin duda, la más extensa de *Cántico.* De larga gestación —más de cuarenta días—, tiene trescientos nueve versos. Se empezó en Wellesley durante el verano de 1945 y se acabó allí cuatro años más tarde, a fines de invierno. El 23 de agosto de 1945, paseando por el «campus» del Colegio de Wellesley, Guillén pensó el título —que debe entenderse como tiempo de libertad— y un poco el principio de la composición. La abandonó y la reanudó en la universidad de Princeton, New Jersey, el 6 de abril de 1946; vuelto a Wellesley y de nuevo contemplando el campo en que está enclavado el colegio, escribió gran parte de los versos en los días 26 al 31 de julio y 7 a 12 de septiembre de 1946. Después de una interrupción de cerca de un año, ya muy avanzado el verano de 1947, volvió otra vez al poema: en París, del 26 al 31 de julio y el 1 y 2 de agosto; en Provins, el 4 y 5 del mismo mes, y otra vez en París, del 6 al 10 de octubre (el 23 de este mes moría la esposa, Germaine Cahen, en la capital francesa) y del 12 al 31 de diciembre. Otra dilatada interrupción de un año largo y termina y corrige el poema en Wellesley, donde lo inició, durante los días 31 de enero, 1 y 20 de febrero y 3 de marzo de 1949. Como todos los datos que vengo dando en cuanto a fechas, poseo éstos por habérmelos proporcionado el autor.

La forma de «Tiempo libre» es muy original y curiosa. El verso es irregular y sin rima. «Esto hay que escribirlo inmediatamente porque no se queda en la memoria como lo que está rimado y en verso regular», me dijo una vez el autor. La estrofa, cuando la hay, es siempre de nueve versos, salvo la primera y la última, que son de tres, y dos estrofas más, la 12.1 y la 21 de mi numeración, las cuales son de siete y ocho versos, respectivamente. Me dice Guillén que el que la estrofa sea de nueve versos responde a razones funcionales, la página de *Cántico,* la cual tiene veintinueve líneas: tres estrofas de 9 versos más dos líneas en blanco para separar entre sí las estrofas llenan exactamente la página. Los versos son de tres, siete y once sílabas —es decir, verso impar—, sin modelo fijo en la forma de alternarlos; la única norma segura la constituye el trisílabo que existe en cada estrofa y del que, a veces, hay varios, pero nunca juntos, sin duda para evitar el hexasílabo, verso par. En realidad, la forma de «Tiempo libre» es la de la silva sin rima; es decir, la silva blanca y con la innovación, además, del trisílabo añadido y el casi pie quebrado que origina. Por su condición de impar, el trisílabo no llega a constituir la mitad del verso anterior, impar también, pero mantiene con él una relación pareja a la que el octosílabo y el verso de cuatro sílabas presentan en el pie quebrado, más corriente en nuestra literatura.

Guillén me ha explicado que esta combinación de versos de 11, 7 y 3 sílabas fue la pauta especial que, en general, estableció para «Tiempo libre». La base es de Juan Ramón Jiménez, lo que éste llama verso desnudo, me aclara el autor de *Cántico.* Y Unamuno, en *Poesías,* empleó la combinación de versos de 11, 7 y 5 sílabas. Guillén, a mi parecer, quiso evitar combinaciones de versos de 13, 11 y 9 sílabas, apartados entre sí solamente por dos sílabas, o de 9, 7 y 5, con la misma distancia entre sí que la combinación anteriormente mencionada, quiso hallar una separación más fuerte y emplearla eliminando su posible dureza y brusquedad: al ligar un verso de 11 sílabas con uno de 7, o uno de 7 con otro de 3, o viceversa, obtenía cuatro sílabas de distancia, y al pasar de un endecasílabo a un trisílabo, o al revés, aumentaba hasta ocho sílabas la diferencia de verso a verso. Esta pauta de saltos fuertes la sigue el autor por toda su composición, elevándola así a la categoría de sistema. El procedimiento constituye una novedad en nuestra lírica. Guillén, sin duda alguna, debió de tropezar con más de un obstáculo hasta conseguirlo, siendo uno de los más esquinados la violencia de ritmo y otro una cierta estridencia que debía evitar en estos saltos de verso corto a verso largo, o al revés. En cuanto a las razones de esta técnica poética, aparte de un afán de innovación, hay otras muy justificadas y que explicaré más adelante; baste por ahora con anunciar que no se trata para nada de un capricho o virtuosismo del autor de *Cántico.*

El lector interesado en datos muy concretos sobre la versificación de «Tiempo libre» hallará algunos de ellos en el apéndice número 1, que aparece en la tercera parte de este libro.

2. Poema en tres partes. Temas

La cuidada estructura y el sentido y los temas de la composición contienen, en mi entender, una división en tres partes, con un prólogo y un epílogo.

Primera parte.—Estrofas 1 a la 11, todas de nueve versos, menos la inicial, que es de tres y que forma a modo de prologuillo al poema. Predomina la descripción, siempre a lo Guillén; es decir, descripción física impregnada de metafísica. Contiene 93 versos.

Tema: el poeta, en la soledad del campo, atento a la realidad, cara a cara con lo concreto, rehuyendo la duda de lo abstracto, entabla un monólogo sobre la posición de su yo en el mundo —yo general del hombre, impersonal, no de Jorge Guillén— mientras pasea por un pequeño parque y lo describe e identifica. La descripción y el pensamiento van ligados del mismo modo que la razón y la vida, pero hay ciertas estrofas que, si pudieran aislarse del resto, serían totalmente descriptivas.

Segunda parte.—Es el centro del poema y el momento de su culminación. Está compuesta más que nada en endecasílabos. El poeta, al principio y al final de ella, marca claramente la transición de la primera a la segunda parte y de ésta a la tercera: mezcla versos de 7 y de 11 sílabas e incluso pone en cada paso un trisílabo. Pero el núcleo central está construido con una altísima hilera de endecasílabos, 53 en un bloque, más algunos otros ligados como queda dicho.

Contiene esta parte central de «Tiempo libre» una sola estrofa de 97 versos: desde *estanque* (12.1) hasta el verso que dice *para todas las ondas del estanque* (12.11). Es decir, que considero una unidad estrófica esta larga serie de versos, y le doy el número 12 fraccionado en decimales para indicar la subdivisión en 11 subestrofas que, en mi entender, existe. Formulo tres hipótesis en cuanto a esta subdivisión, de las que mantengo la primera por parecerme más viable. Las tres hipótesis son las siguientes: A) Supone esta hipótesis que no hay estrofa o que, si la hay, es una monumental de noventa y siete versos subdividida en la forma que indico en esta edición; es decir, en once subestrofas, equiparándola así en cantidad a la primera parte, también de once estrofas. Todas las subestrofas son de nueve versos, salvo la primera, de siete. Hay dos trisílabos. En el cuadro clasificador del apéndice número 1, esta hipótesis es la que cuenta.

B) La estrofa de 97 versos podría descomponerse en tres partes, dos cortas y una larga, unidas entre sí por paréntesis, incisos y encabalgamientos. Tendríamos de esta forma: 1.º, un conjunto o supuesta subestrofa corta de ocho versos, los ocho primeros de mi numeración 12.1 (uno de ellos trisílabo), ligados por la admiración y el paréntesis de *(¡Oh calidad real,* a los del siguiente grupo, o, 2.º, una subestrofa larga, central, de 81 versos endecasílabos y heptasílabos, la cual empezaría en la segunda mitad del paréntesis y la exclamación, abiertos en la anterior subestrofa y continuados y terminados ahora con *Oh sumo privilegio / que adoro!)* (versos 2 y 3 de la estrofa 12.2 de mi numeración), acabando este largo grupo central en la primera mitad del inciso *—Hayas, hojas de cobre* (verso 1 de 12.11), ligándose así estrechamente al grupo corto y final; 3.º, un grupo que empezaría mediado el inciso y terminándolo *(Por alguien esculpidas,* verso 2, 12.11), se compondría de ocho versos como la supuesta primera subestrofa, contendría, igual que aquélla, un trisílabo *(Por chispas)* y acabaría en *estanque!,* a poco de otro inciso *—A merced de ese viento que es un iris— / Para todas las ondas del estanque!* (versos 8 y 9 de 12.11), como había empezado la primera parte de esta gran estrofa 12 en la misma palabra, *estanque,* seguido casi inmediatamente del inciso de *—¿Buscando, ya jugando?—* (versos 1 y 3, estrofa 12.1). La única ventaja de esta hipótesis sobre la de A) es que las subestrofas primera y última resultarían ser de ocho versos cada una, mientras que en A) nos encontramos con un grupo de siete y otro de nueve. El de nueve no presenta dificultad alguna, pero sí la tiene el de siete, y a ella le dedico unas líneas. En cambio, lo de dos grupos de ocho resulta atractivo, puesto que más adelante, en el poema y cuando hay terminantemente estrofa, aparece otra de ocho versos, la número 21. B) presenta, a pesar de esto, el grave inconveniente de cortar versos importantísimos, de hacer sistemáticamente caso omiso de sintaxis y puntuación y de dificultar la lectura del poema. Los mismos obstáculos presenta C).

C) Se consideran como subestrofas de siete versos los siete últimos de esta colosal estrofa de 97, y, contando a partir de ellos para atrás, se la descompone en subestrofas de nueve. Es posible hacerlo, pero sin ganancia alguna sobre A) o B). Al menos B) permitía relacionar sus dos subestrofas de ocho versos con la estrofa 21 y formular la idea de la existencia de un posible sistema: sumados los tres grupos de ocho, nos dan veinticuatro, número múltiple o divisible por tres, lleno de resonancias y seguramente de consecuencias en «Tiempo libre», desgraciadamente imposible de analizar aquí, aunque insisto en subrayar ese ritmo de tres tan fácil de notar en el poema.

El tema de esta segunda parte de la composición es claramente el mito de Narciso, que empieza con el *estanque* y los *Mosquitos: realidad también. ¡Qué extensa! / Poseo —no soñando— su hermosura* (versos 1, 5 y 6, estrofa 11.1), se afianza con la vista de los pececillos y sus movimientos e irrumpe definitivamente en *Agua con inquietud / De realidad en cruces. / Veo bien, no hay fantasmas, / No hay tarde vaporosa para fauno,* con que se inicia la larga serie de endecasílabos. Predomina ahora el pensamiento, no la descripción del campo, aunque siga apareciendo ésta en segundo término. Es ahora cuando la realidad vence a los fantasmas y donde se proclama la primacía del mundo sobre el hombre y no al revés.

TERCERA PARTE.—Contiene 119 versos: desde *Soy yo el espejo. Vamos,* hasta el final del poema. Reaparecen las estrofas que son, salvo dos, de nueve versos. Catorce estrofas, de la 13 a la 26, doce de nueve versos, una de ocho (la 21) y otra (la 26) de tres, el epílogo del poema; correspondiéndose ésta, que es la última, con el pequeño prólogo de «Tiempo libre», también de tres versos. El trisílabo de la primera estrofa del poema es el tercer verso, y el trisílabo de la 26 es el primero. La colocación de los endecasílabos está también invertida: en la primera estrofa es el verso primero, y en la última, el tercero; los heptasílabos caen en el segundo verso de ambas.

El tema de la tercera parte es de nuevo la descripción, enriquecida ahora por la presencia de seres humanos. Hay en este momento más compañía: la del recuerdo de la infancia del poeta —un pinar— y la de la mujer —unas doncellas, luego, la Amada transformada en paisaje—. En los dos primeros versos de la tercera parte, el poeta ratifica su posición *(Soy yo el espejo. Vamos. / Reflejar es amar)*, y en los tres finales la resume de nuevo, casi en forma de moraleja *(Andando / voy por entre follajes, / por su sombra en sosiego sin mi sombra)*. Resuelto por el protagonista que el hombre es el espejo del mundo y no viceversa, se acaban los problemas metafísicos y aparece, si bien relacionados con ellos, el tema del amor. Amor al mundo que se concreta y adquiere signo femenino. Aparecen unas muchachas —nada de ninfas— y, por fin, el amor conyugal, salvación del héroe, nacido todo del amor a la Creación y a las criaturas del mundo. En esencia, de lo que se trata es de la unión de lo dispar: mito y realidad, mundo y «yo», hombre y mujer. ¿Unión de algo más? Veamos.

3. Se explican los saltos de la alternancia

¿Por qué eligió Guillén la alternativa de versos cortos, como el trisílabo, con otros largos, como el endecasílabo, separados entre sí por ocho sílabas, y, en menor escala, la de versos distanciados por cuatro sílabas? ¿Innovación? ¿Virtuosismo? ¿Afán de resolver algún problema, de hacer un experimento? Es posible, pero también muy improbable. Además, sería realmente insuficiente. Carece de sentido suponer que Guillén tomó una mañana primaveral la pluma decidido sin más ni más a incorporar a nuestra poesía española esos saltos de cuatro u ocho sílabas entre los versos, como es absurdo imaginar igualmente que pensara en frío y en seco en nuevas combinaciones métricas partiendo de la base de que dos heptasílabos son como un alejandrino, o la suma de un endecasílabo y un trisílabo es también un verso de catorce sílabas. Creo que en lo que hay que pensar más bien es en esas correspondencias estrictísimas, en esas exigencias imprescindibles, en esos amorosos y secretos lazos existentes entre visión y expresión, entre ritmo y sentido. Guillén, en «Tiempo libre», maneja como fondo del poema uno de sus asuntos favoritos: la unión sin confusión ni absorción del hombre y el mundo. Siente su solidaridad, intenta unir lo desunido, trata de acortar distancias —y ¿qué mejor que el salto para salvarlas?—, de marcar armonías, de establecer relaciones donde otros habían sentido angustia, tensión, soledad. Tal afán de emparejar lo descansado requería una forma capaz de seguir la que iba proyectando el tema: una estrofa de versos aptos para unir lo separado. Como el tema era un esfuerzo de integración, el verso tenía que reflejar formalmente este anhelo. No, no hay soledad, no hay ruptura, no hay violencia entre el yo antinarcisista y el mundo, como no la hay tampoco entre los versos cortos y los más largos. Guillén nos muestra lo que oye y ve: una luz universal que une a todas las criaturas, una voz armónica que liga los versos más dispares. Lo mismo podría aplicarse al fuerte encabalgamiento en varias estrofas del poema.

4. Quimerización de la forma

A) Incertidumbre de la estrofa

Esta trabazón indisoluble entre visión y expresión, entre ritmo y sentido, nos sirve muy bien para explicar la parte central de «Tiempo libre»; es decir, la estrofa número 12. La falta de estrofa o, al menos, su omisión tipográfica en momento tan serio de la composición proviene del ritmo y sentido mismos de los versos: Guillén busca la representación plástica de la idea contenida por ellos y quiere estampárnosla en la página de *Cántico.* La estrofa, visual, lógica, musical y sintácticamente, hubiera sido separación, ruptura, limitación y aislamiento; por tanto, soledad. Con estrofa, un grupo de versos hubiera quedado aislado. Guillén, llegado al núcleo central de su poema, al antimito de Narciso, rehúye la estrofa para marcar las implicaciones unitivas de su tema, descarta así todo molde que suponga escisión entre el yo y el mundo, entre realidad e ilusión, entre amor al prójimo y a uno mismo. Por otro lado, es a la vez natural que en esta hora de la duda, cuando están a punto de configurarse fantasmas amedrantadores, se hagan también dudosas las apariencias de la realidad, la figura peculiar de su forma —aquí la forma poética y tipográfica—. Sutileza que destaca inteligentemente Guillén: diluye la forma estrófica, la hace visionaria, la quimeriza a la par que las aguas del estanque de Narciso, y llega incluso hasta a escamoteárnosla a los ojos. ¿Es que se ha perdido la forma, es que se ha perdido el poeta y protagonista? Instantáneamente, sí, es cierto: el artista y su héroe han estado en riesgo de perder la conciencia, de extraviarse en la no realidad, en la no forma, en el caos; han estado en peligro inminente de desorientarse, de errar la clara y serena perspectiva del mundo de la razón. El trance laberíntico, la ceguera momentánea (en los que está aún y latiendo ya la lucha por recobrar la vista y el amor al mundo) lo recoge Guillén en el aspecto externo del poema. A medida que ha ido avanzando éste, lo visual en la página del libro se ha ido modificando. Hasta las estrofas 12 con decimales terminaban todas en punto final y estaban separadas claramente de la siguiente por procedimientos normales de imprenta. La vista del lector distinguía inmediatamente el bloque de la estrofa. A partir de la 12, ha desaparecido. Con su comienzo llegamos al estanque o fuente de Narciso y así al cogollo mismo del gran tema guilleniano. Claro está que podemos aún hallar la unidad rítmica y musical de la composición, que resuena todavía un ritmo de tres y un grupo de nueve versos; pero se fuerzan encabalgamientos, se diluye la unidad sintáctica [1], se pierde la puntuación recta al final de lo que con signos ortográficos y blancos de imprenta hubiera resultado posiblemente ser estrofa. El poeta lo hace con razón: hemos entrado en el antimundo de Narciso, en el que no caben estas separaciones. El procedimiento estilístico de Guillén culmina en la subestrofa 12.1, en la que definitivamente se aleja del grupo de nueve versos, zambulléndonos por sorpresa en la gran tirada de versos que siguen. El autor nos hace dar este traspiés adrede, porque quiere avisarnos de lo que va a pasar, porque quiere que estemos preparados para el encuentro con

[1] Blecua notó ya que Guillén «no consideraba en muchísimos casos la estrofa como unidad sintáctica» o que la «continúa como unidad sintáctica más lejos de lo acostumbrado». *Op. cit.*, pág. 166. Totalmente exacto en el caso que nos ocupa.

las asechanzas y peligros de esas sombras maléficas a punto de aparecer. Mas aun en este aparente momento de caos se lucha contra él, el triunfo del bien apunta, la solución al problema está cerca, y el lector puede oír al fondo un ritmo regular en el verso y reconocer las subestrofas de esta parte del poema. Finalmente acaban laberinto y oscuridad. Terminan como empezaron, en el estanque: *Estanque,* verso 1.º de 12,1, y *¡Cómo brillando saltan y sonando / —a merced de ese viento que es un iris— / para todas las ondas del estanque!,* versos 8.º y 9.º de 12.11, exactamente la misma palabra al principio y al final del embrujo de Narciso. Salimos del sortilegio con *Soy yo el espejo. Vamos.* (verso 1.º de la estrofa 13) y se inicia así la tercera y última parte de la composición. Abandonada la fuente, entramos en un pinar que recuerda al autor de *Cántico* su niñez vallisoletana, y se reanuda la estrofa de nueve versos.

B) El salto, medio de unión

Lo dicho respecto a la estrofa sirve igualmente para explicar la frecuencia o infrecuencia de saltos de un verso largo, como el endecasílabo, a otro corto, como el heptasílabo, u otro cortísimo, como el trisílabo: es un medio expresivo de Guillén originado por el sentido de los versos y el ritmo de los mismos.

En la segunda parte de «Tiempo libre», por ejemplo, el tema de Narciso no reclama separación: sumidos en un solo mundo, el del ensueño, no hay deseo ni posibilidad de salir al otro y de unirse a él. El monólogo interior de un único ser puede muy bien expresarse con un único metro también, el del endecasílabo. Sin polimetría casi, como hace Guillén en esta segunda parte, salvo en los momentos de transición a las otras, con un enorme bloque de 53 endecasílabos en el centro, 26 heptasílabos y 2 trisílabos distribuidos en el total de esta segunda parte, y el resto de los 97 versos que la componen, endecasílabos otra vez. Por tanto, apenas sin saltos. En este lugar de «Tiempo libre» el porcentaje de saltos es mínimo, un 23,8 por 100 nada más. En cambio, la primera parte arroja un 60,1 por 100 y la tercera un 62,2 por 100. Es que en estas dos hay afán de unir lo separable o lo separado, y el esfuerzo y la tensión resultante le exigen al poeta este extender y acortar el verso. Para llegar a un punto extremo y unirlo a uno cercano —o viceversa— el poeta tiene que estirar o aflojar los versos, es decir, tiene que hacerles dar el salto necesario para salvar la distancia que separa los dos elementos de su tema: el yo (espejo del mundo), del mundo al que pertenece. Por tanto, la pequeña diferencia en el número de saltos que se aprecia en la comparación de los de la primera y tercera partes puede interpretarse diciendo que, en la última, los saltos son menos porque el problema planteado por ciertas preguntas de la primera ha quedado resuelto: la unión —sin fusión, sin absorción, con independencia— no es un anhelo incumplido todavía, ha pasado a ser un hecho, hecho que, por lo demás produce efectos muy serios: amores, amor. En la tabla del apéndice número 1, resumen y recuento de los versos y de las estrofas usados por Guillén en «Tiempo libre», puede el lector comprobar ciertos datos y sacar quizá otras conclusiones.

C) La sorpresa de una estrofa peregrina, la número 21

La otra estrofa irregular, la número 21, situada en la que llamo tercera parte de la composición, es también consecuencia del mismo procedimiento expresivo guilleniano. No hay más remedio, tenemos que ver en ella la perfecta adecuación entre visión y expresión, ritmo y sentido, que acabo de comentar. Si la estrofa es, como creo, de 8 y no de 9 versos —y aquí no hay duda de que es así, porque está impresa y puntuada como tal unidad métrica y sintáctica—, no vale hablar de desliz del poeta o de errata del impresor. No; ninguno de los dos se saltó un verso. El esmero de Guillén no lo habría consentido. Pero aun en el caso de que esto hubiera sucedido, como, en efecto, es muy posible, a pesar de todo, ello vendría a probar una vez más que el Poema se le escapó al Poeta en un momento dado, y que fue el Poema y no el Poeta el que compuso esta estrofa falta de un verso que se le pasó por alto a Guillén, bien en la composición o en la correción de «Tiempo libre». De la misma manera que al buen novelista se le independizan los personajes creados y desarrollados por él, se le pueden escapar y hasta rebelar los versos al buen poeta. Por razones idénticas a las de su hermano de pluma —la realidad poética de la obra, las leyes internas de su funcionamiento—, pero en menor cuantía de palabra por la limitación a que está sometido el poeta, que tiene que medirlas y contarlas con escrupuloso cuidado. Esta ley interna del poema funciona aquí como necesidad de correspondencia entre estructura y sentido, entre ritmo y acentos; esta ley es, pues, la que produce la excepcional[2] estrofa número 21, colocada adrede y muy estratégicamente por alguien allí, y cargada con una plétora de significados también por alguien.

Yo me explico así la estrofa en cuestión. En su diálogo con la realidad, Guillén responde a lo que le circunda *(Respondo ... Te saludo)*. Responde a la anchura de la Tierra en variedad con la variedad que tiene a mano en el momento, la de una estrofa de 8 versos diferente de las contiguas. Replica al pájaro *chiquito y bronco ... discorde,* con la desavenencia que está a su alcance, la discrepancia de una estrofa más chica que las que la rodean. Menor que sus compañeras, contrasta con ellas por su cortedad, y así se achica aún más para obtener mejor representación del pajarillo y adaptarse a él; en discordancia con las otras estrofas, realza con su tamaño irregular la bronquedad del canto del ave y se esfuerza así por concordar con la aspereza de su voz. De esta forma, el saludo jubiloso del poeta es respuesta pertinente y medio cómica a la impertinencia del canto desafinado de un pajarillo, y la estrofa en su totalidad, respuesta *con amor,* es decir, armoniosa, al cantor por un lado, y por el otro, a la variedad de la Tierra en general y a la de la poesía en particular. El poeta paga, pues, a la realidad con la misma moneda que ella le ofrece: con diversidad, la cual incluye la discordante sorpresa de una estrofa menor y un bronco cantarín. Guillén está tan unido a su tema, tan fundido con él, que éste le arrastra y le domina con su inspiración, le premia con el efecto de esta caprichosa estrofa. Envuelto en el torbellino del actor creador, Guillén, sin embargo, no pierde del todo el sentido. Nótese el leve tono humorístico, el casi

[2] Ya el mismo Guillén, al decirme que había elegido cierta pauta para la forma de «Tiempo libre», añadió «en general». Al limitar así la frase, ¿no me estaba diciendo que había hecho excepciones a la regla impuesta?

juego cómico en lo del pajarillo, y se apreciará el desprendimiento o distancia entre tema y autor que existe y sin el cual se perdería la facultad de ver y de hacer poesía: Guillén sabe todavía poetizar al máximo la situación real o imaginaria, el pajarillo [3].

5. El «tanto monta...» como fórmula estilística

Para Blecua, «lo que singulariza con todo rigor el estilo de Jorge Guillén es una lucha entre la emoción y la inteligencia, entre un dejarse arrebatar por el impulso y una conciencia vigilante dispuesta a cercenar y podar ese impulso. Ese equilibrio, sostenido a fuerza de tremenda vigilancia, es lo que presta a *Cántico* su mayor originalidad, y hasta su aparente o real dificultad». Fórmula estilística del sentimiento es el uso de las admiraciones, interrogaciones y repeticiones, pero controladas por la otra fuerza, la de la inteligencia, que encuadra la emoción

[3] Escrito todo esto, se lo di a leer a Guillén. Al cabo de unas semanas me dijo, algo agitado, pero riéndose mucho, que en el verso *con amor a tus dádivas posibles,* de la estrofa 21, hay en realidad dos: un heptasílabo, *con amor a tus dádivas,* y un trisílabo, *posibles.* Esto fue lo que el poeta intentó hacer, pero al escribirlo —o al copiarlo o corregirlo— le salió un endecasílabo en la cuartilla —o en las pruebas de imprenta o en la página del libro—. Guillén, en cualquier caso, ha visto muchas veces el verso como de once sílabas, y, cosa curiosa incluso para él, hasta que yo no le llamé la atención sobre ello con este trabajo no se había dado cuenta. El error, si verdaderamente lo hay (Guillén va a buscar el manuscrito de «Tiempo libre» para aclarar la cuestión), ha sido, pues, como todo error, inintencionado en el poeta. Pero, para mí, intencionado en el poema: éste había adquirido su propia personalidad y su gobierno independiente, su propia ley y organización. Fue el poema el que dictó el endecasílabo y el poeta quien lo aceptó y lo escribió —o lo leyó sin corregirlo—. Ahora, agosto de 1967, Guillén está viendo las pruebas de sus obras completas, que, con el título de *Aire nuestro,* imprime la imprenta Valdonega, de Verona, para la editora All'Insegna del Pesce d'Oro, de Milán, y se ha apresurado a corregir la estrofa 21 de «Tiempo libre», haciéndola de nueve versos. En cuanto salga el nuevo libro quedará, sin duda, en entredicho para algunos mi teoría sobre ella. En todo caso, mi estudio ha tenido un efecto inesperado y minúsculo: lo escrito se ha convertido en una nota a pie de página para *Cántico,* a un verso de éste. Si Góngora pudiera hablarnos en persona, como lo ha hecho Guillén, quizá hubiera que escribir otra nota a uno de sus versos, del que, comparando su irregularidad con la de la estrofa 21 de «Tiempo libre», me ocupo en mi apéndice número 2, La estrofa 21 de «Tiempo libre» y Góngora.

dentro del rigor poético más puro. Estos dos planos o perspectivas, sigue diciendo Blecua, son los que le sirvieron a Dámaso Alonso para descomponer en dos la poesía de Guillén: «de un lado, como apasionada fuerza; del otro, como armónico cauce que un hondo pensamiento y una técnica meticulosa labraron: impulso actuante y obra» [4]. Muy cierto. Muy cierto también que esto es lo que hace de Guillén un gran artista, porque ¿qué genio, a no ser el malogrado, nos entrega su obra sin esta mezcla de temperamento y dominio del mismo por la inteligencia? ¿Qué es arte sino la expresión controlada de una experiencia humana, expresión sometida, dirigida y articulada por medio de la razón? En el caso de Guillén, dominada por el rigor intelectual del poeta —con lo que ello implica de oficio poético y de pensar inteligente—. Lo extraordinario de Guillén es que la lucha entre emoción e inteligencia es mínima comparada con la de otros artistas, y es esto lo que más convendría destacar. Si no se ha hecho lo bastante es porque vivimos todavía de los residuos románticos de la generación del 98, y así, y por españoles, siempre literariamente un poquito románticos, seguimos creyendo a pies juntillas en el conflicto entre corazón y cabeza. Nos obstinamos en no querer ver que puede haber otra cosa, y nos obstinamos con un entusiasmo digno de mejor causa. Cerramos los ojos al hecho innegable de que hay españoles que tienen postura más cómoda en la vida porque no sienten la fuerza de aquel conflicto; unos, excepcionales como Guillén u Ortega; otros, simples y afortunados mortales. Hay en el mundo en general y en el de la ciencia o el arte en particular almas eximias dotadas de un algo especialísimo, algo como una rueda de piñón a engranaje tan suavemente ajustado que apenas se nota el roce de los dientes al encajar en las muescas, con lo que consiguen un funcionamiento del sistema sin ningún tropiezo o dificultad y marchan como una seda. Guillén parece una de estas personas dichosas, bien porque naciera así —lo que se hace duro de creer—, bien porque se lo haya ganado a pulso, ello es que la dicotomía a que acabo de referirme resulta imposible de practicar y en su lugar hallamos un perfecto ajuste entre esos dos elementos humanos que algunas épocas se

[4] Blecua, *op. cit.,* págs. 269-281. Véase Dámaso Alonso, «Los impulsos elementales en la poesía de Jorge Guillén», en *Poetas españoles contemporáneos,* Madrid, Gredos, 1952, págs. 207-243.

empeñan en presentarnos como irreconciliables, una envidiable «mise au point» entre ellos efectuada como de una vez para siempre. Es que en Guillén la inteligencia sirve de camino para obtener la alegría —*la inteligencia es ya felicidad*[5], llegará a decirnos—, y la razón es un seguro a todo riesgo en la vida. Inteligencia y emoción no están, ni mucho menos, en lucha. Están como deben estar: cada una en contacto con la otra, cada cual en su lugar, con su función, con los movimientos sincronizados y la voz al unísono. El «tanto monta, monta tanto...» es la fórmula guilleniana de ese admirable equilibrio al que debemos *Cántico* y otras obras maestras. Inteligencia y emoción no son fuerzas antagónicas, son fuerzas complementarias entre sí. «Eso es cuestión de temperamento», me dijo con gran sencillez un día nuestro autor.

6. El gran tema de «Tiempo libre»

Por lo dicho puede verse bien que «Tiempo libre» es uno de los poemas clave para el entendimiento de la poesía de *Cántico* y que es fundamentalísimo en la obra de nuestro poeta por su extensión, por su estructura y por su pensamiento.

Guillén mismo cita varios versos de «Tiempo libre» para explicar su concepto del hombre y del mundo[6].

Este monólogo interior, casi hablado y casi cinematográfico, sobre lo que el poeta o protagonista, paseando a solas por un parquecillo, va viendo y admirando de la realidad circundante, sobre las relaciones de su yo con el mundo en que está fatalmente inmerso, sobre el amor en general y casi en particular, que tiene como núcleo el mito, o más bien antimito de Narciso, es además el poema más descriptivo de todo *Cántico;* llega incluso hasta la minuciosidad. El paisaje es real. Es un campo, tipo de parque inglés, entre jardín y naturaleza. Hay en el poema contemplación, pero no hay quietud, sino actividad. Y hay observación y reflexión.

Se define la composición a medida que avanza el paseo, y se concreta en el mito de Narciso, no dicho así, sino implícito, puesto que en los años de *Cántico* Guillén no utilizaba el tipo

5 «Sol con frío», *Cántico,* pág. 305.
6 *El argumento de la obra,* págs. 9 y 10.

de poesía más de cultura, mitología o historia. (En *Homenaje,* en cambio, el nombre o el mito de Narciso aparecen muchas veces [7]. El yo antinarcisista de *Cántico* sigue firme, comprobándose así la continuidad de temas y de actitudes a la que me refiero anteriormente (véanse pág. 136 y, más adelante, páginas 139 y 184-190).

Hay, sin embargo, en «Tiempo libre» este protagonista que quiere verse reflejado en la fuente y no lo consigue. Lo que no le afecta ni a él ni a su creador, interesados como están no en acto alguno de narcisismo, no en el yo, sino en el mundo alrededor —objeto real de esa emoción profunda de amor, asombro y gratitud desarrollada mientras se continúa el paseo—. Esta posición totalmente antinarcisista corresponde en tema y pensamiento a toda la poesía de *Cántico,* donde el yo es simplemente un sujeto de relaciones con el objeto, con los objetos, y la vida es un careo del yo con la realidad. En este sentido la poesía guilleniana es todo lo contrario, en particular, de la de Juan Ramón Jiménez [8], y, en general, de la poesía simbolista. Recordaré algo de lo más importante dicho por la crítica.

7. Antinarcisismo y otros contras. Posición de C. Vigée, J. Casalduero y B. Ciplijauskaité

Claude Vigée [9] ha demostrado que el concepto del yo guilleniano, de sus relaciones con las cosas, el nacer, el tiempo, el espacio, la muerte, el azar, el ser y la nada son diametralmente opuestos al de los simbolistas; que las ideas de Guillén sobre

[7] He contado hasta once poemas antinarcisistas: «Ego», «Gato por liebre», «Pánico» (de «Al margen», de Goethe, Schopenhauer y Freud, respectivamente); seis en la sección «Yo y yo», «Cómo canta» («Tiempo de leer, tiempo de escribir») y «Ego... ¿qué?» («Según las horas»), páginas 71, 76, 98, 337-341, 501 y 537 de *Homenaje.*

[8] Este poeta luchó muchos años para lograr vencer el narcisismo, ejemplo del cual son estos versos: «Al ver ese oro en el pinar sombrío / me he acordado de mí tan dulcemente / que era más dulce el pensamiento mío / que toda la dulzura del poniente», «Crepúsculo», *Olvidanzas,* 1906-1909, en *Poesías escojidas* [*1899-1917*], Nueva York, The Hispanic Society of America, 1917, pág. 43.

[9] «Le message poétique de Jorge Guillén face à la tradition symboliste française», en *Critique,* núm. 154, marzo de 1960, págs. 195-221, especialmente págs. 199-201 para mi traducción de las citas, y *Revolte et Louanges,* París, Corti, 1962, págs. 139-197.

la naturaleza de la poesía y el lenguaje del acto creador contradicen asimismo las de aquella escuela, y que, en filosofía, Guillén propugna como Goethe una metafísica de la inmanencia opuesta al idealismo de Hegel y Mallarmé —para quienes conciencia se identifica con poder de negación de la realidad—: para Guillén, la idea o nace encarnada en la realidad empírica o no existe, lo que excluye toda posibilidad de conciencia pura o de intuición suprasensible de la esencia. Para explicar todo esto, Vigée dice que el yo de los simbolistas corresponde a un sistema de valores centrífugos y a una perspectiva egocéntrica: «verdaderos herederos del solipsismo cartesiano y romántico, los simbolistas poseían un sentido muy desarrollado de la personalidad. El yo, para Valéry como para Descartes, es la única realidad a la que la conciencia reflexiva... puede asirse en medio de un mundo exterior ilusorio y evanescente». Vigée estudia el yo aristocrático de Baudelaire, el de Mallarmé, y califica los «Fragmentos de Narciso», de Valery, de «himno de adulación al yo». Muy al contrario, continúa Vigée, «el yo de Guillén representa no la causa o el origen, sino el efecto o resultado de la actividad del mundo alrededor», siendo este yo «el producto cambiante, la 'leyenda' del espacio, en vez de ser el universo la fábula del yo». De ahí que la subjetividad esté en Guillén «determinada desde el exterior» y sea un volumen de la conciencia humana definido y delimitado por el estricto contorno del universo circundante, al cual se sabe inextricablemente ligada. La certera y ciertísima afirmación con que concluye Vigée indica toda la novedad y todo el valor del *Cántico* de Guillén: en él queda invertida «la situación que en Occidente ocupa tradicionalmente el yo en relación al mundo. El mundo central de las cosas reemplaza en Guillén la tradición cartesiana, recogida por el idealismo alemán y los simbolistas».

Joaquín Casalduero coincide con Vigée en lo fundamental de su teoría. Dice Casalduero: «El *yo* del siglo XIX —acusación, lucha, personalidad, originalidad— no se encuentra en *Cántico,* está sustituido por el *sí,* afirmación cuantitativamente escasa, pero que cualitativamente da el tono a toda la poesía, y este *sí* es todavía una exclamación. A toda la negación, la inmensa negación del siglo XIX, se opone el *sí* de *Cántico,* como al *ego* se opone la realidad» [10]. En cuanto al antinarcisismo, Casalduero observa que en «Interior», poesía que data al menos de 1928, Guillén menciona efectivamente a Narciso, pero que en «Tiempo libre» no quiere ya que aparezca ni el nombre. Al hablar de las posibles relaciones de Guillén con otros poetas, escribe Casalduero: «Ni alejamiento de Valéry ni ninguna intención de menoscabar su obra. Al lado de los grandes poetas, Jorge Guillén. Toda la personalidad de Mallarmé en «L'après-midi-d'un Faune», toda la personalidad de Valéry en los «Fragments de Narcise». Ni faunos, ni Narcisos, ni narcisismo, toda la personalidad de Jorge Guillén en «Tiempo libre» [11]. No, no hay tampoco para Casalduero narcisismo ni panteísmo, lo que hay es «la unión de la pareja: conservando toda su personalidad, dos seres se unen..., el hombre y el mundo». Esta idea la confirma Casalduero en otros poemas de Guillén, como en «Anillo», donde la realidad es igualmente la unión del hombre y del mundo, la «formación de la pareja y la pareja encuadrando al ser antinarciso, al ser que no es un reflejo, sino que es y por eso refleja» [12]. Esta es la razón fundamental de que Guillén muestre tan poco interés en *Cántico* y tan poca simpatía después de este libro por la aventura amorosa o por el amor incompleto, y por los desemparejados o por los emparejados malamente.

La pareja normal, sana, completa y de cara a un futuro fértil y lo más duradero posible es la única cantada en la poesía de Guillén. Las otras formas de unión las ve con suave ironía, con humorismo un poco incisivo, lo mismo que ve la soltería o la solitariedad. Asunto semejante bien merecería un estudio, y para que alguien se me adelante en tan provocadora tarea ofrezco los resultados de la primera y rápida ojeada al tema. He hallado pruebas de la dicha posición de Guillén en los siguientes poemas: «Tan largo me lo fiais», «La hermosa y los excéntricos», «Virgen docente», y en los tréboles *La amiga adora a la amiga* y *Tu soledad es impotencia (Maremágnum,* páginas 131, 138-155, 180, 128 y 129), *Vida tal vez de amor*

[10] Joaquín Casalduero, págs. 69-70. Conviene recordar que para Casalduero el siglo XIX se prolonga, literalmente hablando, dentro del siglo XX, hasta 1914.
[11] Casalduero, pág. 263.
[12] Casalduero, pág. 226.

lejana, «Hermosa», *Casadas tales señoras, De noche en la calle espera* y «Esquina» *(A la altura...,* págs. 71, 89, 105, 74 y 45); «La dama tibia», «Ingrato Coridón», «La serpiente de este Laoconte», «Otro don Juan», «Base», «Doncellona», «Otro honor», «La bella tan maridable», «Aventura», «Después», «Sólo aventura», «La bella mal maridada», «Cómo canta» y «Recurso mágico» *(Homenaje,* págs. 96-97, 98, 99, 117, 176, 188, 196, 226, 227, 233, 234, 370-371, 501 y 545). Hay que recordar aquí también los poemas antinarcisistas citados en mis páginas anteriores. Porque en realidad todos responden a una única manera de ver y de sentir la unión del hombre y el mundo en su mayor amplitud y perfección.

Por esto, es el amor dentro del matrimonio el más pleno y perfecto para nuestro poeta, y la familia le merece gran consideración. Sus dos matrimonios, uno en París, el 17 de octubre de 1921, con Germaine Cahen, francesa (1897-1947), y el otro en Bogotá, el 11 de octubre de 1961, con Irene Mochi Sismondi, italiana, dejan huella bien visible en su poesía.

Son, en efecto, muchísimos los poemas amorosos a Germaine o relativos a su vida con ella, aunque es curioso que nunca mencione el nombre. (En el *Cántico* de 1950, sin embargo, se lee al principio: «Tregastel, Bretaña, 1919-1950, Wellesley, Massachusetts.» Sabido es lo que Tregastel significó en la vida de Guillén.) Entre ellos hay que citar: «Anillo», uno de los mejores, en mi entender, y, desde luego, uno de los más largos del poeta; «Desnudo», «Generosa», casi todos los sonetos de la sección III de «El pájaro en la mano», pero sobre todo «Ariadna, Ariadna», «Siempre en la isla», «Para ser», «Mundo continuo», «El hondo sueño», «La noche de más luna», «Su persona» —emocionante composición añorando a la esposa muerta— *(Cántico,* págs. 168-175, 176, 229, 264, 266, 271, 272, 274, 282, 492-495); «El regreso al lugar en que he vivido», melancólico recuerdo de ella, *que ya no es ella,* ella que ya no está sino en la memoria del poeta, y «Pasiones», poema de amor a Francia *(fragancia)* y a Italia *(todas las dalias son la dalia),* amores de los cuales ninguno tendrá fin (ambos poemas en *Homenaje,* págs. 577 y 125, respectivamente).

El amor a Italia, es decir, a Irene, está registrado, además de en «Pasiones», en varias composiciones de *Homenaje.* En una de ellas, «Habitación de viajero», Guillén vuelve a mencionar la dalia e Italia de aquél. En «Carta urgente» declara su amor a una mujer, que no puede ser otra que Irene, sirviéndose de cuantas lenguas sabe hablar el poeta. En «Una dedicatoria» expresa claramente el nombre de la amada *(Irene, si en griego, «Paz». / Irene, / mi corazón te contiene. / Irene: mi vida en haz)*. Y en las numerosas poesías de las secciones «Amor a Silvia» y «Repertorio de junio» el lector podrá seguir la historia de las relaciones amorosas de Jorge Guillén e Irene Mochi *(Homenaje,* págs. 161, 163, 196, 247-273 y 277-293).

En cuanto a la familia, empecemos por recordar que el mismo *Cántico* está dedicado a la madre del poeta, y el poema «Familia» lo está al propio yerno de Guillén *(Cántico,* páginas 400-401). El aniversario de la boda de Teresa Guillén con Stephen Gilman inspira el poema «Veinte años. 17-6-1963», y una composición de las más importantes y trascendentales, «El cuento de nunca acabar», lleva debajo del título la inscripción «A mi hijo» *(Homenaje,* págs. 589 y 590-593, respectivamente). Los nietos del autor, Antonio, Isabel y Anita Gilman aparecen con sus nombres de pila en los siguientes poemas: «Creación para criatura», «Manera actual de ser niño» *(Maremágnum,* págs. 106 y 123), «Más creación», «Doliente», «Inmortal Isabel» *(A la altura de las circunstancias,* págs. 32, 86 y 92), y en «Las gaviotas innumerables», a Isabel y Anita *(Homenaje,* página 589).

La larga lista de citas que precede nos sirve para comprobar la consistencia del pensamiento de Guillén: la pareja humana, la pareja del hombre y del mundo, la unión, la integración es lo que vale. Y vale más que todas las otras formas de amor; en realidad es la única que le sirve a nuestro poeta, porque es incompatible con el amor a sí mismo, con el engreimiento del yo y, en fin, está reñida con la soledad. Por eso la Amada es a veces paisaje, mundo; ella es, como el poeta, espejo de la realidad y no el mundo reflejo de ella o del autor.

No será por tanto el yo narcisista el tema de «Tiempo libre» ni tampoco lo será la soledad, aunque haya en esta composición referencias a ella, así como en otras de *Cántico*. De lo precedente es indudable que se deduce bien claro que para Guillén el hombre no es nunca individuo aislado; su soledad es de otra categoría: ni se la padece ni se aspira a ella, lo que se busca es la compañía en el sentido más amplio de la palabra. En «Tiempo libre» lo que se pretende es la compañía de la Naturaleza, del mundo, de las cosas. Ya dejé apuntado que Guillén se sirve de ciertos versos de este poema para aclararnos sus ideas. Véase cómo lo hace respecto a la soledad:

> Aparece y reaparece el alrededor como un regalo para la criatura, ya infinitamente enriquecida. Supremo vínculo de presencia: «Yo soy, estoy... ¿Cómo? Donde estoy: contigo / Mundo, contigo.» No, no es posible creer en la soledad como categoría deseable. Dice el hombre al mundo: «Sea tu absoluta / Compañía siempre» (161-162). *Cántico* es ante todo un cántico a la esencial compañía. Quien la vive no es nunca aislado individuo. (Ni siquiera se manifestarán o intervendrán sus modos individuales.) Este actor no sería nada fuera de su escenario. «¡Rico estoy de tanta Creación atesorada!» Consecuencia: «Profundamente así me soy, me sé / Gracias a ti, que existes.» El imperativo —vital, ético— tiene que ser: «¡Adentro en la espesura!» [13].

Dice Vigée que de la poesía de Jorge Guillén surge la concepción de un yo impersonal cuyo origen está no en fuente espiritual alguna, sino en la materia concreta del mundo —a la cual servirá de testigo— que une con su luz universal a todas las criaturas y destruye la idea de la soledad esencial del hombre, de la fatalidad de la separación *(No hay soledad. Hay luz entre todos. Soy vuestro,* «Afirmación»). Gracias a esta alianza con las esencias concretas descubiertas a través de los accidentes (... *Dure mi pacto / A través de los más broncos / Accidentes, con la esencia,* «Cara a Cara», VI), Guillén es para Vigée un aliado natural en la lucha contra la nada y la desesperación, un nuevo Primer Hombre encargado de nombrar y exaltar al mundo, recién salido vencedor de la nada: *Lucha el ser contra la Nada* [14].

Para Casalduero el poeta penetra en su soledad para poseer totalmente la realidad completa, se retira, sin separarse del mundo, en busca de recogimiento. «Nada de la trágica soledad del sentirse solo, o por hastío o por singularidad; ni esa exigencia de lo suprasensible, que impone el romper las ataduras con el mundo. Es una soledad de posesión en la que

[13] *El argumento de la obra,* págs. 9 y 10. Los números citados por Guillén corresponden a las páginas en que aparecen los versos en la última edición de *Cántico.*

[14] *Revolte et louanges,* págs. 171-179.

el poeta siente la dimensión y el peso del mundo..., oye en toda su claridad la melodía» [15].

«Jorge Guillén, o la negación de la soledad» es el título que Biruté Ciplijauskaité da al capítulo en que se ocupa de nuestro poeta. La autora de *La soledad y la poesía española contemporánea* [16] nos dice que «la soledad de Jorge Guillén es decididamente un desvío de ella, rebelión contra un estado tan anormal y deprimente»; afirma que hay una diferencia entre el concepto de la soledad en *Cántico* —negación de la soledad— y el de *Maremágnum* —lucha contra ella—, y concluye sosteniendo que «en Jorge Guillén una unión íntima con el cosmos entero hace la soledad impensable. Se podría decir quizá que él representa una forma de soledad nueva: está con el mundo, pero este mundo no es el de la solidaridad humana» [17]. En mi apéndice número 3, LA SOLEDAD GUILLENIANA, me ocupo de este asunto, y en el número 4, LA SOLEDAD AMERICANA DE JORGE GUILLÉN, trato de la que padeció, sobre todo en los años siguientes a la muerte de la esposa.

8. «TIEMPO LIBRE», ESCENA DE CAZA

González Muela ha escrito un penetrante estudio sobre «Tiempo libre». Lo interpreta como una escena de caza en la cual el poeta, en la soledad del campo, se entretiene en atrapar cuanta belleza le cae a mano, gracias a lo cual ni la soledad ni la libertad le producen angustia. Como cualquier resumen de la explicación —definitiva— de Muela sería imperfecto e injusto, aconsejo al lector su lectura directa [18]. Después sobran las aclaraciones. Lo único que cabría hacer es un comentario más ceñido que el de Muela a las estrofas 22 y 23 del poema. Para Muela expresan agradecimiento a la Madre-Tierra, Universo, Mundo, Naturaleza. Sólo en una menguada nota apunta Muela el reconocimiento del poeta a la Mujer: «La intención de Guillén era: *'Si tú* —la mujer amada— no me salvaras.'

[15] *Cántico de Jorge Guillén,* págs. 133-134.
[16] Madrid, Insula, 1962, págs. 155-185.
[17] *Ibid.,* págs. 155, 182 y 228.
[18] Joaquín González Muela, *La realidad y Jorge Guillén,* Madrid, Insula, 1962, págs. 105-113.

A ésta es a la que se abraza» [19]. Estoy de acuerdo con lo que dice la nota, de primordial importancia, tanta que debería haber sido dicho e impreso con todos los honores. Aunque parezca obvio. Creo que debería incluso precisarse más y afirmar que Guillén se está refiriendo a la Amada, a su esposa. Claro que la otra explicación de Muela es válida: acierta al ampliar el nivel de interpretación y al ver en la *gloriosa* la Creación, la Naturaleza. En el tema Poeta-Naturaleza son usuales la erofonía o la teofonía: la Naturaleza habla a las poetas de muchas cosas, entre ellas de Dios o de la mujer amada. Guillén, después de contemplar tanta inagotable belleza como el paseo le ha ofrecido, después de presenciar primero el paso de una muchacha a la que dice *te querría,* y luego la aparición de *otra doncella* igualmente fabulosa, siente la presencia de su esposa en la Naturaleza, la incorpora al paisaje —lo mismo que había hecho con las dos doncellas— o, quizá al revés, hace paisaje de la mujer amada. Recuérdese que Gil de Biedma notó como procedimiento guilleniano el uso de la visión de la amada como paisaje, y adujo como ejemplo aquella estrofa de «Más esplendor» que comienza: *Se asoma luz tangible al horizonte (Cántico,* págs. 402-403) [20].

9. «Tiempo libre», fábula moral. Narciso en serio

Hay un aspecto de la poesía de Guillén, generalmente desdeñado por la crítica, que resulta del anhelo del poeta de relacionarse con la Creación. Me refiero a la posición ética que se deriva de la actitud antisolipsista de *Cántico* y antinarcisista de «Tiempo libre», o, quizás al revés, la origina. Está cien veces dicho por los comentaristas del poema, por los de la obra de Guillén en general y por el autor mismo, que no hay ni debe haber inflación del yo. Se está unánimemente de acuerdo con que en «Tiempo libre» Jorge Guillén triunfa de cualquier posible egocentrismo. Yo creo que no basta. Porque de todo ello tiene que seguirse algo más. Hay que buscar las consecuencias, las éticas, las sociales e incluso las políticas. El momento no es oportuno para enzarzarse en cuestión tan compleja y querría

19 *Ibid.,* págs. 112.
20 *Cántico: el mundo y la poesía de Jorge Guillén,* pág. 59.

sólo dejarla apuntada para que se la estudie como merece por quienes están preparados para ello. Lo único que me atrevo a adelantar no es más que lo que a todo lector de preparación media como la mía se le habrá ocurrido ya, cosas tan sencillas que rayan casi en la perogrullada, pero que tienen que ser dichas aquí.

Con su victoria sobre el egocentrismo, Guillén triunfa también contra la soberbia intelectual, contra la vanidad, contra el amor propio y exclusivo a sí mismo y, extremando algo más el argumento, triunfa igualmente sobre su posible yo-fauno cuando se ve en el bosque frente a frente con cada una de las ninfas solitarias. Digamos inmediatamente que su encuentro con ellas es fantasía, aunque no lo fue del todo, puesto que, en una institución docente de mujeres, el ver a dos alumnas paseando cada cual por su lado es un hecho nada insólito. El poeta me confesó, sin embargo, que lo único inventado de su Arcadia fueron estas dos muchachas de paseo: no vio a ninguna aquella vez, pero otras se encontró, en efecto, con muchachas andando por el itinerario seguido mientras componía el poema. Que las viera o no entonces importa poco para el caso, porque las cosas imaginadas adquieren categoría moral lo mismo que las reales, y de hecho son enjuiciadas y juzgadas con tanta severidad o benevolencia las unas como las otras.

Salir de uno mismo para ir a los demás o a lo demás supone más valor moral que encerrarse en actitudes totalmente individualistas, conducentes sobre todo al egoísmo personal. Es sumamente difícil, por no decir absolutamente imposible, salir, ir hacia los otros y no compartir sus penas y alegrías. En suma, no podría Guillén ser consecuente con su actitud y dejar de transmigrar, dejar de pagarse ese lujo intelectual y espiritual señalado por Ortega. Guillén, en su anhelo de poseer cuanta más realidad mejor, no puede prescindir de esta transmigración. Le vemos ocupado con las cosas de la Naturaleza, sí, pero entre ellas está el Hombre, y en Guillén late el interés y la preocupación por sus semejantes. Buen ejemplo es su nuevo Narciso o estas dos nuevas ninfas, estudiantes de Wellesley. Está muy claro: a su regreso del paseo por aquel parquecillo tipo inglés, la mochila del poeta-cazador no viene sólo llena de belleza —la del campo, la de la hermosura física de la mujer—; trae de su meditación otras piezas menos hedonistas. Trae al amor a su esposa, confirmado por el triunfo sobre la tentación de las doncellas. Trae la paz espiritual del campo. Trae el laurel de la victoria, arrancado de la frente de los malévolos fantasmas emboscados en la frondosidad soledosa. Trae la humildad sencilla de los goces permitidos, inofensivos para los demás. Y trae la satisfacción de haber sabido responder al mundo con amor. Ninguna de estas piezas las hubiera podido cobrar con egoísmo, con orgullo, con retraimiento; al contrario, son premio a su generosa solidaridad, a su imperativo vital. Vuelve héroe y triunfador porque ha sabido luchar para ver y vivir más y mejor.

Esta forma de ver y vivir implica por necesidad un aspecto moral. No se puede refutarlo arguyendo que el poeta ha estado a solas recreándose con sus pensamientos, nutriéndose de ellos, que lo de Narciso, en fin de cuentas, ha sido introspección. Podría concederse la introspección y nos quedaría aún por negar la introversión. Nunca ha habido abstracción de los sentidos ni mucho menos peligrosa complacencia en la contemplación del espíritu. Cuando el poeta se ha adentrado en sí mismo lo que ha hecho ha sido verse reflejando al Hombre, sentirse espejo del mismo, señalarse caminos. No se ha contemplado con ese deleite que para tantos y para él mismo considera pernicioso y que quiere proscribir y proscribirse; lo que ha hecho es observarse vigilantemente para evitar el traspiés del narcisismo. Ha habido, no hay duda, interés en el espíritu además de en la realidad externa. Esto está bien, ya que dentro de la visión guilleniana de la realidad se incluye el espíritu que forma tanta y tan importante parte de la realidad como la materia. Guillén lo abarca todo.

La versión del mito de Narciso que nos da Guillén obtiene así el serio aspecto de fábula moral contra el endiosamiento. ¿Engreimiento del hombre en general, en particular, engreimiento del artista? ¿Del Artista o de un determinado artista, de un poeta quizá? ¿De qué época, de qué país, de qué movimiento literario? En la lista de los españoles hallamos inmediatamente el nombre de un escritor, sobre todo de poesía, que tuvo relación muy poco cordial con Guillén. Hay que andar con sumo cuidado para no pasarnos de listos. El camino de lo personal es peligroso en este caso. No me interesa en absoluto, sólo nos llevaría a empequeñecer las cosas y con ello la poesía de «Tiempo libre». Por lo demás, no hay en todo el poema un solo verso amargo, y sería extrañísimo que esto pudiera ocurrir estando el autor escribiendo con inquina. No, imposible, «Tiempo libre» tiene un carácter ético en el que no caben malas intenciones, «Tiempo libre» es una fábula moral muy clara contenida en la segunda parte del poema, y está dirigida al hombre e inspirada por él. La moraleja es *¡vamos,* salgamos a lo demás, a los demás! *(Soy yo el espejo. Vamos. / Reflejar es amar,* estrofa 13). La derrota es la del yo personal —ridículo—, que se valora más que valora el mundo. Lo que se ataca es una filosofía, una moral, una política idealista que da prioridad al pensamiento sobre las cosas, que permite decir que el pensamiento del hombre es más que el universo. Para Guillén no, todo lo contrario: el mundo vale más que todo pensamiento del hombre. La posición es, pues, de humildad: hay que estar en contacto con el mundo, hay que absorber de él tanto como se puede. Para eso se busca tiempo libre, para entablar amores con el mundo. ¿Sensualidad, mero apetito? No, planteamiento y resolución de un problema de tipo filosófico o al menos espiritual.

10. Narciso en broma. ¿El Albanio de Garcilaso en «Tiempo libre»?

Podríamos rastrear una distante relación de asunto y, sobre todo, de tono —medio cómico a veces— entre los esfuerzos del protagonista de «Tiempo libre» y el Albanio de una de las églogas de Garcilaso, la que hasta hace bien poco venía llamándose segunda. En el argumento, Albanio está enamorado de la ninfa Camila, a la que acompaña en sus cacerías y a quien no se atreve a declarar su amor. Por fin lo hace diciéndole que si quiere saber de quién está enamorado no tiene más que acercarse a aquella fontana al lado de la cual solían descansar: en sus aguas verá reflejado el rostro de su amada. Camila mira y se ve: «arrebatada, / del agua rehuyó, que si estuviera / de la rabiosa enfermedad tocada». Queda tan disgustada que abandona a Albanio. Este enferma gravemente al verse solo, llega a creerse muerto y sin cuerpo, convertido éste en espíritu. Es ahora cuando el episodio se llena más aún de recuerdos de

Narciso. Albanio intenta ver y recobrar su cuerpo mirándose en la fuente. Su terquedad, su forcejeo, su vaivén entre el verse y no verse en el agua, las burlas que ve en la misma, sus dudas, sus enojos, la comicidad resultante, el tono, recuerdan de bastante lejos, pero recuerdan a pesar de ello, al Narciso de Guillén. Albanio está medio loco e intenta arrojarse al agua para lograr recobrar su imagen, esa imagen que tampoco él, como el Narciso guilleniano, consigue ver claramente reflejada. Salicio y Nemoroso tienen que azotarlo y atarlo para salvarle la vida. Se habrá observado que Albanio no consigue identificarse plenamente con la borrosa figura reflejada en el agua, que la imagen no acaba de precisarse. Lo mismo ocurre en «Tiempo libre». Albanio dialoga con el agua y con lo que cree ver confusamente en ella, apostrofa («hermano», «don Travieso», «ladrón»). El rústico, perdida la razón, no tiene la elegante retórica de Salicio y Nemoroso; si bien al principio se expresa en lenguaje elevado, ahora habla con la naturalidad del aldeano, con el estilo de las farsas casi. Nada más lejos, por tanto, del habla del protagonista de «Tiempo libre», personaje de otro género de bucólica. Mas coinciden en ser reverso del elegante Narciso mitológico, en ponerlo en ridículo y en trocarlo en personaje un tanto cómico.

11. Comentario por estrofas

Título.—Por «Tiempo libre» debe entenderse vacaciones —recuérdese que, en efecto, el poema se empezó en días de asueto—, no sólo escolares, claro está; debe entenderse, pues, libertad.

1. El poema nace en forma de interrogación aparente que se resuelve al punto; más que duda, expresa la toma de contacto con una realidad sorprendente, el afán de penetrarla, de identificarla y de comprobarla. Diríase que despertándose el protagonista en una situación más o menos inesperada, los ojos aún medio cerrados por el sueño y ya entreabiertos por la luz, tiene un instante de desorientación dentro del cual brota el asombro de la pregunta *¿apartamiento?* Diríase que este hombre que despierta, hecha por fin la transición total del sueño a la vigilia, recobra por entero la perspectiva y la memoria

de las cosas, de lo mucho aprendido antes de dormirse, y al punto se contesta y se exhorta nombrando y reconociendo: *campo recogido / me salve frente a frente / de todo.*

La pregunta del protagonista es si puede existir el apartamiento, si lo es esto que él ve y siente, si es posible que entre él, los otros y el apartado lugar en que se hallan haya separación; no se trata de soledad en sentido subjetivo. Se discurre únicamente sobre el apartamiento entre el mundo y el hombre, aquí en un lugar retirado. Omitiendo el verbo y el sujeto de la pregunta inicial, reducida al sustantivo, resulta que *¿apartamiento?* le vale al protagonista: para preguntarse qué es lo que ve (campo recogido) y qué es lo que siente (¿aislamiento del mundo y los hombres?), y para preguntárselo a la realidad abriendo así su amistoso diálogo con ella. Encuentro acertada la siguiente observación de Blecua: «Al ser este mundo un todo prodigioso, el poeta siente cordialmente la necesidad de establecer una fusión más entrañable y llega a entablar un diálogo con la realidad. De ahí procede la frecuencia de la interrogación, casi tan abundante como la fórmula exclamativa» [21]. El aislamiento —por otro lado totalmente inexistente aquí para Guillén en el sentido de soledad— sería un peligro: nos libramos de él aguzando la mirada hasta ver y reconocer la realidad, ahora la de ese *campo recogido,* retirado y recoleto, y *re-cogido,* aprehendido e identificado de nuevo, reconocido por los ojos despiertos del hombre, unido a éste. El actor se prende así a la realidad circundante, tabla de salvación certera y amistosa, y la invoca para que intervenga, *frente a frente / de todo,* en el careo físico y metafísico guilleniano.

2. El campo descubierto por el caminante no llega a ser jardín, pero pasa de ser selva; lo cuida y perfecciona una mano experta. (Sabemos que el parquecillo por el que discurre el poeta está atendido por Wellesley College y se usa no sólo para paisaje y paseo, sino también como vivero para estudiantes de floricultura.) Esta tan indispensable cuan ligera jardinería —apenas se nota— es un arte: gracias a él el campo mejora y se embellece, se nos convierte en obra artística y sentimos su delicia. Esto es así porque, para Guillén, «entre las obras de los hombres resaltan algunas que nos permiten vislumbrar

[21] *Op. cit.,* págs. 285-286.

la categoría realizable y realizada, muy diferente de la imposible perfección ideal, lejos de cualquier arquetipo platónico. Las artes refinan el material primitivo. Un ejemplo: los jardines. *El césped / Nos responde a los ojos y a los pies / Con la dulzura de lo trabajado*» [22].

3. No hay queja en *Yo. Solo.* Se puede estar a solas con el mundo, en diálogo armonioso con él, sin pesar o melancolía. Nuestro meditador no es un hombre en soledad que se vuelve a sí mismo, sino un hombre que se está constantemente volviendo hacia los demás, evitando no sólo la soledad, sino el otro gran mal, el del narcisismo. Está solo y no está solo: *Todo conmigo está.* Aunque el mundo no sepa de él, aunque no le vea *nadie. Nadie,* porque esos insectos, ese árbol, ese sol no son personas (o, quizá, el protagonista ve un solo insecto arrugado, onduloso y soleado), y además dice *nadie* porque no le ven.

4. *Siempre, siempre en un centro —que no sabe / de mí.* Este *centro,* lo mismo que el mencionado en la estrofa núm. 3, es todo lo contrario de un centro egoísta. Es el centro del hombre en el mundo, el centro es fatalmente el hombre, donde está el hombre está el centro. ¿Y dónde está el hombre sino en el mundo? En otro de sus poemas de *Cántico,* en «Equilibrio», dice Guillén: *Todo me obliga a ser centro del equilibrio (Cántico,* pág. 308). En *El argumento de la obra* [23] afirma que el centro «pertenece a cualquiera, y en cualquier sitio se halla». Ahora el centro es el parque en que está el protagonista. El sentido del círculo es evidente aquí: hay, en efecto, una sensación circular alrededor del protagonista, que no es jamás el yo privado del poeta, sino el yo del hombre. Por otra parte, ese centro no es sino el fenómeno de la conciencia: la conciencia es el centro por fatalidad humana; yo soy el centro de lo que estoy viendo. En cuanto al guión largo impreso después de *centro,* parece sustitución de una coma ordinaria. Así, con esta pausa más larga que la coma, se da más realce y se intensifica más fuertemente la diferencia en importancia entre el mundo exterior y el yo contenido en *—que no sabe de mí.*

Quizá sea este lugar oportuno para observar la ventaja de alternar un verso de once sílabas con uno de tres o de usar

[22] *El argumento de la obra,* págs. 20-21.
[23] *Ibid.,* pág. 12.

esta combinación en lugar de dividir los dos versos en heptasílabos. No hay duda alguna en que los dos primeros versos de esta estrofa podían haber sido heptasílabos: la oración de relativo pudo con gran naturalidad haber sido el comienzo del segundo verso. ¿Qué partido poético saca Guillén al prolongar el primer verso e incluir en él *—que no sabe?* Por un lado, el fuerte encabalgamiento es de doble efecto aquí: refuerza en primer lugar la sensación circular que se va creando alrededor del protagonista, pues ese centro es distendido por la prolongada pausa indicada por el guión largo, se prolonga dicha sensación con el antecedente del relativo y el verbo de la misma oración y produce en el lector el efecto de estar envuelto por una espiral de dos centros que se abre y estira hasta el *de mí.* Verso, este último, agudo, corto, rápido, dicho en «staccato», y muy principal y, por tanto, digno de ser subrayado como lo hace el poeta, puesto que contiene nada menos que el otro centro de la espiral (el *yo)* con una nota quizá de melancolía por la insignificancia y desproporción entre el *yo* y el mundo. La terminación aguda de *mí* ahonda más aún esta distancia. Por otro lado y en segundo lugar, el uso del endecasílabo y trisílabo marca un ritmo y un acento propios que, naturalmente, difieren del de los dos posibles heptasílabos y en desfavor de ellos.

Heme aquí solidario del día tan repleto ... duda. En estos cinco versos terminados en *una duda* no se plantea Guillén, como han hecho tantos filósofos, el problema de si existe el mundo exterior o no. El protagonista parece tener la ingenuidad de creer, al igual del hombre de la calle, que el mundo exterior existe y que, si se pone en el centro de la calle, este mundo exterior podría atropellarle y matarle. Parejamente, este mismo protagonista está seguro de poder encajar en este mundo, en su ambiente, de ajustarse al contorno, de armonizar con él, de adherirse, asociarse, solidarizarse con el *día tan repleto.* Sin que el dolor de duda alguna le perturbe, aunque sería elegante vacilar en sus convicciones.

5. *Duden con elegancia los más sabios, / Yo, no. ¡Yo sé muy poco!* Continúa entre irónico y humilde con el pseudoproblema de la existencia (o inexistencia) del mundo exterior, únicamente debatible para los *más sabios,* incuestionable para el protagonista, sin embargo; se sabe y se siente a salvo de

la duda gracias precisamente al socorro del mundo exterior. Habría más bien que decir que lo que le salva es su percepción de este mundo, imperceptible para los engreídos del yo, para los incapaces de salir del ensimismamiento, para los que creen que el mundo empieza y termina en ellos mismos. Todo lo contrario aquí, donde se parte de la idea de que el mundo existía antes —y existirá después— del protagonista. Por eso la hierba ha sido cultivada antes por un *jornalero,* un jardinero, claro, *real* porque es de la realidad, igual en categoría al protagonista o poeta que se confiesa igualmente *jornalero* de su viaje, en sentido amplio y restringido, y que va pisando *evidencias, / Verdores,* o sea, asentando el pie sobre la realidad, verdor ahora con el de la hierba y los árboles del parque. Con *verdores* entramos de lleno en la parte más descriptiva y objetiva del poema, y empezamos a palpar los elementos delineados por el poeta en su paisaje, las cosas que ve en su continuo dar vueltas por el parquecillo. Ha terminado la primera parte de la meditación, ha resuelto en ella la interrogante inicial del poema, ha eliminado toda duda. Determinada, comprobada la idea, avanza ahora seguro, desembarazado, hacia las cosas. Hago esta afirmación con la salvedad de que las cosas estuvieron siempre presentes en las cinco estrofas primeras —jardín, césped, insecto, etc., son palabras que aparecen en éstas— y de lo que se trata ahora es de elevarlas al máximo rango, de llevarlas a su plenitud y, al hacerlo, excluir de momento todo lo que pudiera rebajar esta suprema categoría.

6 a 12.1. Estrofas exclusivamente descriptivas. La descripción es exacta y corresponde a la del parquecillo ya mencionado de Wellesley College. Está basada en la observación y hecha con minuciosidad. Hay en dicho parque álamos, rododendros, un sotillo, un arroyuelo, un estanque con su surtidor, un pinar (que aparece en la estrofa núm. 13). Tanto las avispas, abejorros, libélulas, mosquitos, como la rana y los peces o el pájaro (estrofa núm. 2), pertenecen naturalmente a cualquier campo en la estación del verano. La inclusión en el mundo bien hecho de Guillén de las avispas, abejorros y mosquitos, por lo molestos y desagradables, supone una ampliación de la realidad del mismo: *realidad también,* dice refiriéndose a los mosquitos. Aun así y todo, no nos presenta de ellos ni de

las avispas o abejorros lo que tienen de irascibles, irritantes y dañosos, sino que les extrae acciones o cualidades a la vez esenciales para ellos mismos y placenteras y sorprendentes para el lector: como la zambullida del abejorro, el patinar o jugar de los mosquitos sobre el agua o el atolondramiento de *la longitudinal libélula.* Si *la flor es sin cesar placer de amigo,* también parece serlo lo otro, el coro, cuya entonación es armoniosa aún y cuyo clamor no llega a ruido, sino que es aún sonido. Pero es evidente que la inclusión de estos mosquitos, avispas y abejorros supone por su aparición —suprimirlos sería alterar la realidad del parquecillo—, ya que no por su tratamiento, una ampliación de la realidad de *Cántico,* donde desde su primera edición hubo insectos que en la cuarta son más abundantes.

Por otro lado, Guillén nos presenta los «primores de lo vulgar» o, en sus propias palabras, el prodigio, la maravilla de lo real. *El álamo es más álamo,* más juvenil, más delgado, es decir, más perfecto. Con el triunfo de la realidad terrestre, este álamo, exactamente álamo, obtiene la realización de toda su esencia realizable. Importa al poeta la plenitud de la realidad más todavía que su hermosura. Los álamos que cumplen con su ley natural son maravilla, pero no milagro. Guillén mismo nos lo aclara así y lo ejemplifica con sus propios versos.

> En estas ocasiones [en las del enriquecimiento de quien vive exaltando su vivir] prorrumpe de las entrañas mismas de la vitalidad, y con toda su fuerza de surtidor, un júbilo físico y metafísico, ya fundamento de una convicción entusiasta, de una fe: la fe en la realidad, esta realidad terrestre. «Son prodigios de tierra» (355), y sin trucos de tramoya, por eso más asombrosamente prodigios. «¡Oh realidad, por fin / Real, en aparición» (95). Cosas están revelándose. «La materia apercibe / Gracia de Aparición: / Esto es cal, esto es mimbre» (21). Con sus mayúsculas «Gracia», «Aparición», no aportan reminiscencias de milagro. El cumplimiento de la ley natural ¿no es más sorprendente que sus contravenciones milagrosas? «El balcón, los cristales, / Unos libros, la mesa. / ¿Nada más esto? Sí, / Maravillas concretas» (211). Los ojos del espíritu se complacen en registrar objetos compactos de su propio ser, acordes a su definición, fieles a su esencia. «Se acoge el pormenor a todo su contorno: / Guijarros, esa valla, más lejos un alambre» (145). El contorno distingue y realza lo que es. Importa la plenitud de esas realidades, no su hermosura. (Claro que la hermosura muestra el objeto en su

cumplido esplendor.) «Guijarro», «valla», «alambre», evocan un trozo modesto del planeta. Pero son exactamente lo que son. Ahí está el quid [24].

¿Cómo se las arregla para darnos la plenitud de la realidad? Me permitiré un ejemplo a modo de aclaración. Todos hemos pasado alguna vez por la sorpresa de mirar una fotografía en colores de un lugar conocido por nosotros y de admirarnos de la intensidad del color, de la belleza del sitio o del monumento. Descubrimos que la fotografía percibe y refleja mucho mejor que nuestros ojos el color (no hablemos del detalle), la hermosura, la placidez de aquel prado, monte, playa, mar, monumento. Repárese en que digo foto y no cuadro, ya que si de éste se tratara cabría pensar que el artista había mejorado, al representarla con su arte, la Naturaleza. No es posible decir lo mismo de una fotografía —excepto por el corte o composición de la misma como marco del objeto—, puesto que el ojo de la cámara es insensible a la belleza y se limita a reproducir lo que tiene delante, es decir, la realidad escueta. ¿El objetivo, la lente de la cámara ve más y mejor que el ojo humano? Aparentemente sí, pero si pensamos que después el ojo humano ve en la fotografía lo que no había visto en el original habrá de concluirse que tal explicación —la superioridad de la lente sobre nuestra retina— es inadmisible. Sería mejor admitir que la realidad en su plenitud se nos escapa muchas veces. Los psicólogos explican que las experiencias emocionales por las que todos pasamos nos crean una niebla que empaña nuestra percepción de las cosas. Por lo visto, la carga efectiva que todos llevamos después de unos años de vida actúa a modo de polvillo o humareda que nos nubla —y a veces, en los casos extremos como la locura o las enfermedades nerviosas, nos hace imposible— la vista y la percepción. Encarados con la realidad exterior más elemental, como un árbol, ese poso afectivo actuando sobre la mente nos obstruye la visión prístina del mismo. Podríamos citar a Ortega y pensar simplemente que el árbol nos sirve para algo de lo que antes hemos tenido una experiencia que ahora es la que determina nuestra percepción de él: el árbol da manzanas deseables o fatales, como la de Eva; da sombra, flor, abeja, gu-

[24] *El argumento de la obra,* pág. 13.

sanos; sirve para colgar la cuerda del ahorcado, para atar al Andresillo del *Quijote,* para hacer corcho, barcos, etc., etc. Se llegaría por medio de Ortega al mismo resultado: la mirada no está limpia de vida, es personal, es un punto de vista más es nuestra mirada siempre. Entonces, ¿cómo logra Guillén esa plenitud? Lo mismo que Ortega, abriendo los ojos más que los otros hombres.

Miremos esos rododendros de las maravillosas estrofas 7 a la 10. Hay que empezar por decir que, efectivamente, el rododendro es un arbolillo muy frecuente en la Nueva Inglaterra, donde florece en el verano. El poeta no lo inventa —ni siquiera tiene que hacerlo florecer a destiempo—, lo descubre simplemente y poco a poco. En su errante caminar encuentra una planta alta, de fuertes hojas y un verde muy espeso, que le llega a la altura de la mano. Quizá toca el arbolillo, quizá llega incluso a arrancarle unas hojas con afán de sentirlo y vivificarlo identificándolo. Las hojas son lucientes y oscuras, observación que corresponde a los datos que da la Real Academia en su *Diccionario:* «Rododendro. Arbolillo eriáceo, con hojas persistentes, coriáceas, lustrosas por la haz y pálidas por el envés; flores en corimbo, sonrosadas o purpúreas». Por fin reconoce del todo la planta y la nombra, llegando así a la totalidad de la percepción global. El primer órgano de aprehensión de la realidad ha sido la vista, después el tacto y luego el gusto y el oído —¡qué bien se adivina la delicia en la jubilosa exclamación *rododendros en flor!*—. Han intervenido todos los sentidos menos el olfato (cierto, los rododendros no tienen aroma perceptible) y ha culminado la sensualidad del gusto al proferir el nombre de la planta, interviniendo así la mente también. Este mismo placer, sensual e intelectual al terminar la identificación de las cosas nombrándolas, puede también ser hallado en otros poemas de Guillén (véase «Celinda», por ejemplo, *Cántico,* pág. 249). Se produce la cima del placer, una especie de éxtasis, en la contemplación de los rododendros perfectamente en flor, pero no es el éxtasis un poco místico, por ejemplo, de Wordsworth. Lo que hay en Guillén es amor por las cosas; sin llegar a la fusión con ellas, *la flor es sin cesar placer de amigo.* Una vez extraída de la lujuriante realidad del contorno esta modesta realidad del rododendro, el paseante procede ahora a contemplarla acercándose a ella y observándola más detalladamente para reproducírnosla. Nada habrá de innecesario en esta minuciosidad ni faltará tampoco nada esencial a su descripción. ¿Realista? ¿Impresionista? Vital, vitalísima. La maravilla de la flor se nos da por medio de ese *sin cesar placer de amigo:* placer para el hombre que la contempla, para el paisaje que la ostenta, para el insecto que la posee *durante unos segundos exquisitos.* La vitalidad, la fertilidad de la flor aparecen claras. El poeta, al dibujarla, recuerda sus conocimientos de botánica, pero evita palabras especiales (como la voz corimbo que sustituye por *muy juntos en redondo* o, más lejos, por simplemente *grupos).* En las corolas tan abiertas, las avispas y abejorros se meten de golpe a chupar el polen de las antenas. Se *zambullen,* dice Guillén con gran acierto y originalidad. Zambullirse es onomatopeya del sonido bronco y continuado de ciertos insectos, de ese inevitable zumbar de las abejas en la vida y en la literatura del que tan graciosamente nos salva Guillén. Y zambullirse capta, además, la impetuosidad del acto de hundirse dichos insectos en las corolas *tan* (abiertas) *entregadas.* Hay, pues, sensualidad, y el poeta nos invita a compartirla: *venid* a contemplar el espectáculo de avispas y abejorros libando el néctar de las flores. La impresión, exquisitamente elegante, es, en mi entender, una impresión circular.

En la estrofa núm. 9, el círculo (la corola) que venía de la 7 y 8 *(rododendros..., en redondo..., grosor..., corola),* se deshace en una línea *paralela, longitudinal.* Es posible que la aliteración de las *eles* surja de *libélula,* pero es fácil observar el efecto longitudinal de ellas sobre los primeros siete versos, todos ellos con sonidos de *ele.* El trisílabo *libélula* contiene, solo él, tres; es de lo más efectivo. Mientras que en *atolondramiento,* si tratáramos de sustituirlo por algún sinónimo, como aturdimiento, irreflexión, tendríamos inmediatamente un verso inferior. Elegir como características de la libélula su atolondramiento es inteligente y gracioso; además, el sonido repetido de la aliteración de la *o* contribuye grandemente a darnos la impresión de la oscuridad o del caos en que se mueve la irreflexiva y elegante libélula, del aturdimiento con que irrumpe en el aire por el que se mueve el protagonista. En la estrofa número 10, ese vuelo mecánico, casi perturbador, impide a la libélula ver lo que está ante ella, los rododendros, y el poeta nos da ahora lo que faltaba de su descripción de la corola de estas flores, el color. *Amarillo altivo* —¿fuerte?—, soberbiamente amarillo, avivando el centro rojo y coincidiendo así con la realidad.

¡Cómo los quiere el aire soleado, es decir, los busca para fertilizar otras flores! Nos presenta otras flores, menudas, cubiertas por la hierba, así protegidas contra el aire, y que no se nombran. Son fondo y no primer plano.

En la estrofa núm. 11, las hierbas, que eran el fondo en la 10, adquieren importancia cuantitativa y cualitativa. Guillén, al repetir la palabra hierba tres veces seguidas, nos da su abundancia y su función: designar el soto y encaminarle hacia él. Continúa la sensualidad: *húmeda penumbra, calor, estío, agua,* que sigue en la estrofa núm. 12.1 con *plenitud de julio.* Se siente ahora el calor como sentimos antes el *grosor menudo* del cuerpo de los insectos. Creo que fue Pedro Salinas, en su libro sobre Jorge Manrique, quien dijo que no hay gran poeta sin sensualidad. No le falta a Guillén, como era natural, y, de momento, me limito a notarlo. Sí, nos invade el calor. La presencia del agua nos lo alivia un tanto, lo suficiente para que podamos divertirnos con esa rana atisbada que brinca y se oculta dejando al sumergirse una estela de *concéntricos círculos,* esa rana geométrica —por lo de *con su incógnita* también—, misteriosa, que se le cruza en su camino al poeta casi como una «tapada» madrileña en el paseo del Prado.

Llegamos con esto a la segunda parte del poema, al núcleo del mismo, donde no hay estrofa, al menos tipográfica, pero que yo he descompuesto en subestrofas para entendernos mejor.

12.1. Subestrofa de siete versos que terminaría en el punto después de *julio.* Con el *estanque* se coloca la primera piedra al monumento —¿funerario?— de Narciso. Se van echando las bases para este gran tema de la composición. El verso segundo, *vuelan, si no patinan,* hace pensar en el procedimiento gongorino de cuando no (aquí) *vuelan, patinan;* es decir, unas veces vuelan y otras patinan. Hay certeza absoluta del presente. La realidad es extensa, incluye muchas cosas, incluso las impuras como los mosquitos, y Guillén ve —no sueña o inventa— la hermosura de la realidad. Se trata de poseer eso que está ahí, fuera de uno, no como los románticos o los simbolistas que poseen con la imaginación o sus sueños —fórmula que en resumidas cuentas viene a ser la de contar, sobre todo, con uno mismo, la de preferirse y anteponerse a todo lo demás—, sino al revés, saliendo a lo otro, a los otros, enterándose del contorno e internándose en él. De esta forma se evita la desilusión a que tantas veces conduce el llevar de antemano las cosas en la cabeza. Hay quien dice, «estuve en Florencia y me decepcionó»; indudablemente, porque los sueños que tenía de Florencia le resultaron infundados, como casi todos los sueños. Pero el que va con los ojos abiertos y la mente limpia ¿puede menos de sentirse embobado al contemplar la ciudad? Este es el aproche de Guillén, todo lo contrario del ensueño, y así me lo explica él mismo.

12.2 y 12.3. Estas estrofas terminarían en *¡Cómo atrae!* y arrancarían, como dejo dicho en otro lugar, del paréntesis *(¡Oh calidad real!)*. La subestrofa 3 empezaría en *de múltiple reflejo,* con marcado encabalgamiento de *este claro del agua,* encabalgamiento que insiste en la inseparable ligazón entre el tema del agua y sus reflejos, imprescindible para la fábula de Narciso. Estas dos subestrofas y todas las otras de esta segunda parte, salvo la anterior, o sea la 12.1, contarían nueve versos cada una.

Prosigue el poeta con su descripción, pero ya por poco tiempo. Los pececillos, en calma o en movimiento, la luz, el sol, los reflejos van a dar paso, por el camino de la cultura mitológica y poética de Guillén, al centro de la meditación. Llegamos con el poeta: todo lo ve bien, *no hay fantasmas, / no hay tarde vaporosa para fauno.* La alusión implícita a Mallarmé es evidente, mas Guillén no nos manifiesta sus conocimientos ni de Mallarmé ni de Narciso, quedando los dos sin nombrar.

¡Cómo atrae! se refiere al agua transparente e indica la complacencia del que en cualquier momento de descuido podría convertirse en Narciso; la complacencia y los peligros. Ya estamos, desde hace tres versos, en el tema central, «la estupenda meditación antinarcisista, la más gloriosa victoria sobre la tentación de las ajenas y cultas mitologías» [25].

De lo descriptivo pasamos a la fábula o narración, más o menos introspectiva, si bien los sentidos seguirán jugando im-

[25] González Muela, pág. 108.

portante papel en la experiencia del actor. Se abandona la polimetría y se adopta, como verso único de un largo trozo, el endecasílabo. Es el que prefiere Guillén para su anti-Narciso. Hay todo un bloque de cincuenta y tres que empiezan en *no hay tarde vaporosa para fauno,* siendo el último heptasílabo precisamente *veo bien, no hay fantasmas.* Habrá que esperar al verso quinto de la subestrofa 12.9 —*gracias a ti, que existes*— para ver reanudado el heptasílabo. Guillén se instala, pues, en el noble y reverendo endecasílabo para tratar de un tema clásico que le llega por Mallarmé y su «L'aprés — midi d'un faune», sin olvidar, claro está a Valery. Descartados heptasílabos y trisílabos, desaparecen los saltos y queda así esta parte con una regularidad obsesionante que corre paralela en forma a la del fondo, y que se realza aún más con la desaparición de la estrofa. El agua, sus reflejos, la fábula de Narciso, quedan así íntimamente trabados.

12.4 a 12.7. A pesar de haberse excluido la duda como método de conocimiento de ese *poco* saber que busca o casi posee ya el poeta *(duden con elegancia los más sabios. / Yo, no. ¡Yo sé muy poco!),* se aprecia al comenzar estas subestrofas una suspensión, una indeterminación de ánimo ante la cuestión que se le va a proponer para que la ventile. El poeta ha abierto voluntariamente una brecha para que la tentación pueda deslizarse por ella: el paseante se siente instigado a contemplarse en el agua e inducido a desear verse reflejado en ella. ¿Lo logrará? Ante este caprichoso deseo del actor de nuestra fábula, *el estanque, novel pintor, vacila* (12.4), vacilación buscada, artificiosa nada más. En ambos, el hombre y las cosas. *¿Alguien está naciendo, peleando? / Comienza a estremecérseme un testigo, / dentro de mi propia soledad* (12.5). Esto es, el testigo sería él, el poeta en su *propia soledad,* si llegara a perderse en su deseo. Mas no se trata de eso ni de perderse en la *abstracción elegante de una duda;* es todo un simulacro de extravío, un jugueteo con intención de comprobar que se está sobre el buen camino, un cerrar a propósito los ojos y dar unas vueltas con ellos cerrados para asegurarse de que no cabe desorientación alguna. Estas son las condiciones en que se va a dirimir la supuesta contienda. Consiste ésta en un desafío verdadero entre el yo y su afán de verse reflejado en el mundo, y entre el yo y su misión de reflejar aquél. El encuentro será reñido, pero el desenlace está previsto de antemano: el poeta rechazará desdoblarse, lo cual le parece risible y vergonzoso. La tentación de Narciso se vence; a pesar de que el *fantasma temblando con las ondas* le diría al poeta: *quiéreme,* el *no* de éste es rotundo: *¡No! Así yo no me acepto* (12.7). Tan aplastante negativa al ensueño recuerda una vez más esta reiteradísima idea de Guillén: «el despertar de cada durmiente recompone el careo que es nuestra vida: un yo en diálogo con la realidad» [26]. No podría ser de otra manera, si lo fuera tendríamos un arte deshumanizado [27].

Deleitarse, hablar a la figura que reflejara el agua, sería *contemplación risible de sí mismo* (12.6)... Es imposible este *careo sin sonrojo* (12.7), es decir, es imposible la confrontación con dignidad del uno (el poeta) con el otro (su imagen).

12.8 a 12.11. Por lo que lleva dicho, el destino del poeta no puede ser otro que salir a la realidad. Su yo no puede existir digna y plenamente más que dentro de ella, sólo puede sentirse ser *estando* realmente presente en el mundo. *Yo soy, soy... ¿Cómo? Donde estoy: contigo, / mundo contigo. Sea tu absoluta / compañía siempre. ¿Yo soy? Yo estoy — aquí* (12.8). Eugenio Frutos ha comentado brillantemente estos y otros versos de Jorge Guillén, que revelan la posición «existencial» de nuestro poeta. En Guillén somos con las cosas concretas, con el prójimo concreto, según se nos patentizan «actualmente en la sensación» [28]. Sólo así somos y valemos. El ser no es un valor en sí. Es el ser *estando* visible, estando en relación en y con el mundo lo que constituye el ser completo, valioso. Guillén *está,* al menos su voluntad es *querer estar.* Lo dirá claramente en uno de sus poemas finales: *El ser es el valor. Yo soy valiendo, / yo vivo. ¡Todavía!* («El cuento de nunca acabar», *Homenaje,* págs. 590-593).

[26] *El argumento de la obra,* pág. 9.

[27] Dice Casalduero comentando el verso *¡No! Así yo no me acepto* y los dos que le siguen: «¡Por fin! El arte vuelve a recobrar el tono humano. El hombre se había ido perdiendo con el mundo a través del siglo XIX. El cubismo salva al hombre —en— el mundo. Es la época de la humanización del arte», pág. 262.

[28] Eugenio Frutos, *Creación filosófica y creación poética,* Barcelona, Juan Flors, 1958, págs. 88-128, 183, 328-346, y «El existencialismo jubiloso de Jorge Guillén», en *Cuadernos Hispanoamericanos,* núm. 18, noviembre-diciembre de 1950, págs. 411-426 (para lo que cito, ver página 414).

Del comentario por Guillén a aquellos versos de «Tiempo libre» [29] de la estrofa 12.8 querría aquí destacar unas palabras: «este actor [el hombre] no sería nada fuera de su escenario», y continuarlas con otras manifestaciones hechas por Guillén en una de nuestras conversaciones sobre «Tiempo libre».

«Dice San Juan de la Cruz que un pensamiento del hombre vale más que todo el universo. Está, pues, en la dirección idealista, no sólo religiosa, sino filosófica: lo que es, lo que vale es el pensamiento, lo demás o es ilusorio o problemático, y, desde luego, inferior. Todo el idealismo es eso: un pensamiento del hombre vale más que todo el universo. Yo digo lo contrario: lo otro es siempre más que yo. Así lo siento. El mundo es más que yo siempre. Lo cual implica una posición de esencial humildad: lo demás, los demás valen más que yo. Naturalmente. ¿Entonces? Hay que salir de sí mismo. *Mi destino es salir* (12.10), ir al mundo, estar en contacto con él. Tiempo libre para ponerme en amistad y amor con el mundo, en conocimiento. *Yo salgo hacia la tarde* (12.10). Salgo, pues, de mí mismo. No es vida interior, no es volverse hacia adentro. Es volverse hacia afuera. Pero que quede claro que la decisión de salir no responde a mera sensualidad, a mero apetito, como podría ser en otros casos, sino que tiene una significación de tipo espiritual o filosófico. No se trata de la persona que se complace en las cosas, sino que en el salir está implícita una especie de planteamiento más general, filosófico en cierto sentido.»

Se trata de contemplar el mundo, de reflejarlo, de ganarlo. Se gana absorbiéndolo: *Me predispone todo sobre el prado / para absorber la tarde.* De este afán de absorción proceden sin duda alguna los posesivos antepuestos a los varios elementos del paisaje recogidos en la subestrofa 12.8: *mi* bosque, *mi* horizonte, *mis* fresnos. Adentrarse en la misteriosa realidad es poseerla, gozarla. *¡Adentro en la espesura!* (12.9), exclama jubiloso con palabras de San Juan de la Cruz proferidas en sentido contrario al de éste, quien quería significar con ellas la vida interior. Por eso dice Guillén: *Mi destino es salir* para ver más allá de mí; *yo salgo hacia la tarde* (12.10), decide re-

[29] «Aparece y reaparece el alrededor...», etc., reproducido en la página 142.

suelto. Desde la mitad de la subestrofa 12.9, allá donde el poeta descubre su vocación de salir, empiezan de nuevo los heptasílabos, muy abundantes en 12.10. La composición se hace de nuevo más descriptiva: reaparecen los árboles *(hayas, hojas de cobre)*, el *surtidor que nunca cesa / de ascender y caer en un murmullo,* cuyas aguas —*espumas* por la agitación del viento, *chispas* por el iris de la luz— saltan y suenan al caer formando ondas sobre el *estanque* (12.11). Esta palabra —que había iniciado el tema del nuevo Narciso, con la cual nuestro poeta se había sumergido en él, comenzando así la parte de «Tiempo libre» sin estrofas— cierra el tema, redime al autor de todo narcisismo y acaba la parte no estrófica de la composición. En lo que sigue, Guillén insistirá algo más levemente sobre la idea central del poema, continuará la descripción del paisaje, hallará más amor a la Creación, a la Mujer, a la Amada en particular, y terminará afirmando rotundamente el pensamiento básico inspirador del poema, sabiamente resumido en los tres últimos versos del mismo. Todo sin dejar de caminar por ese campo real de Wellesley College.

13. Con esta estrofa entramos en la parte tercera, la final de «Tiempo libre». Reaparece la estrofa. Aumentan los saltos en número y en sílabas entre un verso y otro, sobre todo en relación con la segunda parte. En ésta hay sólo un 23,8 por 100 de saltos, mientras que en la tercera parte el número asciende a un 62,2 por 100. Creo que los saltos marcan, como dejo dicho en otro lugar, la unión de lo diferente, que sirve para salvar distancias entre lo separado. El verso refleja, pues, el esfuerzo del poeta por integrar el yo y el Mundo. En la segunda parte los saltos eran menos frecuentes y la distancia en sílabas entre los versos era también menor, porque la lucha no estaba todavía decidida, Narciso vivía en sí y de sí mismo —al menos a eso hubiera aspirado Narciso si no fuera el nuevo personaje creado o descubierto por Guillén—; en suma: cada cual vivía por un lado, en su mundo, y no tendían a juntarse. Mas en la tercera parte la contienda queda definitivamente dirimida. Narciso ya no es un peligro. Entonces el poeta, triunfador, une sin violencia alguna lo que parecía separado, y su forma de hacerlo al exterior es el paso de versos de 11 sílabas a uno de 3 ó de 7, o al revés, o combinando las posibilidades. Los saltos responden a las ideas expresadas por los versos en que ocurren.

Se trata, pues, de un afán de adecuación entre visión y expresión.

Los dos primeros versos de esta estrofa 13 son declarativos y confirmadores de la posición intelectual y sentimental del autor, la cual resulta de la derrota del Narciso mítico y del nacimiento del nuevo Narciso. No se trata simplemente de conocimiento —*soy yo el espejo* (y no el estanque)—, sino de sentimiento: *reflejar es amar*. Este cariño a la Creación da un carácter especial a las observaciones del autor sobre las cosas y personas aparecidas o aún por aparecer durante el paseo. No serán simples observaciones de un naturalismo botánico o zoológico, no serán mero conocimiento: merced a la asociación personal, el poeta las convertirá en afición, en vida sentimental, en lirismo. Los pinos de Valladolid y su *aroma / que se enternece despertando restos / de mi niñez interna* se trasplantan milagrosamente a Nueva Inglaterra; su perfume momentáneo —mucho más fugaz en las nieblas y en la humedad de New England que en las cálidas tierras castellanas— es sentido por el niño *interno* que pervive aún en Guillén (no sé quién ha dicho que todo gran poeta conserva y defiende como un gran tesoro cierto trocito intacto de su piel infantil). *Allá...* (en Valladolid durante mi infancia y ahí, un poco más lejos, aquí en este bosque de los EE. UU. ahora) *una tierra mullida por agujas*. ¡Magnífico endecasílabo que fluye con el tiempo, murmura con su repetición del sonido *u* las dulzuras de una niñez dichosa y acuna casi como una nana!

La estrofa contiene dos exclamaciones, admiración gozosa del poeta ante los pinos o el pinar. De aquí y de su infancia en Valladolid. Nótese cómo, sin embargo, estas exclamaciones carecen de la melancolía con que la evolución de la niñez pasada y, por tanto, el transcurso del tiempo suele ser presentada por tantísimos poetas líricos. Es que «el paso del tiempo no le entristece a Guillén. No cree que le quede nada por hacer después de detener al tiempo o de atrapar una sensación, si no es quedarse contento por haber realizado bien un acto vital» [30]. Acto en el que, desde luego, hemos de incluir el de pensar.

Este motivo de los pinos castellanos está también en otros poemas de *Cántico* y llega, desde luego, al menos hasta *Clamor*,

30 González Muela, pág. 177.

comprobándose así la continuidad de la obra de Guillén. En «Además», por ejemplo, los pinos tienen el mismo sentido de júbilo del resto del poema: *¿O debo mi ventura al raudo ataque / — en una sola ráfaga de brisa / como una embriaguez insostenible, / si no es un solo instante — del aroma / que hacia mi alma exhalan esos pinos? (Cántico,* pág. 126). En «Pinares» [31], *la vida... / vale más si a un ansia entronca / la paz actual del pinar castellano (Maremágnum,* pág. 113), mientras que el angustiado «Pino» de *Cántico* (pág. 432) parece símbolo de algún autor egocentrado y resulta demasiado juvenil.

14. La realidad alcanza su plenitud. Esto es la máxima alegría y la máxima hermosura para Guillén. Continúa errante su camino y sigue pintando su paisaje. Del pinar ha pasado a una floresta. Por ella viene hacia él una forma femenina que con la luz y la cercanía se le revela joven. Mas ya de antemano ha dicho que es *hermosa.* Al placer de la aparición se añade el de comprobar con ese *sí* tan guilleniano que viene *sola, / y por el campo en julio, / por la vasta alegría, por el ocio.*

15. La muchacha anda despacio, llega y se aleja; todo ello le parece al poeta demasiado de prisa. Sabe, sin embargo, matizar la presencia, la luz, la postura y la dignidad de la doncella.

16. La aparición ha durado un minuto, pero la visión parece prolongarse algo más. El poeta tiene tiempo de poner un par de pinceladas más en la descripción física de la doncella *(la piel con su color de día largo, / el cabello hasta el hombro)* antes de hacerse la pregunta metafísica de *para qué* ha sido *modelada* la muchacha. Como el pinar de la estrofa 13, la muchacha es para ser amada. Ambos inspiran amor, ambos son parte de la Creación. Y el poeta errante declara a la ninfa fugaz: *te querría.*

17. El caminante sigue deambulando. Más datos del paisaje, más precisión. Al fondo de la floresta hay un soto con árboles. La muchacha se sume *(profunda)* entre ellos, se le pierde al avizor poeta en un *terreno / bellísimo.* El amor expresado en la estrofa anterior se intelectualiza ahora: *¡Cuánto lazo y*

[31] Valladolid, 16 de agosto de 1949. Compuesto en el tren de Burgos a Valladolid, de regreso de una visita que nos hicieron Claudio y Jorge Guillén, y durante la cual fuimos de excursión a Silos.

enlace / con toda la floresta, fiel nivel / de esta culminación / regente! Lo que unos versos más atrás había sido *claro apogeo* es ahora *culminación regente;* ambos, plenitud de realidad. Frente a ella, ¿para qué los placeres ilusorios de Narciso?

18. Más toques al paisaje, más temas secundarios, ahora el del manar del agua. Nuestro peregrino asciende por una ladera, más allá encuentra un pequeño valle y en él *una rinconada de peñascos* con un manantial entre líquenes y helechos. Profunda sensación de frescura transmitida al lector por este *agua aparecida* rezumando levemente *(con timidez)*, medio oculta.

19 y 20. Aparición de la segunda doncella. Tanto ésta como la de las estrofas 14 a 17 son, como ya dije, inventadas. No así el resto de los elementos que componen el paisaje. Los versos que expresan el manar del agua son magníficos: *es un surgir suavísimo de orígenes...*, etc. (nótese la aliteración de algunos sonidos como el de la letra *ese* y el de la *u,* así como los efectos obtenidos). El brotar del agua, sus orígenes, es tema frecuente en Guillén. Aquí aparece sólo como uno de los temas complementarios del poema, lo cual no impide que esté perfectamente logrado. Obsérvese la insistencia de *antes, ahora, siempre,* la repetición machacona de *nacer, nacer, nacer,* y lo bien que responden al afán de intemporalidad, de permanencia, por un lado, y por el otro, al incesante surgir y fluir del agua en el manantial.

La segunda muchacha no es rubia como era probablemente la primera. Parece más fuerte, más arrogante, más dura, más marchosa, en fin, que la primera. Más apasionada. Cabría pensar, frente a estas dos mujeres, en una de las rimas de Bécquer o en una de las largas novelas de Galdós titulada con dos patronímicos femeninos. Aunque distintas entre sí, las dos muchachas del rinconcito de Guillén tienen cualidades esenciales en común. Las dos son plenitud, amor y júbilo. Si la primera fue *certidumbre de potencia cálida / de forma en henchimiento, / en planta y prontitud,* la segunda está *toda ajustada al aire que la ciñe, / toda, toda esperando / la fábula que anuncia.* Las dos pasan rápidamente, pero enriqueciendo al poeta con las mismas sensaciones *—júbilo, fe—* y con el mismo sentimiento que los otros seres o cosas de la Naturaleza provocaron en él: *delicia,* amor.

21. A lo dicho al comentar la forma de esta estrofa hay que añadir que con ella se prolonga el paisaje. El agua se ha hecho ya arroyuelo. Un pájaro discorde canta como si en lugar de garganta tuviera un aparato mecánico para emitir la voz e irrumpe en el paisaje rompiendo su armonía. El poeta responde con amor y con disonancia (¡variedad de las cosas de la tierra!): le quita un verso a la estrofa y entona así con el desafinar y la arritmia del pajarillo impertinente.

22. El título del poema queda definitivamente aclarado. El tiempo será libre si se derrama *entre muchos,* si se hace escala *hacia todos.* El poeta resume su actitud: *soy vuestro aficionado, criaturas.* ¿De todas y de cada una por igual? Hemos llegado a uno de los puntos cruciales del poema. ¿Basta ese amor en abstracto, en general, que nuestro caminante viene prodigando al Mundo después de su triunfo sobre Narciso? El poeta siente una punzada de descorazonamiento, un vuelco momentáneo de desasosiego. Se le escapa un *ay* como a cualquier poeta lírico y se confiesa *aficionado errante.* El amor así no podría ser destino individual de un hombre sencillo y humilde como él, lo sería acaso de un hombre endiosado en sí mismo y, desde luego, lo sería de los dioses o de Dios. He aquí un nuevo peligro que se le ha presentado a nuestro peregrino y que ya no parece tener que ver con el mito de Narciso. En el fondo está relacionado con este mito, y Guillén no caerá en la emboscada que se le tiende ahora. La solución hallada anteriormente vale también ahora para salvar el nuevo obstáculo. No, el amor del poeta andante, como el del caballero andante, tiene que tener camino y dirección fijos. Nuestro actor se perdería en las criaturas si no pudiera orientarse, centrarse y orientarse en una criatura determinada, en un amor principal, en suma, en la Amada. Se desperdigaría en el amor de tantas cosas si aquélla no le fijara un centro. La *gloriosa* es la mujer que quiere; es decir, y según confesión propia del poeta, su esposa, entonces Germaine.

23. En esta bellísima estrofa nos habla también de su primera mujer al desarrollar la idea de los versos precedentes. En medio de las cosas amadas, cosas en las que hay una especie de igualdad, en las que se quiere a todos por igual, hay un amor principal, el que tiene a la mujer con quien está casado. El amor a las criaturas está, pues, presidido por el amor a una

criatura especial, a *su* esposa. Sería inexacto, injusto, incluso inmoral, que este amor careciera de prioridad sobre los otros. La amada es por eso ahora paisaje y destino: *el tiempo libre se acumula en cauce / pleno: tú, mi destino.* El caminante ya no se derrama, se acumula en vez. El poeta se centra y logra su plena realidad, su identidad más completa gracias a la mujer amada. El tiempo libre se canaliza ahora hacia ella y por ella. Al derramarse amorosamente en y por el Mundo, el paseante no había perdido su centro de gravedad; rebosaba, pero no se desparramaba sin sentido, porque en el fondo estaba esencialmente orientado hacia Ella, quien gravitó todo el tiempo sobre el paisaje y ahora lo ocupa totalmente. Ello hace más real al amante y así más dichoso todavía: *logro mi realidad / por mediación de ti, que me sitúas / la floresta y su dicha ante mi dicha.*

24. Apogeo de la tarde estival. El cielo empieza a palidecer: *es humano.* El aire, no: suena como *espíritu* y ejerce *su virtud / —nunca invisible— de metamorfosis.* Hay una exaltación de victoria en los dos últimos versos de la estrofa, los dos exclamativos: ha triunfado el equilibrio, el actor se ha salvado. Ha redescubierto una parte del mundo y ha tomado posesión de ella. Sin adentramiento, sin interiorización, funestos peligros que había que evitar y han sido evitados. El mundo tiene su forma y el poeta nos la refleja con su amor. Decir forma equivale a decir visible. Sólo así vale. Ni siquiera esa fuerza del aire para transformar la vista de las cosas podría jamás dejar de manifestársenos. *Nunca invisible* dice aquí el poeta. Claro está: el júbilo de la victoria consiste en la exteriorización. Para Guillén, lo invisible es triste hasta que logra hacerse visible. Lo ha dicho en otros lugares: *material jubiloso / convierte en superficie / manifiesta a sus átomos / tristes, siempre invisibles* [32].

25. Contiene los toques finales al paisaje. Un árbol fino y fornido, un roble, esparce su paz. Arboledas, rumores, silencio, paz. *Paz de tierras, de hierbas, de cortezas / para el tiempo ya libre* para el amor. Tranquilos quedan al final el campo y el caminante, tranquilos y en amor, como si estuviéramos en la terminación de un gran poema de nuestra mística.

[32] *Cántico,* pág. 21 (de «Más allá», IV), citado también por Casalduero, pág. 150.

26. Los tres versos finales, en que intencionadamente se invierte el orden de los tres primeros poemas, aunque conservando la estrofa de tres versos, son el epílogo de la fábula moral que venimos analizando. Son un resumen y una intensificación de la idea central del poema. El mundo existe por sí mismo. *Andando / voy* por él, termina diciendo el poeta; *por su sombra,* es decir, por su realidad; *en sosiego sin mi sombra.* Como si dijera que está a la sombra del mundo porque éste es el que existe fuera de él, el poeta; en calma, y no perturbado por reflejos o imágenes a lo Narciso (creo que en *sosiego* modifica *voy* y a la vez *su sombra* y *mi sombra). Sin mi sombra,* porque aquí no se trata de mí, no se trata de reflejarme yo, sino que yo estoy en medio de todo lo demás y soy el espejo de ello, concluye el caminante. La seguridad de esta nueva paz, la armonía del hombre inserto en el universo, la certeza del destino individual del actor de «Tiempo libre» son las más valiosas piezas cobradas por nuestro protagonista en su deambular por el mundo de las cosas, por el de las ideas y por el de los sentimientos. Gracias a ellas, lo opuesto ha cesado de luchar, lo irreconciliable ha sido superado y lo invisible se nos ha vuelto sensible a los ojos.

IV

«ENTRE LAS SOLEDADES» Y «OTOÑO, CAIDA»

A) «ENTRE LAS SOLEDADES»

(Cántico, 1945)

1. Fecha, lugar, estrofa y verso

Este poema se empezó en el pueblo de Bread Loaf, Vermont, el 23 de agosto de 1943, se trabajó en diciembre del mismo año y se revisó en mayo y junio del siguiente, en Wellesley. Guillén lo escribió, pues, durante los años de la Segunda Guerra Mundial. Por aquel entonces los locales de la Escuela de verano de Middlebury College estaban dedicados a Academia Militar, y los cursillos ordinarios de español se trasladaron a la escuela de Bread Loaf, en la cordillera de las Montañas Verdes, no muy lejos de Ripton y Middlebury. En Bread Loaf, Robert Frost había conseguido organizar en 1921, por medio del colegio de Middlebury, la Escuela de Inglés de dicha institución, y en el mismo lugar y bajo el mismo patrocinio se celebraron los famosos congresos de escritores. En sus alrededores vivía Frost en el verano en que Guillén escribió el poema. Frost, más de una vez, invitó a Guillén y a otros poetas españoles o de habla española a visitarle en su casa, Homer Noble Farm. No sé cuántas veces habló Guillén con Frost, pero sí sé que los dos famosos escritores se vieron más de una vez. Aquel verano también estaba de profesor en la Escuela de Español el poeta y escritor mexicano Octavio Paz [1], con el cual entabló Guillén amistad. Hubo numerosas lecturas de poemas hechas por ambos lados, y recuerdo bien cómo nos complacía la perfecta unidad lingüística de los dos poetas, cada cual de un país y de una generación tan diferentes, cuánto nos intrigaban sus discusiones literarias y lo bien que nos sentíamos en el ambiente poético que creaban a nuestro alrededor.

«Entre las soledades» está compuesto de 24 versos de 14 sílabas, alejandrinos sueltos sin orden de estrofa. La forma es igual a la de «Una ventana» *(Cántico,* pág. 145), que contiene también 24 alejandrinos sueltos sin orden de estrofa. Hay en «Entre las soledades» algún eco de rima asonante en *ae* o en *io* y otra en *iez,* pero están tan apartadas que no puede realmente hablarse de rima.

El poema es una «variación sobre el mismo tema» de «Tiempo libre». Ahora bien, como «Entre las soledades» es anterior en fecha de composición a «Tiempo libre», habrá que concluir considerando aquél como un preludio a éste, mucho más extenso e intenso por otro lado.

[1] En *Puertas al campo,* Universidad Autónoma de México, México, 1966, págs. 75-85, Paz dedica un estudio muy bueno a «'Las horas situadas'», de Jorge Guillén.

2. La montaña guillentina

El poeta nos presenta un paisaje de montañas. ¿Necesariamente los verdes picos de las de Bread Loaf? ¿Hubiera escrito Guillén este mismo poema sin haber salido de España? Sí. Porque Guillén, a pesar de su españolismo —o quizá precisamente por él—, está limpio de ideas provincianas o nacionalistas. Es un poeta universal que se ocupa del Hombre y del Mundo en sus acepciones más amplias, de la realidad mayor que el hombre puede percibir y absorber. En esto radica su grandeza y su valor clásico. Pasarán muchos años y la poesía de Guillén continuará leyéndose y apreciándose, y adquirirá cada vez mayor importancia. Claro está, sin embargo, que lo que le llevó a escribir «Entre las soledades» fue esa sierra de Bread Loaf; pero no hay en el poema detalles concretos para identificarla. Ni los hay tampoco, exceptuados los toponímicos del título o algún otro del interior de la composición, en «Suave Anáhuac» y «Génesis. México» *(Maremágnum,* págs. 108 y 129), en «Monte» *(Que van...,* pág. 72), en «Sierra. A lo lejos el Moncayo» *(A la altura,* pág. 95), ni en «Los cerros de Bogotá» *(Homenaje,* págs. 562-563), como no los había tampoco en «Esos cerros», probablemente castellanos, de *Cántico* (página 306), poemas todos de montaña. ¡Cuán real, cuán concreta aparece ésta, sin embargo, en las citadas poesías! Es que Guillén sabe combinar bien lo abstracto con lo concreto —véase la golondrina de «Entre las soledades».

El tema es casi excepcional en *Cántico,* donde hay poca montaña. Guillén ha practicado poco el asunto. Nos lo presenta aquí a manera de una evocación no muy directa, más bien general, de la escuela de Bread Loaf, especie de recinto enclavado en un valle alto, relativamente cerrado, entre los montes Moosalamo (2.650 pies de altitud), Battel (a 3.471) y Bread Loaf, el pico más alto (3.823 pies de altura). La perspectiva no es infinita, sino que está limitada por los montes citados, pertenecientes a las Green Mountains. Por tanto, el paisaje no es muy clausurado, si bien *cerrado recinto* podría fácilmente comentarse poniéndolo en relación con las formas más cerradas y definidas que existen en *Cántico,* lo mismo en las de la Naturaleza que en las de la poesía. Mas a pesar de ser un panorama indirecto y general hay en él una vaga descripción, algún detalle observado directamente de la realidad, como las golondrinas del atardecer que vuelan casi a ras del suelo, recogidas por el poeta en su penúltimo verso.

«Entre las soledades» es exclusivamente metafórico en los ocho primeros versos. El autor evita llamar a las cosas por su nombre durante todo el primer tercio del poema, hasta el séptimo verso, en que, por fin, dice *valle,* reservándose aún para más adelante, para el final del octavo, la palabra clave de la composición, *montaña.* Los montes son las soledades entre las cuales se encuentra el autor y las que dan título a la poesía. Las soledades no existen, no obstante; porque son muchas y se acompañan entre ellas. El poeta las multiplica adrede, pero tienen tal y tanta realidad las montañas y sus cosas, que acompañan aun dentro *del número en tumulto.* La hermandad entre estas soledades —montes, nubes, sol, herbazales, arroyo, espuma, peñas— y la de ellas con el hombre, se logra por medio de la lucidez mental y de la serenidad de ánimo. El poeta se siente amigo del mundo sólido y duro de los montes. Es un mundo real que existe fuera de su mente, y ante él Guillén se siente en la misma relación de amor y de humildad que en otros poemas, por ejemplo, en «Tiempo libre»; es un mundo independiente de toda posible altivez intelectual. La elevación, según el autor, está en las montañas y no en el pensamiento del hombre. La amistad entre este mundo compacto y el poeta se debe sobre todo a la ayuda de la Naturaleza.

De este modo, la montaña guilleniana es más amable, más humana que la de los románticos —montaña sublime, imponente y amenazadora para el hombre que se aventura solo por ella—. En Guillén, por el contrario, la montaña es clemente y amiga; y es posible establecer con ella una relación amistosa, con lo que el desamparo que otras épocas sentían ante la grandeza de la Naturaleza queda amortiguado. Para el autor de «Entre las soledades», la Naturaleza no es hostil al hombre y, por ello, éste no tiene razón alguna para sentir ni miedo ni soledad en ella. Ante la mole y la elevación de los montes, ante su magnitud y sublimidad, ante todo esto que espantaba y ponía triste al romántico, Guillén opone la serenidad del pensamiento lúcido en busca de relaciones, atento a lo que une más que a lo que separa. La Naturaleza es ayuda, favor, concluye en el último verso. Dentro de ella, Guillén se siente amparado y feliz, sin estado alguno de éxtasis, sin ninguna actitud panteísta tampoco.

Estas ideas pueden verse más en detalle en los versos del poema. Por el sentido y por la puntuación se pueden fácilmente formar cinco grupos de versos.

3. Comentario de la estrofa

Grupo 1.° Versos 1-3. Este primer grupo contiene los elementos generales e inherentes a toda montaña del Norte de los Estados Unidos. El *me* del primer verso revela la presencia del autor como objeto de la acción del verbo cobijar, como una especie de sujeto paciente del mismo, y marca desde un principio la superioridad de la Naturaleza sobre el hombre. *Cobija* debe entenderse en los dos sentidos de cubrir o tapar y de albergar o proteger. El *cerrado recinto* es el espacio o lugar en que está situado el pueblecito universitario de Bread Loaf y las montañas circundantes. *A libre cielo* es una versión poética de a cielo abierto, es decir, descubierto, y a la vez una anticipación de las *canteras* del quinto verso, las cuales, en efecto, suelen establecerse a cielo abierto. *Murallas* es metáfora de montañas. Gracias a esta metáfora, las montañas tienen aspecto de igualdad en altura. Lo cual sería poco real. La variación en tamaño se introduce con las *moles,* indicativas de picos fuertes o de las cimas visibles para el poeta. Hay en ellas vegetación, quizá arboledas o, más concretamente, pinares. Como color tenemos un verde oscuro. El poeta utiliza cuantas metáforas necesita para enriquecer su dicción, sin oscurecerla para nada.

Grupo 2.° Versos 4-8. Hay en este segundo grupo vagos elementos descriptivos de un paisaje más concreto que el del grupo anterior. También se aprecia un cierto movimiento inexistente antes. Las cúspides verdes de los montes están grises algunas mañanas. Semejan entonces una cantera. En estos días, el poeta cree andar por un sendero cubierto de niebla matinal. Al disiparse las nubes aparece el valle en su totalidad; es un valle hondo y pequeño comparado con el tamaño y la altura del viento y la montaña. Hasta aquí el poema ha sido altamente metafórico, ahora se llama a las cosas por su nombre y se dice *montaña,* etc.

Tanto en el primer grupo como en el segundo, los versos son puramente descriptivos del paisaje que contempla el autor.

Grupo 3.º Versos 9-12. Se interrumpe el panorama para darnos los pensamientos que se le ocurren al poeta contemplándolo. La *realidad lo es tanto que también al esquivo / circunda compañía.* Esquivo significa aquí retraído, huraño y no desdeñoso o áspero. Las soledades, multiplicadas hasta un número tan grande que podría incluso producir confusión y desconcierto, funcionan favorablemente: ayudan y mantienen alerta al poeta, quien, bien abiertos los ojos y los oídos, agudiza su mente y logra percibir el contorno en que se mueve. Gracias a la compañía de las soledades no se produce el desorden o el caos con que amenazaba su multiplicidad. Se podría observar, sin embargo, aquí un leve eco de la actitud romántica caracterizada por el temor ante la grandeza de la Naturaleza; el poeta lo salva rápidamente y al *término / más desenmarañado del número en tumulto,* que expresa ese latente peligro de desorientación, sucede la calma de las lontananzas puras y familiares.

Grupo 4.º Versos 13-17. Con los montes a lo lejos, el autor trata de aproximarse a ellos y aproximárnoslos a las nubes, estableciendo relaciones entre los tres y añadiendo la fraternal con el sol. Las palabras *familiares, aproxima, fraterna, hermandad,* son significativas de esta compañía buscada y hallada por el poeta. Algunas como *fraterna* o *hermandad* establecen un sentido subjetivo, indican que el poeta vive afectivamente esta relación, lo mismo que había sentido como *íntima* la entereza del valle. *A través de una atmósfera común de frío lúcido* es el medio por el que se establece la antedicha referencia. La atmósfera pertenece a los dos mundos, al humano y al de la Naturaleza. Es fría y lúcida, por un lado, porque el aire de las montañas es frío y terso; por otro, aún más importante, porque las cualidades y el estado de la mente necesarios para poder establecer la relación que persigue el poeta, son la serenidad o desapasionamiento de una parte, la lucidez de otra. Este pensamiento se redondea en el verso 17, donde el autor, manteniendo la ambivalencia del anterior, llega hasta introducir los nombres de dos meses del año, agosto y octubre, para significar con ellos calor o acaloramiento y serenidad o madurez, dándonos, además, el mes en que empezó a trabajar en el poema, el mes de agosto.

Grupo 5.º Versos 18-24. En el último grupo de versos de la poesía volvemos a los elementos del paisaje, pero prosiguiendo ahora, mezclados a ellos, los pensamientos iniciados en el verso noveno y desarrollados desde él en adelante. Tras nombrar los herbazales, el arroyo, la espuma y las peñas, Guillén declara que ahora es aún más amigo *de este mundo compacto.* El pensamiento ha ido creciendo a lo largo del poema y la compañía, hasta cierto punto impersonal, que las soledades establecían, ha aumentado hasta transformarse en amistad con el mundo sólido y duro de los montes. *Más allá de la mente, fuera de la altivez* modifica *mundo compacto* definiéndonoslo como un mundo que existe de por sí, afuera e independiente del pensar del hombre, aparte de cualquier engreimiento u orgullo de éste. En resumen, Guillén insiste una vez más en su idea de que el *yo* no es creador del mundo o de la realidad, que lo otro es siempre mayor que el *yo* y, por tanto, este *yo* no tiene razón alguna para creerse inventor de la realidad ni sentirse orgullosamente endiosado por ello. *En esta elevación que no impide el silencio:* la elevación es, de acuerdo con lo anterior, la elevación de las montañas; un silencio las rodea, que interrumpen las golondrinas del verso siguiente *(—a no ser con un bajo desliz de golondrina)*. Lo único que impide la ausencia de ruido y compensa la altura de las montañas es el bajo vuelo de unas aves. El poeta llama al vuelo *desliz.* No pensó, me dice, en *desliz* como pecado. La palabra resulta afortunada porque permite añadir una mota de culpabilidad a las volanderas golondrinas que osan romper la calma y el silencio del paisaje.

La función de la golondrina consiste en integrar lo abstracto e intelectual de la descripción de la montaña con lo concreto y afectivo del *desliz* del pájaro. Esta mezcla es bien característica del estilo de Guillén. Por lo demás, el ave becqueriana tiene visos de favoritismo en *Homenaje,* donde sirve de tema a «Las golondrinas» (pág. 88), «Misterio de golondrina» (página 541) y a «Cinco o seis golondrinas» (pág. 559), y de motivo a «El arzobispo de Constantinopla» (pág. 489). Otros pájaros de *Homenaje* están en «Dos cisnes de Adriano» (página 164), «Paloma y pez» (pág. 165), en «Cómo canta» (página 501) y en «Las gaviotas innumerable» (pág. 589).

Hay una fauna abundante y variada en los libros de Guillén. Una mirada a su obra nos revela que los animales, como tema o motivo poético, ocupan mayor lugar después del primer *Cántico.* Ello es consecuencia natural de la progresiva ampliación de la realidad efectuada por nuestro poeta a partir al menos desde la última edición de *Cántico,* donde ya se incluyen hasta los más bajos de la realidad, como los numerosos insectos de «Tiempo libre», y se llega a los ínfimos, como la polilla, de *Clamor.* Ejemplos de la inclusión de los animales más variados en la obra de Guillén los hallará el lector en los poemas siguientes: «El asno» *(Homenaje,* pág. 107), «Estatua ecuestre» y «Unos caballos» *(Cántico,* págs. 223 y 227), «La estatua más ecuestre. El caballito» *(Maremágnum,* pág. 124), «Romano Bilenchi. La fuente» y «El arzobispo de Constantinopla» *(Homenaje,* págs. 470-473 y 484, con caballos también), «Ciervos sobre una pared» *(Que van a dar en la mar,* pág. 145), «Sospecha de foca» *(Homenaje,* pág. 151), «Muerte en la escuela» y «El más pueril», ambos sobre gatos *(Que van...,* págs. 57 y 134), «Gatos en Roma» *(A la altura de las circunstancias,* página 139), «El gato y la luna», «Comunidad» (lagartija) y «El viejo frente al lagarto» *(Homenaje,* págs. 404, 534 y 449), «El gorila» y «El mastodonte» *(Maremágnum,* págs. 57 y 173), «Luciérnaga» y «Hormiga sola» *(Que van...,* págs. 77 y 78), «Las nunca invitadas» (las moscas), «Las cigarras», «Los grillos», «Movimiento continuo» —el de la mariposa— *(Homenaje,* págs. 197, 539, 546 y 530) y «Polilla» *(A la altura...,* página 76), «Perro» *(Cántico,* pág. 311), «Perros vagabundos», «La anguila» *(Homenaje,* págs. 220 y 468-469), «El jardín de los coquíes» —ranitas ínfimas— *(A la altura...,* págs. 166-167), «La tortuga», que aparece también en «Animales» *(Homenaje,* págs. 525 y 77), y el largo poema «Cara a cara» *(Cántico,* págs. 514-523), en donde al principio hay una referencia a los tigres. Recuerdo también algún toro, pero no como tema (véase el trébol que empieza *Soy clavel si eres jardín),* y el lobo de «Las tentaciones de Antonio», ambos en *A la altura...,* páginas 89 y 116.

La función de estos animales viene a ser la misma asignada a la golondrina de «Entre las soledades», con una diferencia derivada del tono del libro en que aparecen. Si es en *Cántico,* los animales están sobre todo puestos para compensar lo conceptual con lo afectivo, lo abstracto con lo concreto dentro del poema mismo. Naturalmente, hay alguna excepción. En *Clamor* y en *Homenaje* parecen combinar igualmente esto, pero dentro del tomo y las partes de éste.

En *¡Amplitud entre las soledades!* se eleva al máximo el clímax del poema. Altamente metafórico de nuevo, el autor nos repite, más poético aún, cómo la Naturaleza en su variedad es compañía para el hombre entre las soledades del campo y la montaña. El movimiento exclamativo expresa la jubilosa admiración, el gozo del poeta al comprobarlo.

B) **«OTOÑO, CAIDA»**

(*Cántico,* 1945).

1. FECHA, LUGAR, ESTROFA, VERSO Y TEMA

Guillén hizo estos versos en el otoño de 1941, durante los meses de septiembre y diciembre. Estaba entonces en Wellesley. Allí los corrigió cuatro años más tarde, exactamente el 10 de mayo de 1945.

«Otoño, pericia» y «Otoño, caída» están agrupados bajo el título de «Otoños» en la edición de *Cántico* de 1950, págs. 188-190, mientras que en la de 1945 ambas poesías se presentan sueltas y se intercala entre ellas «Aguardando» [2]. En el *Cántico* final, este último poema, por cierto de alto sabor machadiano, sigue a los de «Otoños» y aparece separado de ellos por tres composiciones. «Otoño, pericia» es de los primeros poemas de Guillén, quien cree recordar haberlo publicado en la revista *España,* antes de hacerlo en el primer *Cántico* (1928).

«Otoño, caída» está compuesto en forma de pareados asonantes de endecasílabos y pentasílabos, modelo usado por Guillén en alguna otra composición suya —en «Primavera delgada», por ejemplo—, organizados en grupos de seis pareados; en total hay cinco grupos de éstos; es decir, treinta versos. En

[2] *Cántico,* pág. 198-199 (edición de 1950).

lo último que ha escrito Guillén hay muchas menos poesías con asonancia, hay o más consonancia o más verso blanco; en cambio, en *Cántico,* al principio de las ediciones, hay mucho asonante. Parece ser lo que domina, no solamente en la forma de romance, que es la general, sino en toda otra clase de formas. «Ahora —me declaró Guillén una vez en 1966— lo hago muchísimo menos. Alguien me dijo en cierta ocasión que la rima asonante no se oye lo suficiente: sólo se percibe bien cuando tiene la insistencia de la forma del romance. Yo creo que no, que se oye perfectamente. Cuando uno dice *y el soñador y el sol, predestinados / por tanto hallazgo* hay una rima que, aunque imperfecta, me parece bastante para el oído.» El primer grupo de pareados da el esquema de rima para todo el poema: establece las rimas *ao* (versos 1 y 2) que se repetirán en todos los otros grupos, y fija la de los versos 5 y 6, que será una rima aguda y diferente en cada grupo. En «Otoño, caída», la ligereza y la flexibilidad de la asonancia van muy bien con la levedad y el dúctil movimiento de las hojas al caer, uno de los asuntos del poema. Lo mismo sucede, en general, con lo mínimo de la estrofa y la contigüidad de rimas. La alternancia del verso de once sílabas con el de cinco, usada en la poesía, contribuye maravillosamente a expresar, por un lado, el vuelo de las hojas al ser arrastradas por el aire —o los años por el tiempo—, y por otro, el golpe de la caída y la subsiguiente paralización.

El título de la composición es ambiguo y está inspirado en la palabra inglesa *fall,* otoño, caída, con un verbo *to fall* que significa caer. La caída en el poema de Guillén es la de las hojas, con lo cual la ambivalencia se hace más rica. El lugar de la acción es de nuevo el *campus* del Colegio de Wellesley.

El tema, como empecé a indicar, es el otoño norteamericano. El otoño y la caída de las hojas, momento de la Naturaleza melancólico por excelencia —quizá por ello entre los dos «Otoños» de la edición de 1945 interpuso Guillén su extraordinario «Aguardando»—, tienen su ambiente especial. El poeta nos da los diferentes estados y efectos de la luz, los cambios de aspecto de la flora, la instantánea otoñal del lago del Colegio, surcado por las barcas de unas estudiantes. (La Educación Física, asignatura obligatoria en muchos colegios norteamericanos, incluye el deporte del remo, practicado sobre todo en otoño en Wellesley, puesto que en invierno el lago se hiela y sólo sirve para patinar.) Al final del poema, el poeta manifiesta el exaltado asombro que la visión del campo produce en su ánimo. He dicho poeta y tengo que rectificar, porque esta vez el autor es el héroe del poema, como ya habrá observado el lector.

2. Al borde de lo prohibido, del ensueño

La composición es otra composición de movimiento, casi cinematográfica. La cámara podría ir señalando fácilmente el paseo del protagonista. Pero éste no es ahora el poeta, sino un tercero; con lo cual se consigue un punto de vista más distante e impersonal, un desprendimiento del autor de su tema, una mirada hasta cierto punto más lúcida y comprensiva. Estos son los efectos de esa tercera persona verbal elegida para escribir «Otoño, caída» y responden a designios particularmente artísticos de Guillén. Podría señalarse como causa de la omisión de la primera persona en el poema el hecho de que el protagonista es un *soñador.* ¿Puede soñar el poeta?[3]. ¿Cómo soñar y ver como está viendo y contemplando en «Otoño, caída»? No, al autor no le gusta soñar, le disgusta, le medio avergüenza dejarse sorprender en su *rêverie.* Mas aun en estado mínimo de ensueño se nos da la compensación. Se trata de un soñador que está *atento,* no de una persona demasiado distraída; desde luego, no de una persona absorta, sino de un caminante alerta al mundo otoñal en el que se encuentra. Sea como sea, el poeta no ha querido que le veamos en el más ligero estado onírico y se ha defendido de nuestra impertinente mirada refugiándose en la tercera persona verbal.

En contraste con esta actitud, resulta curiosa la que se observa tanto en «Otoño, pericia» como en «El otoño: isla», este último seguramente también muy del principio de la carrera poética de Guillén. En ambos abundan las exclamaciones, inexistentes en «Otoño, caída», y el punto de vista que usa el autor es el de la primera persona verbal, si bien bastante mitigado: no dice nunca *yo,* sino *me* o *mí,* y las alusiones

[3] Comento la actitud de Guillén ante el soñar —despierto o dormido— en las págs. 182-183, 193-196 y 202-204 de este libro.

a este centro gramatical de la persona del poeta figuran exclusivamente en las últimas estrofas de cada poema, en la final de «Otoño, pericia» y en las dos terminales de «El otoño: isla». Si tuviéramos que pronunciarnos por uno de estos tres otoños a la vista, yo lo haría por «Otoño, caída», a pesar de la magnífica escena de vendimia española de «El otoño: isla» *(Cántico,* pág. 78), tan lopesca en las redondillas segunda y tercera, y el caballo, a lo Lope también o a lo Lorca, de la final (página 79). El arte de «Otoño, caída» está en su plena madurez, mientras que el de los otros dos «Otoños» está todavía en su primavera.

Homenaje (pág. 162) contiene un poema de otoño, «Visto y evocado», donde Florencia y Wellesley están yuxtapuestas en el alma del poeta. Presenta, además, la particularidad de expresar sintéticamente, por medio de números, el caer insistente y repetido de las hojas, de medirlo, a diferencia del vago caer de «Otoño, pericia», rápida y terminantemente; pero el participio de presente compensa, con la lentitud de su acción progresiva, lo decisivo de la medida numérica: *Amarillas, cayendo van las hojas, / una por una, cada diez segundos.* Por lo demás, continuidad de tema, unidad de obra.

3. Comentario de estrofas

Los versos van en grupos de seis pareados y hay cinco grupos. Coinciden la unidad rítmica con la sintáctica: hay un punto final después de cada grupo. Seguiré el sistema de grupos y llamaré grupo primero al de los pareados 1 al 6; segundo, al de los pareados 7 a 12, y así sucesivamente hasta el pareado final, el número 15 a 30.

Grupo 1.º *Caen, caen... cae.* El verbo inicia la oración del primer verso y del primer grupo, e inicia igualmente el poema. Con la repetición se señala la importancia de la acción de caer, anticipada ya por el título. El verbo se repite con pertinacia, acentuando aún más la acción: se machaca duramente con él tres veces en el primer verso. Guillén elige la firmeza de la repetición, prefiere su sequedad, a la brillantez elegante del sinónimo —en realidad siempre pobre—. Porque supongamos que el poeta hubiera dicho «desprenderse» en lugar de «caer».

¿Hubiera logrado algo? En este caso, creo que no. Porque hay en caer algo claro, seco, fatal, que no se encuentra en desprender o desprenderse. Compárese la caída del Hombre con el desprendimiento de la cruz, ejemplos elegidos a propósito por lo alejados del sentido, pero que nos ayudan a aclarar la cuestión. Sentimos bien cómo *caen, caen los días, cae el año / desde el verano,* sentimos el precipitarse del tiempo, el caer de los días *desde* un punto más alto, el *verano,* sobre uno más bajo, *el suelo mullido por las hojas* caídas de antemano. Adivinamos y reconocemos detrás de todo esto el caer de las hojas —las del calendario, y en este sentido, desprender, despegar o arrancar podría haber sido usado—, recordamos el caer de la bola del reloj de Gobernación de la Puerta del Sol madrileña marcando el fin de año, evocamos otras caídas con el mismo significado a que alude la del título del poema comentado y, por más que se busca, no hallamos nada mejor que lo que dice el poeta, caer. Tampoco parece encontrarlo él, porque en el cuarto verso vuelve a repetir este verbo, insistiendo aún más: *cae el aroma / que errando solicita la atención del soñador.* Es evidente, desde el título: lo que penetra obsesionantemente es este caer, sin duda asociado irreparable e inseparablemente con la idea de otoño. El aroma —en esta estación del año más decaído— se extiende y llega hacia el soñador. Queda explicado anteriormente lo insólito del soñador o la presencia de soñadores en *Cántico,* y dejo, por tanto, libre al lector para que elabore por su cuenta sobre este hecho.

Grupo 2.º El soñador va a pie —«acto en América casi precolombino, porque eso lo hacían sólo los indios aquí», me decía Guillén, riéndose—, contemplando despacio cómo cae *(se posa) en los amarillos de la flora / la luz...* Son las hojas de ciertos árboles y de algunas plantas que al comenzar el otoño cambian de color y dan al paisaje ese tono amarillo. Las habrá al final del poema que se tornarán cobrizas, rojas: son las de los arces. La luz está *reconcentrada ya en la claridad / de un más allá,* es decir, con la caída de unas hojas, los árboles permiten ver mejor por entre las ramas, y con el cambio de color se aclara el fondo del paisaje, se ve más a lo lejos, se amplía la perspectiva. Conviene advertir que este *más allá* no tiene que ver para nada con un más allá metafísico, religioso ni sobrenatural, se trata sencillamente de una distancia física indicativa de lejanía igualmente física, de espacio, de ambiente.

Grupo 3.º El otro término de distancia, el *más acá,* aparece al punto en la composición: indica ahora el poeta lo inmediato. Gran parte de *Cántico* es precisamente poesía de lo contiguo, de lo cercano, de lo presente y de la presencia. Para Guillén, lo lejano en el espacio o en el tiempo, lo ausente y la ausencia no son temas predilectos. La poesía del aquí y ahora es más difícil de hacer, y, por tanto, más meritoria que la que sólo tiene que habérselas con el pasado o el futuro, con lo remoto, imposible o ideal, términos que denotan conceptos sin conformación tan exacta como el presente y lo inmediato: y, sin embargo, eso que hoy está aquí al alcance de la mano, no parece tener, por definición, prestigio alguno. De ahí provienen las dificultades especialísimas con que tropiezan los artistas del término inmediato, de la presencia. En «Otoño, caída» los obstáculos son mayores, puesto que nuestro protagonista es un soñador que, aunque alerta, camina un poco ausente dentro de su *rêverie,* se mueve —por unos instantes únicamente, porque bien pronto lo vemos situado en la realidad— entre dos mundos distintos.

Más acá se difunde por la atmósfera / casi una gloria / que es ya interior... tan íntima... / tan dulcemente abandonada al sol / del peatón. Estos fragmentos los elijo para demostrar el predominio de elementos subjetivos. Se puede ver claramente que la casi gloria es interior, íntima, dulce, confiada, porque el otoño ha sido asumido y vivido por el hombre. Él lo ha hecho interior, le ha añadido alma, convirtiéndolo así en intimidad. Resulta con ello que la objetividad medio impersonal de la tercera persona verbal del soñador no lo era ni lo es del todo. (Notemos al propio tiempo que tampoco se trata de *un* soñador cualquiera, sino de *el* soñador). El elemento subjetivo no se elimina, el autor no desaparece por completo, hay un protagonista que se relaciona con los objetos a su alrededor. No bastan éstos solos, de por sí, necesitan al hombre y al corazón humano. La dulzura, el abandono, la paz y la tranquilidad del ambiente se nos dan a través de la sensibilidad del hombre. La gloria se le entrega dulcemente —*al sol del peatón,* es decir, al mundo, en este caso en *rêverie* del hombre a pie— para que la vea y la sienta, incluso para que llegue a soñarla. Pero ya en estos versos queda poco lugar al ensueño, ya el poeta anuncia con la voz *peatón* que marchamos por caminos bien reales.

Grupo 4.° Este conjunto de versos nos presenta la imagen otoñal que ofrece el lago de Wellesley College en los primeros meses de curso. El poeta sitúa en él lo que la vida le ha ofrecido a los ojos tantos años, unas embarcaciones ocupadas y movidas por unas muchachas que están remando. La estampa es tan real y tan bonita que podría convertirse en un magnífico anuncio, base de pingües beneficios comerciales, si en lugar de una institución docente estuviéramos tratando con gente de negocios. Se nos presenta un serio problema con estas muchachas deportistas: son *apariciones que a los sueños dan / cuerpo real.* ¿Qué es lo que debemos entender por *apariciones?* ¿Fantasmas? Tratándose de lo que se trata, esta interpretación me resulta imposible. Para mí son muchachas que están allí de verdad y cuya presencia real vale más que todos los sueños que la mente pueda inventar. Es aquí donde todo lo que pudiera haber de ensueño se plasma en realidad, gracias sobre todo a esas apariciones sobre el lago. Porque *aparición,* en el mundo de Guillén, significa siempre aparición física, natural. El sentido puede comprobarse en muchos de sus versos; por ejemplo, en éstos de «Más allá», IV, *Cántico,* página 21: *Y ágil, humildemente, / la materia apercibe / gracia de Aparición: / esto es cal, esto es mimbre.* En sus comentarios, me dijo una vez Guillén: «Lo extraordinario —y lo digo con todo respeto— no es que se aparezca la Virgen de Lourdes a Bernardette, porque en el mundo de los milagros lo milagroso es lo natural, lo extraordinario es que en el mundo normal se nos aparezca esta silla, esta ventana.» Físicas y naturales, las apariciones de «Otoño, caída» entrañan un leve valor, modo o analogía con la aparición sobrenatural. Quiérase o no, hay una ligerísima comparación o equivalencia con ellas. Por necesidad poética, podríamos decir. La connotación es imposible de evitar en nuestra lengua por el poso de la poesía romántica, sin hablar de otros estilos que también vendrían a cuento. Y con la connotación va una cierta ambigüedad, interesantísima, si pudiéramos probar que el autor está intencionadamente usando *real* y *cuerpo real* en el sentido de superior (águila real), muy hermoso (una real moza), o de primer orden (camino real), y aplicándoselo a las muchachas embarcadas, apariciones o presencias reales y, por ello, milagrosas y sorprendentes, que dan sustancia a los sueños; es decir, que los hacen verdaderos. Tendríamos entonces que la belleza de las muchachas sobrepasa la de cualquier sueño, los destruye porque los convierte en realidad. Dicho a lo Machado: «También la verdad se inventa.» *Cuerpo real* significaría, pues, el de las muchachas y el de los sueños, que, en fin de cuentas, viene a ser lo mismo en el poema.

Grupo 5.º Por *sol* debe entenderse, como antes, mundo y, un poco quizá también, trasmundo como ensueño. *Predestinados / por tanto hallazgo:* Con *predestinados,* con *casi gloria* y con *divinos,* como con *apariciones,* se mantiene el eco sobrenatural que resuena al fondo del poema y que empezó con la palabra *soñador* y culminó con *apariciones.* El sentido de *gloria, predestinados, divino,* es, sin embargo, exclusivamente laico. El soñador y su mundo —*el sol*— han sido elegidos por la Naturaleza —el otoño— para gozar de la gloria aquí y ahora, para exaltarse (nótese cómo perduran hasta el final los términos subjetivos) ante el espectáculo asombroso de la luz, del color y del aroma del otoño (concretísimamente a lo último de la composición), ante las frondas cobrizas, rojas, de los norteños arces, cuyas hojas antes de caer cambian de color, se sostienen largos días en las ramas y dan así al follaje el esplendoroso colorido tan característico de Nueva Inglaterra caído ya el verano. Son los mismos arces rojizos contemplados por el emigrado en Nueva Inglaterra mientras sueña con los chopos dorados y trémulos de Castilla en octubre («Un emigrado», *Maremágnum,* pág. 179). Son los arces de noviembre, con *sus ramillas desnudas / a medias, / entre las ya desparramadas hojas / y las aún pendientes del ramaje,* por entre los cuales pasea y piensa el poeta en el otoño invernizo de «Por de pronto» *(Que van a dar en la mar,* págs. 166-169), por entre los cuales afirma, una vez más, el valor *por de pronto* de este mundo real. Es el otoño de Guillén, tema que, como se habrá visto, persiste en su obra hasta el final de la misma.

V

«A VISTA DE HOMBRE»

(*Cántico,* 1950)

1. Fecha, estrofa, verso y tema

Aunque este poema se originó en la ciudad de Nueva York, en la habitación de un hotel donde Guillén apuntó algunas ideas y sensaciones, fue escrito, sin embargo, en Wellesley, y el trabajo le llevó al autor bastante tiempo. Lo empezó en dicha localidad en los días 27-30 de agosto de 1946, lo continuó del 13 al 16 de septiembre, y siguió escribiéndolo el 12 y del 15 al 18 de diciembre del mismo año. Luego lo reanudó al siguiente, a bordo del «Normandie», camino a París, el 23 y 24 de junio, y lo continuó, ya en París, los días 10 y 11 de julio. Lo retocó en Wellesley el 20 de septiembre del año 1948, el 29 y 30 de enero de 1949, y lo dio por terminado el 2 de mayo de 1949, a tiempo, pues, para la última edición de *Cántico.*

Es una especie de oda que contiene, aproximadamente, 53 endecasílabos, 43 heptasílabos, una veintena escasa de alejandrinos, como media docena de trisílabos y otra media de pentasílabos. La rima es consonante y la estrofa no tiene número fijo de versos. El poema está dividido en cinco partes desiguales en longitud, pero no en importancia. Tiene once estrofas.

2. Correlaciones. Continuidad de obra

«A vista de hombre» es el último poema de la segunda parte de *Cántico,* titulada «Las horas situadas» en honor de Fray Luis de León *(Da el hombre a su labor sin ningún miedo / las horas situadas)*. La primera de las composiciones de esta parte se llama «Paso a la aurora». Conociendo el modo que tiene Guillén de ordenar sus poesías, «A vista de hombre» habrá de mantener alguna correlación con «Paso a la aurora». La mantiene, en efecto. Sabido es que entre la larga serie de correlaciones en las poesías de *Cántico* hay una que consiste en colocar los poemas en el libro según el momento del día a que hacen referencia. *Cántico* está estructurado en jornadas. En este sentido, el primero y el último poema de «Las horas situadas» están en perfecta correlación, puesto que «Paso a la aurora» trata del alba y «A vista de hombre», de la noche, ocupándose éste totalmente de la ciudad y aquél también, aunque sólo en parte. Guillén es muy sistemático en la forma de ordenación en jornadas de los poemas de *Cántico,* los arregla siguiendo el orden de la Naturaleza y de la vida: va de la primavera al verano, de éste al otoño, después al invierno; va de la mañana al mediodía, a la tarde, a la noche; de la luz a la oscuridad, del despertar al sueño o muerte chiquita (incluso, hablando en sentido figurado —que en algunos poemas es directo— de la vida, materia orgánica, esencia, al desbarajuste del caos, de la nada, del accidente). En general, esta misma sucesión de forma la usa también en cada una de las divisiones o subdivisiones del libro y, llegando al final de cada una de éstas, el poeta recomienza las siguientes en el mismo orden. Veamos brevemente cómo lo hace, además de en «Las horas situadas».

La 1.ª parte de *Cántico,* «Al aire de tu vuelo», comprende tres secciones: I, II y III. I empieza con «Más allá» —despertar, la mañana—; II, con «Alborada», y III, con «Cuna, rosas, balcón» —recién nacido, alba—; los poemas finales de cada sección son, respectivamente: «Advenimiento» —luna—, «Descanso en jardín» —*los muertos están más muertos / cada noche*— y «Salvación de la primavera» —la aurora, la mañana, el mediodía, la tarde y su caída, el crepúsculo y, creo, hasta la noche, las estrellas y la luna se funden en la Amada— *(Cántico,* págs. 16-25, 50, 68, 47, 65 y de 93-103, especialmente la página 103). La 3.ª parte del libro, «El pájaro en la mano», tiene cinco divisiones. Todas comienzan con la madrugada o el despertar y acaban con la noche o el sueño: I empieza con «A eso de las cuatro»; II, con «Fe»; III, con «Amanece, amanezco»; IV, con «Buenos días», y V, con «El viaje» *(Cántico,* págs. 222, 246, 262, 286 y 302), terminando respectivamente con «El querer», «Sin embargo», «Sueño abajo», «Los fieles amantes» y «Madrugada vencida» *(Cántico,* págs. 243, 259, 283, 299 y 325). «Sin embargo» es una oposición o debate entre *la dicha a toda luz* y el dolor, *largo, muy gris entre dos luces,* y linda con «Afirmación», que va precedido de dos poemitas claramente nocturnos: «Amor dormido» y «Avión de noche» (pág. 258 los tres). El título de la 4.ª parte del libro es «Aquí mismo». Comienza con «Los balcones del Oriente» y termina con «Amistad de la noche» *(Cántico,* págs. 329-332 y 438-411). La 5.ª parte es «Pleno ser», dividida en tres secciones y, naturalmente, ajustadas al mismo patrón de las anteriores. La sección I va desde «Mundo claro» a «Caminante de puerto, noche sin luna», la II comienza con «Del alba a la aurora» y acaba con «Contrapunto final» (precedido, como «Sin embargo», de dos composiciones explícitamente nocturnas, «Noche planetaria» y «Esta luna»), y la III empieza por «El aire» y termina con «Cara a cara» *(Cántico,* págs. 446-452, 453-457, 460-461, 504-505, 502-503, 508-513 y 514-523).

Sería absurdo pensar y mucho más absurdo decir que con esta idea del principio y fin de las partes y secciones de *Cántico* se está simplemente calcando el orden de la Naturaleza, el ritmo del hombre, la alternancia, en fin, de luz y oscuridad en su sentido más lato y figurado. Aun así y todo sería insuficiente. La poesía de *Cántico* es mucho más que correspondencias y correlaciones, es mucho más que dibujo, arquitectura, música o color. *Cántico* es Idea. «El aire», por ejemplo, es de tema difícil y complejo. El aire es ambiente y transparencia [1], como en Velázquez, pero no se trata, en ninguno de los dos artistas, solamente de vencer una dificultad técnica. En Guillén no es que se quiera solamente pintarnos el aire, sino que se busca darnos captada la idea del aire; por eso el aire aparece como realidad, como vida, como una cosa con la que hacemos algo y en la que estamos fatalmente inmersos. En el sentido de Guillén, este aire es principio, esencia, positivo, luminoso y bello. Por todo el poema «El aire» se respira esa brisa cristalina, ese *aura dorada* que es la vida para un protagonista sano en un mundo a plomo. Es un aire benéfico, armonioso, apacible, un aire de paz. En contraste con esto tenemos el aire de «Cara a cara», donde es «lo otro: viento triste / mientras las hojas huyen en bandadas», como dice Federico García Lorca en el epígrafe al poema. En «Cara a cara»,

[1] En «Aire en torno» es espacio, y éste, adorno único de los rascacielos de Nueva York *(Homenaje,* pág. 577).

poema con que finaliza *Cántico,* se ha declarado el estado de alarma en un mundo que aparece oscuro y desollado, sitiado y agredido, doliente y doloroso: el azar se ha quebrado en disonancias. El aire es *cruelmente blando,* o inasequible para una humanidad que gime en el calabozo *(a la vista siempre el aire / tan ancho tras los cerrojos).* Lo que impera es el mal, el dolor, el bronco accidente, en suma. La composición empieza con una tormenta física y su descripción: nublado, truenos, relámpagos, oscuridad, *cárdenos dolorosos* —tempestad figurada y transitoria, porque de lo que se trata en realidad y a fondo es del triunfo momentáneo del mal; es decir, del accidente—. Mas Guillén se mantiene aquí también fiel a su filosofía de fe en la esencia. «Cara a cara» es un símbolo más de esta fe, una declaración final de sus artículos, otro «pronunciamiento» más por la esencia y en contra del accidente. *Creo en un coro / más sutil, en esa música / tácita bajo el embrollo,* nos declara el poeta. *Entre tantos accidentes / las esencias reconozco,* confirma más adelante. *¿Lo demás? No importe. Siga / mi libertad al arroyo / revuelto y dure mi pacto, / a través de los más broncos / accidentes, con la esencia,* concluye de momento *(Cántico,* págs. 520, 521 y 523). El protagonista de «Cara a cara» defiende sus posiciones con tesón físico y vigor intelectual. Resiste incólume las violencias enemigas. En efecto, en cada una de las cinco partes de la composición se hallan versos tajantes, porfiadamente tercos, en los que se afronta el estado de alarma, se acepta el reto del accidente y se arrostran las consecuencias de este plante. Son los últimos versos de las partes I, II, IV y V, y otros de la mitad de la sección III: *Pues... aquí estoy. Yo no cedo. / Nada cederé al demonio,* (fin de la sección I). *No cedo, no me abandono* (fin de la sección III). *Heme ante la realidad / cara a cara. No me escondo, / sigo en mis trece. Ni cedo / ni cederé, siempre atónito,* (fin de la sección IV). Y éstos, finales de la sección V y de todo el poema: *No soy nadie, no soy nada, / pero soy con unos hombros / que resisten y sostienen / mientras se agrandan los ojos / admirando cómo el mundo / se tiende fresco al asombro (Cántico,* págs. 515, 517, 518, 519 y 523).

Tenemos, pues, que en «Cara a cara», como en otros poemas de *Cántico,* el arma de ataque esgrimida por el poeta es la Idea y la voluntad; el escudo defensor es la realidad, vista o buscada en su totalidad. A veces, como al tratar de la vejez o de la muerte, la resistencia adopta forma de resignación heroica. Pero en todo caso la continuidad de esta actitud filosófica o espiritual de Guillén prevalece en toda su obra. Reléanse, verbigracia, los poemas «Con los ojos abiertos», «Suma tiranía o «El cuento de nunca acabar» *(Homenaje,* págs. 187, 545, 590-593) para apreciar la constancia y firmeza de esta posición intelectual de nuestro poeta.

En cuanto a la estructura en jornadas de *Cántico,* Guillén la mantiene, sin forzarla, en *Claro* y, más débilmente, en *Homenaje,* donde, si bien no se aplica casi este procedimiento, a veces, por el decidido gusto que tiene por él el autor, hay secciones que contienen al principio algo de amanecer o de mañana y al final poesías de noche. Es, por tanto, un definido plan de composición de *Cántico* y de la obra posterior de Guillén, plan que a veces pasa inadvertido y que prueba otro aspecto de la continuidad de la obra. Guillén, además, insiste clarísimamente en su método, y con esta insistencia está dándonos a entender y a sentir algo importante para él. Lo que se percibe como resultado del logro del autor es que estas jornadas constituyen otra «forma cerrada» más a añadir a las ya numerosas de *Cántico;* esto en primer lugar. En segundo, que son jornadas que se viven en realidad a medida que se avanza por el libro. Mas volvamos a «A vista de hombre» y «Las horas situadas».

A estas «Horas situadas» pertenecen también «Tiempo libre», «Entre las soledades» y «Otoño, caída»; mientras que en la primera parte de *Cántico,* dividida en tres y precedida de unos versos de San Juan de la Cruz *(por el otero asoma / al aire de tu vuelo)* que dan título a esta primera sección, se encuentran «Las soledades interrumpidas» y «Vida urbana», aquélla en la primera subparte, ésta en la tercera y final. Existe, pues, aquí la misma especie de correlación.

Hay en «A vista de hombre» más de un aspecto y más de un verso que anticipan versos y actitudes más desarrollados en los libros posteriores de Guillén, y que vienen a probar la continuidad de su obra. No podía nuestro autor haber pensado entonces en *Clamor,* y, no obstante, la visión de un mundo confuso, contradictorio y desordenado de algunos versos de «A vista de hombre» nos hace pensar en *Maremágnum.* Esta observación, por otra parte fácil de ampliar a otros poemas de Guillén, pero que voy a dejar limitada aquí a lo señalado, me lleva a sumarme a la posición de los comentaristas de Guillén, que niegan la ruptura de ideas o las dos épocas diferentes de nuestro poeta. Como es bien sabido, algunos críticos (Cernuda y Castellet) han sostenido que existen aquéllas y han calificado a *Cántico* de libro estetizante y formalista del que Guillén se ha redimido gracias a *Clamor* [2]. Esta tesis ha sido fácilmente rebatida, desde que apareció, en libros y en artículos, y después de los trabajos de los años 60 es ya del todo insostenible. Eran éstos: el de Emilia Puceiro de Zuleta Alvarez, en Argentina [3], que ha sistematizado la trayectoria temática de *Cántico* y *Clamor* marcando su coincidencia y continuidad; el de Pierre Darmangeat, en Francia [4], quien se ha ocupado, con el mismo propósito que la señora Zuleta, del desarrollo de las mil y pico de páginas de poesía de Guillén; el de Andrew P. Debicki [5], que ha estudiado en los Estados Unidos ciertos procedimientos de Guillén en *Cántico,* con los cuales el poeta logra integrar allí los mismos complejos valores humanos de *Clamor* (lo concreto y lo abstracto, la inmediatez física y la implicada visión de lo absoluto, las sensaciones y las abstracciones, lo intelectual y lo humano), y los ya citados de Eugenio Frutos, para quien *Clamor* es la natural expansión y elevación de *Cántico* [6]. Se ha demostrado así que *Cántico* y *Clamor* contienen los mismos temas, las mismas actitudes y los mismos procedimientos estilísticos, es decir, que hay un solo poeta y un solo libro. Lo mismo nos dicen las últimas páginas de *Homenaje,* en las que Guillén da por terminada su obra. La única diferencia entre los libros de Guillén es que unos temas, sobre todo los negativos, como el desorden, la injusticia, etc., se desarrollan algo más después de *Cántico,* pero aquí están

[2] Un buen resumen de la polémica y una buena bibliografía sobre su estado nos la da Andrew P. Debicki en «Jorge Guillén's *Cántico*», en *PMLA,* tomo 81 (octubre), año 1966, págs. 439-445.

[3] «La esencial continuidad del *Cántico.* Perspectiva actual de la obra de Jorge Guillén», en *Universidad,* Universidad Nacional del Litoral, Santa Fe, Argentina, núm. 48, 1961, págs. 67-105.

[4] «De *Cántico* à *Clamor* ou la continuité d'un poète», en *Mélanges à la Mémoire de Jean Sarrailh,* 2 tomos, Centre de Recherches de l'Institut d'Etudes Hispaniques, París, 1966, I, págs. 291-298.

[5] *Op. cit.*

[6] *Creación...,* pág. 329.

también, aunque sea con carácter de fondo o simplemente secundarios. *Clamor* no se opone a *Cántico,* ha confirmado también Concha Zardoya [7].

3. Metrópoli a vista de hombre

El título de «A vista de hombre» está hecho evidentemente sobre la expresión «a vista de pájaro» y corresponde bien a las circunstancias del poema.

El motivo que le sirve ahora a Guillén para dar su visión del mundo y del hombre es la ciudad. En suma, la máxima realidad que en determinada circunstancia le es dado absorber al autor. Porque esta ciudad es tan parte de la realidad como lo era aquel *campus* de un colegio americano o aquellas montañas en las que estaba enclavado el otro.

En «A vista de hombre» es de noche. Hay poca luz y poco color; sólo las luces de tráfico, las de los anuncios eléctricos, las de las farolas de la calle y los faros de los coches. Ha llovido y sobre el pavimento se ven tonos morados y rojos. Hay transeúntes, gentes, muchedumbre, hay el Hombre, pero no como persona o individuo. Si acaso, el poeta, quien se expresa esta vez directamente en primera persona. En la oscuridad de la noche no podrían verse, si los hubiera, cuerpos distintos, caras personales, andares, trajes, sombreros. No los hay de todos modos. Tampoco hemos encontrado este mundo concreto en los otros versos de Guillén, a lo más, un leve indicio de que una de las muchachas de «Tiempo libre» tenía el cabello de color diferente de la otra. No, no ha habido detalles físicos en las personas; en cambio, ¡qué rigurosa escrupulosidad al describir las cosas! ¿Es que a Guillén no le interesan las personas? Imposible. Lo que pasa es que las coloca en su lugar: dentro del Mundo, formando parte de él, pasando fugazmente por la Tierra, luchando con ahínco, con esfuerzo, con amor, pero sin llegar a ser el Dios del universo. Hay igualdad perfecta y hermandad entrañable entre el hombre y las cosas, nos hace sentir Guillén en muchos de sus versos. Con su poesía

[7] «*Clamor I:* Stylistic Peculiarities», en *Luminous Reality. The Poetry of Jorge Guillén,* ed. by Ivar Ivask and Juan Marichal, Norman, Oklahoma, University of Oklahoma Press, 1969, pág. 145.

nos damos cuenta de que las cosas de nuestro alrededor tienen tamaño y valor iguales al nuestro, que son nuestras compañeras, que son nuestra compañía. ¿Esto nos empequeñece? No, porque lo que hace Guillén es elevar las cosas hasta nosotros; no nos hace descender hacia ellas. Tiene buen cuidado de humanizárnoslas y embellecérnoslas para que nos sean aceptables, pero sin deshumanizar, «cosificar» o afear al Hombre. De ahí que la prosopeya sea, como queda dicho, uno de sus recursos estilísticos: con la personificación, Guillén obtiene para las cosas (y para los animales que hay en su poesía) un rango de primera categoría. Ahora bien, muy humano y muy rico en vitalidad hay que ser para poder humanizar y vivificar el mundo de las cosas. Guillén nos prueba que posee, en efecto, un rico caudal de humanidad y que sabe gastárselo con rumbo rayano en el derroche. En «A vista de hombre» hay esa personificación de varias cosas de la ciudad: las torres de Manhattan tienen audacia, las luces tienen pulso, etc. Pero los transeúntes no tienen caras o trajes particulares. Es que si los tuvieran empequeñecerían las escenas que el poeta nos está dando, puesto que tales concretos detalles establecerían una limitación temporal, espacial y humana en el poema: tendríamos en él claramente una época, un lugar y un hombre específico en vez de genérico o colectivo. Con lo cual el tema del destino del Hombre, evidente en el poema, vendría a ser el de unos hombres nada más [8]. Otra razón de la ausencia de personas concretas es que la ciudad no aparece tampoco en detalle, sino con simplificación de panorama. Si el hombre está presente sólo como silueta, la urbe lo está únicamente como perspectiva desde la ventana de cristal del poeta.

Desde esa atalaya los ojos captan *espacio, noche grande, más espacio.* Guillén reitera su interés en Nueva York y en el espacio en «Aire en torno», donde empieza diciéndonos: *Admirad Nueva York desde ventanas altas,* y termina exhortándonos así: *Mirad bien: el espacio (Homenaje,* pág. 577). El aire en torno a los rascacielos neoyorquinos, a la alta ventana

[8] Guillén llega incluso a invertir los papeles del hombre y de la naturaleza, privando a los hombres de individualidad, colectivizándolos, adjudicándoles adjetivos usados en general para las cosas, consiguiendo con este intercambio un mundo estrechamente tejido, sorprendido por el autor en una fase o en un momento característico (Debicki, página 442).

desde la cual contempla el autor la ciudad, a esta misma, es lo que espacía unas casas de otras, y es al propio tiempo el solo adorno de esta elevada y desnuda geometría de los rascacielos. El motivo del aire, con sus grandes dificultades técnicas de expresión, va desde *Cántico* a *Homenaje.* Otra vez vemos la continuidad temática de Guillén.

La ciudad es tema favorito de Guillén en toda su obra. Desde la, casi seguro, ciudad europea de «Como en la noche mortal» *(Cántico,* págs. 82-83) hasta las grandes urbes norteamericanas como Nueva York («A vista de hombre», «Que no» —*Maremágnum,* pág. 33—, «Fin y principio» —*Que van a dar en la mar,* pág. 173—), San Francisco («Noche de luces», *Maremágnum,* pág. 126), Berkeley («Rascacielos», *Maremágnum,* pág. 130), Boston («Los atracadores», *Maremágnum,* página 167), «El lío de los líos» *(A la altura de las circunstancias,* págs. 134-137), pasando por la miniciudad de Wellesley vista en «Las soledades interrumpidas» y «Vida urbana» y haciendo escala en «Cartagena de Indias» *(Homenaje,* pág. 577), Guillén cultiva en estos poemas y en otros varios el tema de la ciudad [9].

En «A vista de hombre», la metrópoli representa un gran esfuerzo del hombre —como en «Las soledades interrumpidas»—, y ante ella el autor queda en suspenso, atónito. La exalta y exalta a los hombres que la construyeron. Es buena y es mala, es fea y es bella porque es realidad. Pero ¿cómo es que no hay mal en el campo de «Tiempo libre» o de «Entre las soledades», también realidad? ¿Es que Guillén prefiere el campo a la ciudad, o es que la literatura de menosprecio de corte y alabanza de aldea se nos ha convertido en lugar común, aun en el menos común de los poetas? Si lo primero es cierto, Guillén está en su derecho, si lo segundo, ¿no son las grandes verdades grandes tópicos casi siempre? Conviene subrayar, sin embargo, que algunos versos de la composición que estoy comentando son de los más pesimistas de *Cántico* —lo que no es mucho pesimismo, claro—. Me referiré a ellos más tarde. Consecuencia quizá de este aspecto es que apenas hay en «A vista de hombre» atisbos, o francamente caracteres, de humor, iro-

[9] Véase también «Lo que pasa en la calle» *(A la altura...,* pág. 52) y los tréboles «Cristiano autobús», «Luces del suelo llovido» y «Humo de la gasolina» *(Maremágnum,* págs. 97, 104 y 117).

nía, comicidad o juego como en casi todos los poemas hasta aquí analizados. Esto podría provenir de la índole misma de la composición, en mi entender, similar a la oda y por tanto con sus exigencias de lenguaje elevado.

Para terminar estos comentarios generales: hay paz también en la ciudad, hay fe en ciertos valores positivos que permanecerán y al cabo triunfarán sobre lo malo de la metrópoli. Y hay poco ruido en Nueva York a pesar de todo. Guillén ha captando por omisión el silencio de las grandes capitales norteamericanas, tan calladas, sobre todo si se las compara con sus hermanas europeas, especialmente las latinas, como Roma o Madrid. Digo por omisión porque aunque un par de veces se aluda a los ruidos de la ciudad o de sus habitantes, lo que predomina es la paz y el silencio del cuarto de hotel americano —también mucho menos estrepitoso que el europeo— y de la gran urbe neoyorquina. Sí, el poeta consigue darnos el recuerdo de Nueva York de noche, de la sensación que le produjo. La ciudad es sobre todo un esfuerzo del hombre: no hay más remedio que maravillarse cuando se piensa en el colosal valor que representa haber convertido en urbe esa isla de Manhattan, no puede uno menos que o admirarse ante el prodigio o aceptar la existencia real de los titanes. Guillén prefiere creer en la grandeza del hombre.

4. Dormir y soñar

Además de la visión nocturna de la ciudad, «A vista de hombre» tiene por subtema el acto de dormirse y el sueño. Es evidente que el sueño es motivo poético para Guillén, y quizá sea nuestro poeta uno de los que más hayan escrito sobre el sueño. No sólo en *Cántico,* sino en *Clamor* y *Homenaje* tenemos numerosas composiciones sobre el tema, algunas largas, como «La rendición al sueño» *(Cántico,* págs. 142-144) o como «Quiero dormir» *(Cántico,* págs. 436-437, que es el penúltimo poema de «Aquí mismo», y es natural que lo sea, teniendo en cuenta el sistema de las correlaciones o estructura por jornadas); sonetos, como «Sueño común» *(Maremágnum,* pág. 197); composiciones cortas, como algún trébol de *A la altura de las circunstancias,* o algo más largas, como «Transición» *(Home-*

naje, pág. 199). «A vista de hombre» es el poema final de «Las horas situadas», segunda parte de *Cántico,* cuyo comienzo es «Paso a la aurora». La tercera, «El pájaro en la mano», empezará con la madrugada de «A eso de las cuatro», décima alusiva a la copla popular glosada por Manuel Machado —«A eso de las cuatro / mi compañerita / dormía en mis brazos»—, pasándose así del nocturno neoyorquino y del sueño al amanecer y al careo otra vez con el mundo.

El sueño no es soñar para Guillén, sino dormir, descansar. Es un acto de fe y de confianza: se parte de la idea de que es posible dormirse, que no nos fallará el sueño, por un lado, y por otro, de que no nos acecha ningún mal, y esto incluye los desvaríos y pesadillas del soñador. En el soneto «Sueño abajo» dice Guillén: *Ni esbozo de ultratumba ni descenso / con fantasmas a cuevas infernales / donde imperen oráculos de ayer. / Sólo sumirse en el reposo denso / de una noche sin bienes ya ni males, / y arraigarse en el ser y ser. ¡Ser, ser! (Cántico,* pág. 283). El sueño es a la vez una especie de muerte chiquita, de buena muerte, de la que se resucita de seguro al amanecer y al despertar (pese al *ni esbozo de ultratumba).* Es un verdadero renacimiento. Con la mañana retorna todo: las ganas de vivir, la frescura del mundo, el apetito, la paz del viviente. El final de «A vista de hombre» contiene estas ideas del volver al mundo. Anuncia ya el despertar de «A eso de las cuatro», el resucitar del durmiente. En cuanto a la idea de muerte —aparente, interina, provisional y, por tanto, buena— citaré el final de «Sueño común»: *Cuerpo tendido: todo en paz te mueves / negando con tu noche tantos males, / rumbo provisional hacia la nada (Maremágnum,* pág. 197). Es curioso que este soneto se refiera también a la noche neoyorquina, como desde más lejos «Quiero dormir» *(Cántico,* págs. 436-437), poesía de insomnio, concebida en la clínica del doctor Castroviejo, en Nueva York, donde Guillén fue operado de la retina, en un período de su vida en que, por la muerte de su mujer, se hallaba bajo de ánimo. Se incluye en esta antología por ser poema oriundo de América. La operación fue en mayo de 1948.

Guillén da gran importancia no sólo al sueño, sino al acto de dormirse, de pasar del estado de consciencia a la inconsciencia, y lo deja registrado en su poesía en más de un lugar, además de en «A vista de hombre», poema en el final del cual se ve francamente lo que le interesa esta transición. Tanto al menos como la otra, la de cesar, de estar ausente de este mundo real y volver a él por medio del despertar o del amanecer. (Véase «La rendición al sueño», ya citado, o «Dormido soñador», *Cántico,* pág. 257.)

Si el sueño como dormir es tema altamente significante para Guillén, el soñar despierto o dormido apenas le ocupa poéticamente. Rara vez trata de ello, y cuando lo hace es con actitud bien distinta a la que tiene respecto al placentero dormir. Si nos habla de ensueño o de *rêverie* nos da inmediatamente la compensación, como en el caso del soñador de «Otoño, caída», presentándole como un soñador atento a la luz, a los colores, al aroma, al lago, a las remadoras, es decir, como un hombre que ni inventa nada ni revive nada por el recuerdo si no es para recrearlo. O se duele y avergüenza como en «Su persona» (*Cántico,* págs. 492-495), donde dice: *Corrompe tanto soñar. / Su imagen, no. ¡Su persona, / su persona! Me avergüenza, / a rastras de mi ilusión, / este escándalo de niebla.* O acepta el error como inevitable (véase «Castillo de Elsinor. Insomnio», *A la altura...,* pág. 53; allí una rata obliga al poeta a pensar *en un pasado con sus duendes, sus príncipes errantes sin consuelo),* lo mismo que había aceptado la muerte de su esposa Germaine en «Su persona». Tanto aquí como en «El hondo sueño» se lucha contra la tentación o contra la reincidencia: esta es la salida de nuestro autor en todos los casos. Protegiéndose con el mundo de afuera, de ahora y de todos, esgrimiendo la mejor arma, la de la realidad, Guillén batalla gloriosamente contra todo fantasma e inclina la victoria del lado de la realidad. Realidad que, sin paradoja alguna, es su mejor aliada *para soñar mejor el hondo sueño,* el sueño de verdad edénico, inasequible para el hombre a solas y para el yo personal y subjetivo del soñador corriente y moliente. Porque éste cierra los ojos en vez de abrirlos al mundo y por ello percibe paraísos únicamente artificiales.

Este soñar a solas es una verdadera caída, pues representa un acto involuntario —por tanto, una debilidad de carácter—, un momento de confusión mental —es decir, una falta intelectual—. En suma, es una desgracia, un accidente. Debe ser evitado con todas nuestras fuerzas y facultades. La modalidad de caída aparece inequívocamente expresada en el soneto «El hondo sueño», al que pertenecen los dos versos últimamente citados *(Cántico,* pág. 274). Allí el poeta, afligido por cierto profundo dolor [10] —la presente ausencia de la amada, ya que se trata de un soneto amoroso—, nos deja apesadumbrados un momento cuando nos permite verle solitario, desamparado y lamentándose con amargura. El lector decidirá por sí mismo sobre las causas y condición de aquel dolor. Guillén, para salvarse, anticipa la llegada de benéficas *apariciones* e implora el amparo de la realidad, clamando por ella para que le ayude a mejor soñar. Las *apariciones* del poeta no son contradictorias de la realidad, sino que son apariciones físicas de la misma. Como esta ciudad de Nueva York retratada en «A vista de hombre».

La tercera forma de soñar, los sueños del dormido, desorienta, confunde y desidentifica al poeta. Me refiero a estos sueños más adelante, al comentar la última estrofa del poema, la número 11.

5. Comentario de estrofas

La primera de las cinco partes del poema contiene tres estrofas:

1.ª La ciudad como panorama. Es grandiosa. Tiene un destino. Las palabras *esencia* y *accidente* dan a esta estrofa un carácter abstracto, metafísico, que otras voces, como *tumulto, desparrama* y *pormenor,* neutralizan en cierto grado. En estos versos de la introducción tenemos ya clara la actitud del autor: la ciudad promete *su esencia,* el poeta tiene que descifrarla como si su función fuese la del vate o la del profeta.

2.ª Comienza la descripción impresionista de la ciudad: es de noche, por el lugar en alto en que se diría se encuentra el poeta, las calles parecen diminutas. Hay algún coche, algunos viandantes silenciosos —quizá también por la distancia en que está el autor respecto a ellos—, focos, aceras, semáforos que

10 Aunque sea grande la tentación de suponer que es por la muerte de una persona querida, me parece más justo suponer que el estado se debe más bien a sentirse perdido por la ausencia de la amada en un mundo meramente de la imaginación del que saldrá gracias a la reaparición de la amada; o sea, de la presencia física de aquélla.

se abren y se cierran y, a lo lejos, tinieblas que caen sobre las rutas. Guillén lo dice de manera expresiva y originalísima: *tinieblas hay de bruces.*

3.ª Ha llovido, pero el agua apenas se ve. Sólo se sabe que las calles están mojadas: el pavimento *fragua / de veras, sin soñar,* unos colores que los haces de luz revelan a los ojos. Luz que sirve para *templar en la noche su rigor de elemento, / las suertes peligrosas de sus dados.* No sabemos todavía si la ciudad es buena o mala, sobre todo la ciudad nocturna, pero estos últimos versos anuncian claramente los riesgos inminentes que corre el hombre ciudadano, los azares de la aventura que ofrece la noche en una gran capital.

La segunda parte de «A vista de hombre» se compone de dos estrofas. Numero éstas y las de las partes siguientes de la poesía de manera sucesiva.

4.ª El primer verso podría ser de *Clamor* o de *Maremágnum.* Está en perfecta relación con las obras posteriores a *Cántico* y prueba que hay continuación en temas y actitudes de Guillén. La *torre civil* son, claro, los rascacielos [11] de Manhattan, torre civil y no militar, llena, sin embargo, de la misma *audacia* que la guerrera. Porque la empresa de construir y mantener la gran ciudad tiene valor heroico también. Un poco antes teníamos el río que corría, afirmaba el poeta, aunque él no lo viera. Actitud reiterativa de su pensamiento: el mundo existe sin mí. A la torre de los rascacielos siguen los rótulos luminosos que laten incansables en la oscuridad anunciando el último producto, el *portento,* dice Guillén con razón; al menos así nos lo cantan los anunciantes. Estos letreros luminosos estaban ya en en el primer *Cántico,* en un poemita que se llama «Noche céntrica» (pág. 408) y que forma parte de «Mecánica celeste». Lo estarán también en *Clamor,* por ejemplo, en «Aire con época» [12]. Prueba una vez más la continuidad en los temas de Guillén.

5.ª Descripción más en detalle de los rascacielos: *pisos, pisos, pisos.* Es decir, no hay nada como el nombre para el poeta, le sobran adjetivos o adverbios cuando quiere ser directo. Ventanas iluminadas, luz interior de las casas y, afuera,

[11] Los hay también en poemas posteriores. Véase, por ejemplo, «Rascacielos», *Maremágnum,* pág. 130, o «Aire en torno», *Homenaje,* página 577.

[12] *Maremágnum,* pág. 175.

la oscuridad de la noche. *El muro / sólido* parece ser el formado por las casas de las rectilíneas calles; la luz oscila en él, que *late* —antes, para indicar el mismo efecto, ha hablado de *pulsación*—, que está acribillado *por claros / de energía que fuese ya una espada / puesta sólo a brillar.* Entiendo que esta luz es la de los huecos de la ventana, luz vacilante, temblorosa. La *espada puesta sólo a brillar* tiene una fuente, involuntaria. El autor me dijo en una conversación: «Esto tiene como origen una frase del *Quijote,* la cual recuerdo por dos razones. La primera es que he leído muchísimas veces el *Quijote.* Es una de las cosas que debo a Wellesley: el haberme obligado a releerlo todos los años porque tenía que explicarlo, lectura repetida que no hubiese tenido lugar probablemente en mi patria. Ahora que ¡yo hubiese preferido leer menos a Cervantes y vivir en España! La segunda razón es que fui una vez a Washington a ver a Saint-John Perse y en nuestra visita me habló muy bien de España —y muy mal de Italia, lo que me disgustó—, encomiándome a Cervantes. Entre otras cosas, me citó en francés esa frase maravillosa del discurso de Marcela, esa mujer casta, esquiva, tan hermosa y tan peligrosa, algo así como si fuese una espada puesta de lejos a brillar. La frase tiene otra forma [13], claro, pero seguramente no se me hubiese ocurrido la mía sin las dos razones que acabo de mencionar. ¡Ya ve usted qué difícil es esto de las fuentes y cuántas superfluas se acumulan cuando no se acierta con la verdadera, a veces tan humilde como ésta mía de que le hablo!»

Desde su ventana —por fin sabemos dónde está situado el autor— el poeta responde, con luz, a la ciudad. Reconoce que ésta es buena y mala y se pregunta quién la hizo así: *¿Quién la hizo / terrible, quién tan bella? / Indivisible la ciudad: es ella.* La separación de lo bueno y lo malo es falsa. Aquí está junto todo lo que puede haber de bello y de terrible, de atroz y de admirable en una ciudad como Nueva York. Está mezclado porque para Guillén la separación es imposible. No abstrae lo malo de la ciudad para quedarse con un idilio. Admira la me-

13 La frase es: «Fuego soy apartado y espada puesta lejos.» Un poco antes Cervantes había dicho «que la hermosura en la mujer honesta es como el fuego apartado, o como la espada aguda: que ni él quema ni ella corta a quien a ellos no se acerca». Guillén, en el verso comentado, utiliza, a mi entender, la idea de fuego y la de espada.

trópoli tal como es, a sabiendas de las cosas espantosas en ella contenidas. Apurando este aspecto hay que decir que como la ciudad ha sido construida por el hombre, éste está implicado en la belleza y en lo terrible de la gran urbe. Gramaticalmente, este hombre está presente en el interrogatorio personal *quién* de los dos versos citados. Por tanto, no nos engañemos, es el hombre el autor de lo bueno y de lo espantoso de Nueva York: de la dual naturaleza humana procede la también mixta de la ciudad. Un poeta que acepta la realidad no podría menos de aceptar este doble carácter.

La tercera parte de «A vista de hombre» comprende dos estrofas, la sexta y la séptima.

6.ª El poema se hace más personal en esta estrofa y en la siguiente. En la sexta hay un poco de repliegue, de retroceso del poeta ante la ciudad después de expresar aquel carácter contradictorio. Busca la salvación en el retiro que le ofrece la ventana de su habitación. Desde ella ve el movimiento de la ciudad y de sus gentes. Los versos de la ventana recuerdan otros de «Cara a cara», V, que son precisamente los del final de esta sección: *¿Marfil? Cristal. A ningún / rico refugio me acojo. / Mi defensa es el cristal / de una ventana que adoro (Cántico,* pág. 521). Cronológicamente muy anteriores a los de «A vista de hombre», pero manteniendo esa consecuente posición de que venimos hablando. Porque la actitud del poeta es la misma: desde su ventana, a través del cristal transparente, está en comunicación y solidaridad con el mundo. La posición es correcta, al menos debe serlo, aun hasta para los más exigentes. No, no tiene nada de contemplativa o de escapista. Se mira al mundo en un afán de unión, en un acto unitivo con él. La retirada es sólo un respiro, un cerrar y abrir los ojos para recobrar la perspectiva, para ver mejor, para más estar aquí con las torres, con el Hudson, con la gente, con la masa. El poeta no es insensible ni refractario a estas presencias; todo lo contrario, le consuelan, las siente.

Los excelentes son los arquitectos, los directores que han construido la ciudad, los que supieron planearla y realizarla de modo y manera que los efectos respondan a las causas, los que supieron aprovechar lo que Naturaleza puso allí al azar —el Hudson, el mar, etc.— y lo convirtieron en puentes, muelles, embarcaderos, piscinas, avenidas, paseos. Todas estas obras públicas son parte del esfuerzo del hombre, la admiración ante ello no debe ni puede escatimarse.

7.ª Lo personal se hace íntimo ahora. Hay cansancio, casi agotamiento. Se oye un ¡ay! y una queja. En esta visión nocturna hecha no por un hombre nada abstracto, sino por una persona concreta que está utilizando su yo para indicar acciones o estados, llegamos al momento finalizador de la jornada. Ha pasado el día, se ha vivido intensamente. Ha llegado el cansancio físico, hay que recogerse y dormir. Hay una cierta depresión de ánimo al final de la jornada. El protagonista se queja de todo ese ajetreo práctico que acomete diariamente al hombre residente en la ciudad: se le desparrama el ser, se le pierde en las trivialidades de la corte, se le descentra. La solución es refugiarse *sin huir aquí mismo,* es decir, en la misma habitación neoyorquina en que está, refugiarse *dentro de este artilugio* / —el rascacielos con el hotel y el cuarto— *que* le *rodea de su olvido* o sueño. Nada de huida cobarde. Eso sería enfermizo. Lo natural, lo sano, lo normal, es aceptar quedarse y reconocer que la noche es para dormir. Ni siquiera para terminar el poema que anda sólo por la tercera parte. ¿Cabe solución más sencilla?

La cuarta parte comprende tres estrofas, la octava, la novena y la décima. Las más sentidas del poema.

8.ª Vuelve el fondo de la noche: espacio, más espacio. *La estancia... en el palacio,* con su alusión a Segismundo, es perífrasis muy acertada por «habitación en el hotel», que es *palacio de todos, de ninguno,* puesto que es alquilada al que primero llega. Merece también notarse la repetición de *remota* porque creo que caben dos sentidos: de aislada o lejana y de vaga, confusa, desconocida, extraña, en este último significado porque el escritor está en un cuarto que no es el acostumbrado y porque está siendo invadido por el sueño. *¿Compañía constante, / soledad?* Compañía porque perdura cierta presencia, porque siente la compañía de la muchedumbre, porque percibe esta muchedumbre como suya y porque se siente parte de ella. El acto de humildad intelectual que le permite unirse al mundo es la confesión de ser *uno entre tantos,* uno como los demás [14].

[14] Esta modestia prevalece por toda la obra. *No soy nadie, no soy nada, / pero soy...,* dice, por ejemplo, en «Cara a cara», *Cántico,* página 523.

Nuestro artista no vive en una torre de marfil ni exhibe más exquisitez que la de su verso; ello le salva de la soledad.

Vuelve en esta estrofa a la esencia y accidente mencionados en los primeros versos del poema. Ahora con tono mesuradamente deprimido; teniendo en cuenta que accidente es lo malo y esencia los valores positivos en que cree el poeta, veremos que el no estar dispuesto a espantarse ni a asombrarse por *nada accidental* es porque cree en el milagro salvador de la esencia, es decir, en la condición triunfadora del bien sobre el mal. Ha recordado la diferencia entre la una y el otro para reiterarnos su fe en una sustancia valiosa *(prodigio)*, a pesar de los infinitos accidentes que la atraviesan. Consecuencia: no se dejará abatir por todos los posibles defectos, tumultos, desórdenes —los accidentes—; hay por encima de ellos ciertos valores esenciales que se mantienen [15]. La *confusión, el crimen, el litigio,* no son esencia, sino accidente.

El poema trasciende, la muchedumbre es ahora hombre, se llega a lo esencialmente humano. Todo está, por otro lado, junto: el tú, el yo, todos, la lluvia, el lodo, la gente, los santos. Nadie queda excluido o anulado, todos participan en esa muchedumbre de la gran urbe. Ahora que hay cabezas que destacan: *los santos*. Son los seres egregios, los héroes, los directores.

9.ª Sí, hay un poco de soledad en esta estrofa, pero es transitoria. Apenas la siente el poeta cuando nos dice que le remuerde. No debía, porque sus hermanos los hombres también la sienten. La noche cambia un poco de color, predomina ahora el verde. El autor teme, al ver tanto cielo por la noche, perder cielo y tiempo durante el día en la ciudad, entregado al continuo trajinar a que ésta obliga, desperdigando aquí y allí, apresurándose acá y acullá. La intimidad y el silencio de la noche permiten concentrarse mejor, recuperar el cielo perdido de día.

10. Los remordimientos con que se pronunció la palabra soledad hace un instante quedan olvidados ahora: la soledad será reparadora, es necesaria. Hay que alejarse un momento del mundo y de los hombres, aunque esto sea imposible al parecer. El poeta teme este momentáneo apartamiento y pide al mundo

[15] Esta misma idea aparece en muchos otros lugares, como, por ejemplo, en «Cara a cara», donde dice: *Entre tantos accidentes / las esencias reconozco (Cántico,* pág. 521).

que no le descuide. Hasta cuando el autor va a dormirse desea continuar unido a lo otro y a los otros. Aunque el mundo sea tan amargo —y tan torpes sus gentes que no ven más que la tierra en la Tierra—, Guillén desea estar unido a la ciudad por un acto de contemplación reflexiva, de meditación. Véanse los magníficos últimos versos de esta estrofa, en los que clama por que el mundo siga llenando su atención y por que la ciudad viva en él, en Guillén, en que la ciudad pese con sus *dones ilustres.* El final de esta penúltima parte reafirma el pensamiento de Guillén: *El alma crece ilesa, / en sí misma perdura.* Incluso en la ciudad de Nueva York. Este mundo moderno no está, a pesar de todo, en conflicto con el valor espiritual. En medio del frenesí, del maremágnum de la gran ciudad de hoy, en la que no parece haber lugar para el huerto de Fray Luis de León para cultivar el espíritu, es posible librar nuestra alma de todo daño, sacarla indemne y seguir refinándonosla. He aquí la fe en los valores que el accidente no puede destruir.

11. La quinta parte contiene solamente una estrofa. Se acumulan en ella no sólo los elementos finales del poema, sino los que pertenecerían a la terminación de «Las horas situadas»: el invierno, la noche, la fatiga, la depresión, la enfermedad, y, por fin, llega el sueño reparador. El cansancio reclamaba soledad. El drama de afuera se deja en suspenso, hay que bajar el telón unas horas para poder estar atento a la jornada siguiente. Atento y en pie de batalla. Por ahora se busca la oscuridad, cuanto mayor mejor, y un rincón o recodo, almohada o brazo, en que apoyar la cabeza y dormirse. La palabra *única,* referida a *soledad,* del verso octavo, se presta a más de una interpretación. ¿Quiere decir que la única soledad posible para el autor es la del sueño, que la sola vez que se separa del mundo es cuando se duerme? Esto supondría que Guillén no sueña dormido, porque si soñara lo haría con cosas y gente, y éstas, juntas o separadas, son para él siempre compañía, y supondría igualmente que, si sueña, considera sus sueños inmerecedores de formar parte de la realidad espiritual o poética. ¿O quiere Guillén aplicar a *única* su sentido exaltador, glorificador, excepcional, llamando a la soledad del sueño «incomparable, magnífica»? Yo no me inclinaría por esta interpretación, basándome en lo siguiente:

Sé de buena fuente, la del propio autor, que en la época

de Wellesley no soñaba, o que si lo hacía, nunca recordaba sus sueños. Si excepcionalmente soñaba, el recuerdo del sueño le producía una terrible perturbación. «No puedo remediarlo —me decía—, esto de los sueños me pone nervioso. Es que no puedo dominarlos y entonces no soy yo. Es una especie de traición que me hacen. Se me introducen subrepticiamente, con nocturnidad y alevosía, me roen el fondo más hondo de la consciencia y, como le digo, yo ya no soy yo.» Esta idea de pérdida, de desidentidad, de confusión, aparece claramente en «A pesar mío» *(Maremágnum,* pág. 31): *Y, perdido, me despierto. ¿Yo? ¿Perdido, yo? / ¿Qué desamparo en cierto fondo subsiste? Algo, / rebelde y mío, se me escapa. ¿Quién soy yo... en / mi fondo? ¿Quién, qué? (No, no lo entiendo.)* Hubo ocasiones en que me refirió sueños que le habían afectado más de lo corriente. Eran sueños de poca monta, pero el efecto en Guillén era desastroso. Tuvo uno sobre gatos que le dejó horrorizado toda una semana, creo que hasta escribió entonces una poesía sobre ellos que no puedo recordar si la publicó o no [16]. Otro, repetido varias veces, se refería a unas zapatillas —más bien alpargatas, creo— que había comprado y le venían pequeñas. El desasosiego y los sinsabores que le produjo el sueño provenían de los esfuerzos totalmente inútiles que hacía para metérselas: el pie era demasiado grande y no había medio de reducir su tamaño. El poema en prosa «A pesar mío» *(Maremágnum,* pág. 31) registra un sueño de Guillén sobre alpargatas y manifiesta este mismo sentimiento de frustración, así como pérdida no sólo de las alpargatas, sino de la identidad misma del poeta cuando sueña.

La actitud de nuestro poeta ante el soñar dormido persiste sin cambio alguno a lo largo de toda su obra. Prefiere siempre dormir y descansar a dormir soñando. Le encanta además despertar. Pueden consultarse los siguientes poemas para comprobar aún más todo esto: «Hotel de ambos mundos» *(Que van...,* pág. 172), «Animal de selva», «Privilegiada situación»

[16] El romance «Muerte en la escalera», *Que van a dar en la mar,* página 57, se refiere a un hecho real: la muerte de un gato debida a un pisotón que le dio Guillén sin querer al bajar la escalera oscura de unos amigos en Arlington, Massachusetts. Por lo demás, los gatos no le perturban demasiado. Véase al final de mis comentarios a «Entre las soledades» cómo hace poesía con ellos.

y «Brusco despertar» *(Homenaje,* págs. 522-523, dos de ellos en la misma página).

Los versos de «A vista de hombre» que siguen a *¡Unica soledad, oh sueño...* indican el paso al sueño y explican la *firme transformación* debida al dormir. *Dureza* sirve, en mi entender, en dos sentidos: continúa la idea de un mundo calificado de amargo y torpe, confuso, criminal y litigioso —no bien hecho, no de *Cántico* esencialmente, sino accidental—; y da a las cosas cierto aire muelle, fluido y apagado: el que les conviene, ya que empiezan a desvanecerse a los ojos de este poeta a punto de dormirse.

¿Es fortuna interina, / perderé? Ganaré. La punzada de una duda asalta repentinamente al casi durmiente. ¿Podría esta pasajera bendición del sueño y del olvido convertirse en algo malo, podría el otro sueño, el permanente, sustituir a este plácido e interino del que despertará mañana? La idea de la muerte sobresalta al protagonista. ¿Perderá? Por un acto de voluntad y de inteligencia, diciéndose quizá que se muere solamente una vez, vence sus dudas: ganará, despertará, este creciente olvido —el sueño— transformará *toda ruina,* y el hombre, renovado, abrirá los ojos al nuevo amanecer. La pausa del sueño será larga, correspondiendo así al ajetreo del día y al cansancio naturalmente producido. Entonces, la mañana será todavía más apetitosa y este hombre transformado por el sueño reparador estará listo para contemplar incansablemente el mundo, para picar en todo cebo que le ofrezca esta Tierra. Es interesante la expresión *gran dormir.* El autor se ha referido antes al sueño llamándole *ángel,* y siguiendo así con la tradición del «ángel de los sueños». Ahora, al final, dice *gran dormir* como si dijera «gran señor», un gran señor que lo va invadiendo todo y ante el cual no hay más remedio que rendirse. Hay ciertamente una impresión del poder irresistible del sueño no sólo aquí, sino desde el final de la estrofa sexta. Ahora que esta fuerza indominable del sueño no se ve con temor, sino con la misma tranquilidad y amor con que el poeta mira todo lo sano y natural del hombre. ¿Y lo enfermo, y lo anormal, no caben en el corazón del poeta? *El malherido* está presente, es la última acometida del dolor del mundo *—tan amargo—* que siente este protagonista casi rendido al olvido del sueño, pero todavía un poco consciente. Este ramalazo final del padecer

de sus hermanos en el mundo está presentado en forma de paréntesis para indicar la distancia que el sueño va imponiendo sobre la realidad. Y el poema termina con la seguridad de que el gran dormir está bendiciendo al durmiente y de que el mañana ofrecerá al poeta un sinfín de tentaciones placenteras en las que morderá con verdadera hambre vital.

VI

«MELENAS» Y «NATURALEZA CON ALTAVOZ»

A) «MELENAS»

(*Cántico,* 1950).

1. FECHA, ESTROFA, VERSO Y TEMA

Este poema, que forma parte de la tercera de *Cántico,* «El pájaro en la mano», sección primera, fue compuesto en los días 13 y 14 de mayo de 1945 y corregido el 6 de agosto del mismo año.

Es una décima de tipo clásico. «Más de cuarenta décimas forman parte de la sección 'El pájaro en la mano'... La mitad, aproximadamente, se ajustan al modelo clásico abba: ac: cddc; la otra mitad modifica el orden de las rimas con arreglo al esquema abab: cc: dcdc. Otros casos, aparte de la sección indicada, muestran diferencias que hacen notar el interés con que Guillén ha tratado de dar variedad a esta estrofa» [1]. Esta tercera forma, me hace observar Guillén, no la ha inventado él: es la de Racine, la de los románticos franceses, la de Valery. Consiste en dos cuartetas separadas por un verso pareado. La rima suele ser: abab: cc: deed, como en «El ruiseñor» *(Cántico,* pág. 222) o en «Paraíso regado» y «Aridez» *(Cántico,* página 226). A veces hay una pausa después del cuarto verso («El ruiseñor»), pero ésta no es la regla, sino la excepción (no hay pausa, sino encabalgamiento, en las otras dos décimas que

[1] Tomás Navarro Tomás, *Métrica española,* Syracuse University Press, Syracuse, Nueva York, 1956, pág. 469.

acabo de citar). Guillén consigue gran variedad de ritmo evitando la pausa después de la primera cuarteta y, en su lugar, ligando el cuarto al quinto verso por varios medios: paréntesis, hipérbaton, encabalgamiento, diálogo, interrogación. Esta modalidad la aplica tanto a las veinte décimas de tipo francés de *Cántico* como a las veinticuatro de forma española. (Después parece que cultiva más la francesa porque tiene menos rimas y le resulta más expeditiva.) Con dicho sistema, nuestro autor da a la estrofa de diez octosílabos una estructura realmente original y que obtiene inusitados efectos de viveza, dramatismo y vitalidad. Ejemplo de la manera de Guillén en la décima es «Verde hacia un río» *(Cántico,* pág. 228). Tenemos allí: dos planos o tonos de frase —uno, más corriente; otro, más poético; el primero revelado por verbos en modo imperativo que dan instrucciones de carácter práctico, como *¡no bajes / de prisa!, desciende... despacio, ven, disponte*—; el fuerte hipérbaton de *los pájaros* (quinto verso), sujeto de *cantan* (segundo verso); el encabalgamiento de ... *es más fino / su gorjeo,* precisamente entre esos versos cuarto y quinto en que se esperaba la pausa tradicional de la décima; el diálogo entre el poeta y un interlocutor imaginario; la interrogación, también encabalgada, de la última cuarteta; y, finalmente, la repetición al final del poema de las mismas palabras del comienzo del mismo, *pasa cerca* y *cerca pasa,* invirtiéndolas, repetición con la que el autor logra una décima que es una forma cerrada, un todo completo y acabadísimo, una perfecta unidad matemática y geométrica. Aplicando el procedimiento acabado de ver, Guillén obtiene en «Verde hacia un río» esos efectos de animación, viveza y fluidez dramática a que me referí antes. Lo mismo que en «Melenas», aunque aquí, por el tema, sea el dinamismo menor.

Las alumnas de Wellesley son también el tema de «Muchachas» *(Cántico,* pág. 467), «Poesía eres tú» y «Nadadoras» *(Maremágnum,* págs. 119 y 169). El de «Melenas» es, como el título indica, las melenas juveniles de las universitarias norteamericanas en el año 1945, peinado que en España llamábamos «a lo paje» por su afinidad con el corte de pelo mostrado por algún retrato o dibujo del siglo xv. La mata de pelo dorado de sus estudiantes encanta a Guillén, y en este poema la inmortaliza. Aquí y en otros lugares, como en «Muchachas», poema escrito en Wellesley en los días 26 y 27 de agosto y 5 de septiembre de 1943, y corregido en junio y agosto del año siguiente. Es que el cabello parece ser el único dato concreto que le gusta dar a Guillén para sus retratos de mujer en esta época. Después, en la época de sus otros libros, esto ya no es cierto [2]. Le interesa el cabello más que los ojos, la boca, la frente o el cuello. Fuera del rostro, la esbeltez es el segundo rasgo que utiliza Guillén para descripciones de las mujeres, y con ella, el garbo, el porte y los andares. Tanto la finura de cuerpo como la belleza del pelo se pueden ver bien en los atisbos de retratos femeninos que tenemos en «Tiempo libre», en «Muchachas» o en «Melenas». En cuanto a cabeza y cara, Guillén las deja borrosas y aclara únicamente el pelo, generalmente rubio por ser norteamericano, siempre abundante, a veces rizado. Así da el retrato la refinada sensualidad que supo poner San Juan de la Cruz «en sólo aquel cabello», en el que la esposa quedó presa para siempre. Se entiende fácilmente que Guillén, monógamo por excelencia, pueda poner tanta sensualidad en el retrato de una mujer que no es la suya. Es que para él todas las mujeres son la Mujer, y ésta es la Amada concreta y real, la mujer que representa a todas las demás mujeres reales, la esposa de nuestro poeta, la que encarna los rasgos comunes a todas ellas y la que las representa. *Todas las dalias son la dalia,* dirá en «Pasiones» *(Homenaje,* pág. 125). Como a Guillén le basta y le sobra con la realidad, como queda satisfecho con ella y no la considera una degradación de la idea ni mucho menos, está a gusto con lo que tiene en casa y no necesita lanzarse a perseguir formas ideales, femeninas o de ningún otro género. La manera de ahondar de Guillén consiste no en deformar la realidad buscando en ella la perfección ideal a cambio de algo nuevo cada vez, sino en descubrirla y patentizarla, en perfilar claramente eso que está afuera, en conservarlo y en profundizar en ello con ahínco

[2] Véanse las secciones «Amor a Silvia» y «Repertorio de junio» de *Homenaje,* donde abundan las palabras boca, labios, besos, brazos, manos, dedos, y compárese con «Anillo» *(Cántico,* 168-175), probablemente el poema más erótico de Guillén: en sus ocho páginas sólo se dice una vez boca; otra, rodillas, y otra, pie, y esto sin ninguna adjetivación ensalzadora. Creo que en la época de *Cántico,* las referencias al cuerpo humano solían impregnarse de una decadente languidez por parte de ciertos poetas. Guillén reacciona rehuyéndolas.

para enriquecerlo con ese «más» y «mejor» guilleniano. La sensualidad, el frenesí, la casi exacerbación de Guillén consiste en este afán de plenitud y totalidad.

Las melenas están vistas como símbolo de juventud. Guillén se extasía contemplándolas y canta el amanecer a la vida de las muchachas. Es lo que más resalta, este gozo ante el comenzar de la vida, gozo que se aprecia también en «Muchachas».

La décima tiene un movimiento jubilosamente exclamativo y completo. Es toda ella una admiración. La admiración se abre no sólo con el punto exclamativo, sino con la interjección *oh,* y se cierra con ésta y el correspondiente punto exclamativo final. Vemos también en los versos cuarto y quinto un inciso contenido igualmente entre los signos ortográficos admirativos y, en lugar de la pausa usual en la décima clásica, con encabalgamiento. El entusiasmo de Guillén por esas melenas y esa juventud le ha resultado tan irresistible que lo expresa con esa doble admiración encerrada entre sus puntos admirativos, puntos que Guillén tiende a usar cada vez menos frecuentemente en su poesía, que viene podando adrede desde el primer *Cántico.*

2. Comentario a la décima

Las melenas flotan majestuosamente. *Vida triunfante* alude a juventud y, por tanto, a movimiento y a ruido. *Augusta,* aplicado a vida triunfante, marca la realeza del peinado y de la juventud, la veneración del poeta por el pelo *a lo príncipe* y debe relacionarse con *doradas* por lo de la edad dorada del emperador Augusto, y claro está, por lo de juvenil. Esta primera cuarteta contiene elementos que le dan un aire marcado de reminiscencia arcaizante, de cuadro italiano del siglo XV.

Sorprende el uso de la primera persona del plural en *nos gusta.* ¿Por qué no *me* gusta? ¿Quién está contemplando esa algarabía de color y luz con el poeta? ¿Nos está éste mostrando la respetuosa distancia que quiere mantener con las muchachas? ¿Es el *nos* eco arcaico también? Todo es posible.

Con *amanecer* vienen otras palabras que se refieren a juventud: *alboradas, virginidad, esbeltez,* así como *¡doradas surgen!* Del mismo modo que *príncipe* trajo el *augusta* y el *triunfante* de los versos precedentes, tenemos ahora un encadenamiento de voces expresivas de juventud desembocando todas en el verso final, que dice *más juvenil.*

La delicadeza y elegancia de la juventud están poéticamente captadas en esa luz, apenas color —que sería dorado— de *alboradas de virginidad.* Es una luz de amanecer la de esta alborada, luz purísima del principio del día de la vida, luz de antes de salir el sol fogoso.

La palabra *Profusión* [3], escrita con mayúscula, usada como nombre abstracto, en apóstrofe y con personificación, desorienta momentáneamente. Nos guía, en cambio, la acción del verbo desordenar. ¿Qué es lo que desordena las melenas flotantes? ¿El aire? ¿La luz? La interpretación me parece incorrecta. En mi entender, lo que se dice aquí es que hay profusión de cabellos en las cabezas juveniles y que esta copiosidad del pelo tiene su movimiento general resultado del individual de cada muchacha. Por eso las melenas flotan, ondean al principio de la décima, porque son muchas y porque sus cabellos son largos, colgantes. Hay un vaivén no sólo de reflejos de luz, sino de ondulación al hablar y al moverse las muchachas.

Privilegiar también está en Góngora. En «Melenas», va bien con *príncipe* y *augusta vida* porque refuerza el sentido de realeza.

Todo a la vez incluye lo dicho, mas quizá también el aire. *Privilegie* es forma nueva y personal de decir beneficie, favorezca, da más gracia y más belleza a *la esbeltez / más juvenil,* esto es, a la delicadeza, finura, elegancia y airosidad más intensamente joven, *más* en cantidad y en calidad también.

El éxito de la décima se debe en parte a este movimiento y a esta multiplicidad de cabezas. Sin ellos tendríamos uno de esos relieves de camafeo o un retrato para un dije. Guillén es mucho más original y mucho más moderno. La prodigalidad de su talento poético nos la da aquí en esa prodigalidad de melenas. Nos salva para siempre de los daguerrotipos de antaño, inmóviles, congelados.

Las muchachas de Wellesley son, pues, uno de los temas

[3] Guillén me ha dicho que *profusión* es palabra funcional, traída por la rima. Tuvo que buscar un *tú* para la rima de *apenas* y *desordenas.*

artísticos de Guillén, cantor de la maravilla del mundo, poeta visionario de la belleza, que identifica con vida. En este sentido, la *gloriosa* de «Tiempo libre» es la poesía, las dos doncellas del poema son poesía también, y, asimismo, lo son las estudiantes de «Poesía eres tú» ya que *todas las dalias son la dalia* cuando se sabe buscar la calidad, la concentración, la esencia. Efectivamente, Guillén mismo nos lo dice así, burla burlando, en algún poema de *Clamor* o de *Homenaje,* donde expresa parte de su preceptiva poética. Son composiciones cortas, casi todas de tono leve y humorístico, algunas algo más serias, entre las que están: «Los poetas profesores», «Una rosa es una rosa», «La décima» *(Homenaje,* págs. 498, 510, 511) y los tréboles «Doble gusto», «Domingo» *¿Yo, puro? Nunca. ¡Por favor!* y *Rábano te doy. No cojas (A la altura...,* páginas 73 y 97).

B) «NATURALEZA CON ALTAVOZ»

(Cántico, 1945)

1. Fecha y estrofa

Guillén empezó este soneto el 10 de agosto de 1942 y lo terminó el 13 de octubre del mismo año. Lo retocó en octubre del siguiente, en los días 10 al 12 de octubre. El soneto forma parte de la sección III de «El pájaro en la mano», que en la edición de 1950 comprende 22 sonetos y en la de 1945 solamente 18. Consistente en lo de las correlaciones de que he hablado en otro lugar, Guillén comienza esta parte de *Cántico* con el despertar del día y del poeta —«Amanece, amanezco»— y la acaba con la noche y el dormir —«Sueño abajo»—. «El pájaro en la mano» es además la parte central de *Cántico.* Está dividida en 5 secciones, y el eje es por tanto la número III. En ella coloca Guillén los únicos sonetos de *Cántico.* Ya he dicho que son 22 en *Cántico,* 1950. En el centro de ellos sitúa los amorosos —4 en total—; tenemos antes y después de éstos 9 a cada lado. Pues bien, por si esto fuera poco para hacernos ver el meticuloso cuidado de Guillén en la forma del libro, tenemos otro detalle: el soneto que haría el número 11 de estar numerados, «Mundo continuo», el que hace la mitad de todos los sonetos y además la mitad de los amorosos, va precedido de una cita de Shakespeare sobre el amor.

«Naturaleza con altavoz» está situado así: *Cántico,* 1945. «El bienaventurado», «Naturaleza con altavoz», «El hondo sueño», «Mundo continuo» y «Vuelta a empezar». *Cántico,* 1950. «El bienaventurado [«Para ser»], «Mundo continuo» [«En suma»], «El hondo sueño», «Naturaleza con altavoz», «Vuelta a empezar». (Las poesías entre abrazaderas son las que no están en *Cántico,* 1945.) Dejo libre al lector para especular sobre el orden de los poemas en una y otra edición.

«Naturaleza con altavoz» es un soneto de esquema clásico, mal entendido a veces [4], una poesía descriptiva en su mayor parte, que narra al final un hecho inesperado, poesía con cierta influencia del Verlaine de las «Fiestas galantes», que le da un aire irónico.

2. Naturalización poética de la máquina: el altavoz y Euterpe

El soneto se refiere a Wellesley, donde está escrito, y tiene como tema una fiesta celebrada en un parque contiguo a un lago, concretamente en los jardines de la presidenta del colegio, situados a orillas del lago Waban, en el *campus.* A principios de junio, acabado ya el curso y los exámenes, la presidenta —entonces Mrs. Douglas Horton, de soltera y hasta 1946 Mildred H. McAfee— suele dar una fiesta la víspera de la distribución de diplomas. La reunión es para las recién graduadas y sus familias, y asiste también el profesorado. Es, por tanto, la faceta social de la ceremonia académica del día siguiente. La fiesta se celebra a media tarde y en un lugar apacible y muy bonito —árboles, praderías, flores, pájaros, el lago—, mejorado, si cabe, con la presencia de más de 400 muchachas sanas, de punta en blanco, bien plantadas, triunfales y, en su mayoría,

[4] Juan Ferraté, en «El altavoz de Guillén», *Teoría del poema,* Barcelona, Seix Barral, 1957, págs. 128-134, utiliza este soneto para probar que no bastan los buenos versos para que haya buen poema. La tesis es justa, pero el ejemplo me parece incorrecto. El afán de demostrar su idea lleva a Ferraté a desdeñar aspectos de «Naturaleza...» que prueban la existencia de la intuición poética de Guillén.

guapas. Los padres y hermanos, endomingados a su vez, contribuyen a ensalzar este bello espectáculo primaveral, los hombres con su nota de oscuro en el traje, las mujeres vistosas y a un tiempo elegantes. No es esto, sin embargo, lo que destaca el poeta. Al menos con los detalles acabados de consignar. Canta, sí, *la sociedad graciosa*, distraída para el paisaje, formando y deshaciendo corrillos, en parte vestida casi con lujo y a propósito sin él, y en parte con cierto empaque y sobriedad académicas. Esta gente *cortés* es sólo el fondo o la preparación para la parte más importante del tema, la Naturaleza y su música, una música nueva que, a pesar de lo moderno de su procedencia, nos hace pensar, quizá por contraste, en la de Francisco Salinas y Fray Luis de León. Porque de pronto, en medio del lago, surge una voz, se oye una música sorprendente e inusitada. ¿De dónde viene? ¿Es el concierto de la Naturaleza? ¿Es Dios pulsando la inmensa lira del concepto pitagórico de la música de las esferas? No, nada de esto. La música es una invención del hombre, porque procede de un artefacto forjado por él en esta tierra, de un altavoz. Pero parece como si la Naturaleza lo tuviera de boca y cantase por él. Lo que el poeta pretende, y consigue en mi entender, es que esa máquina inventada y construida por el hombre se sume, se organice, se funda con la Naturaleza. Que ésta se una a la sociedad, a la historia, al arte humano. Que el paisaje y la mecánica de nuestros tiempos se fusione, se absorban uno al otro sin disonancia de ninguna clase. La intención —lograda— del poeta es, pues, ganar la máquina, la vida moderna, el progreso científico y tecnológico e incorporarlos a la poesía eterna de la Naturaleza, del paisaje. En suma, el propósito de Guillén sigue siendo el de siempre: ganar mundo. Es en este enriquecimiento en lo que reside la poesía, en este afán de unión donde hallamos la intuición esencial del soneto, es por esto por lo que tiene su perfecta unidad; a ello concurren y convergen sus magníficos endecasílabos, de gran efecto al final, como era de esperar en un soneto.

3. Comentario por estrofas

Primer cuarteto. El sujeto de los versos iniciales del poema es *la sociedad,* tomando esta palabra en el sentido lato y en el restringido de gente distinguida, como hacen los periodistas en sus «notas de sociedad». Efectivamente, si el Parnaso hubiese tenido reporteros, este principio del soneto y algunos versos más adelante podrían haber sido los de un redactor comisionado para hacer el reportaje de una fiesta importante en la que *Apolo* o quizá *Minerva,* diarios imaginarios, estaban interesados. Los atributos con que Guillén caracteriza la sociedad son: graciosa, desentendida del paisaje —no lo ve—, fluida y móvil, correcta y elegante de ropa, gesto y actitud. El otero, el soto y el lago están tomados de la realidad y podrían ser apreciados en una fotografía aún hoy, existen verdaderamente en el lugar en que se celebra la fiesta.

El cuarteto nos da el punto de vista del autor. Está situado a cierta distancia, contempla desde afuera y desde lejos la escena. Su visión abarca cosas invisibles desde cerca: el montecillo, la pradera, las aguas del lago, el paisaje. Sin esta perspectiva un poco lejana no podría ver tampoco a la gente agrupándose y desagrupándose, los trajes y el aspecto de la misma. Vería caras, cuerpos, otras cosas, no la fluidez y movilidad de la sociedad, su controlada elegancia. La impresión de distancia, de objetividad, está todavía más clara al notar la ausencia del *yo* como sujeto verbal. La voz es impersonal.

Estos grupos de gente elegante, por su calidad o por su cantidad, amenazan con convertirse en algo aparatoso, solemne, suntuoso. En el primer caso, porque la calidad de una persona o grupo atraiga por su fama o prestigio demasiado, o porque el lujo, la riqueza o la suntuosidad deslumbren al prójimo y al poeta. En el segundo, por el peligro de que la cantidad de individuos que forman un grupo crezca más y más, absorba a los otros y el grupo termine por convertirse en muchedumbre amorfa, anónima y anodina. Este *amago* —amenaza o señal e indicio— *de pompa* no se cumple, el peligro se salva rebajando, es decir, achicando *con esmero* esta grandeza a punto de desbocarse. Es que en la fiesta todo está preparado, calculado, regulado de antemano y con sumo cuidado: los organizadores del acto y los asistentes a él son cómplices voluntarios en el cumplimiento más estricto de las reglas de sociedades, de los modales de la buena crianza. El juego es entre todos estos seres urbanos, refinados, bruñidos por el mismo viento de alta cultura y civilidad. No, no cabe extralimitarse en nada: ni en el vestir y en los adornos, ni en la voz o el gesto —las sonrisas, los cumplidos, la amabilidad, los minutos de conversación que se dispensan están tan medidos por el buen gusto como las joyas, los tocados o los colores. Todo está cabalmente previsto y reglamentado, el más pequeño desliz desentonaría brutalmente en esta escena de salón, campestre y protocolaria a la vez.

Segundo cuarteto. *Una intención cortés flotaba:* resume la característica más sobresaliente de la gente bien, presentada ya en el cuarteto anterior. *Cortés* debería relacionarse también con corte, por oposición al campo donde nos hallamos. Nótese que, para poner las cosas en su lugar, el poeta dice *floraba, pero / preponderaba* otra cosa: los objetos del campo. Nos habla así del aire, de las hojas vagamente sonriendo, del sol y de su halago, de la brisa. Estos elementos de la Naturaleza mantienen una proporción bastante equilibrada con los de la sociedad. Miden y pesan casi lo mismo. Ocupan casi aproximadamente el mismo número de versos. Pero el fiel de la balanza no está exactamente en el medio, el peso se inclina más del lado de la Naturaleza. No porque ésta tenga más importancia que el hombre y sus invenciones en el poema, sino porque en este preciso momento el desarrollo del soneto exige esta diferencia: hay que distraer al lector, hacerle olvidar, apartarle un poco del Hombre, sumirle en la Naturaleza para cogerle luego por sorpresa cuando está inocentemente contemplando arrobado el paisaje, sintiéndolo en sus ojos y en toda su piel, y zambullirle de pronto otra vez en la historia y en la sociedad. Cogerle por sorpresa con eso que falta del soneto, ese algo insólito y maravilloso que ha ocurrido en la fiesta: la música del altavoz. El poeta se trae entre manos este doble sujeto que el título indica: Naturaleza y hombre. No puede distraerse al desarrollarlo, mucho menos cuando conoce las limitaciones y brevedad del soneto.

Tercetos. En el primero *la realidad se trasmutaba en fiesta,* parece decir que también la realidad resultaba engalanada por todo eso acabado de describir. Dos observaciones a este verso:

una, que lógicamente pertenece al segundo cuarteto —así como pertenece realmente al primero el que empieza *una intención cortés*— (ya me he referido anteriormente a esta nota de la poesía guilleniana, a este prolongar la idea más adelante de la estrofa a la que pertenece); la otra, que *trasmutaba,* es el último verbo en imperfecto de indicativo de la serie descriptiva de la fiesta. Se corta así, se interrumpe de súbito esta descripción y en los versos 11 y 12 el poeta usa el tiempo de la narración, el pretérito indefinido. Narra ahora lo sucedido centrándolo en estos dos pretéritos, *dispuso* y *fue.* Sucedió que la ocasión dispuso de tal conjunto de circunstancias, que logró arreglar las cosas de modo que *una música* fue, la del altavoz. ¿Es ésta la música que corresponde al refinadísimo ambiente de la fiesta? En absoluto. Contrasta. Sorprende. Lo esperado era la música de una buena orquesta, quizá la de una banda. El poeta nos pilla desprevenidos para las sensaciones auditivas. Avezada, astuta, taimadamente (y con cierto humor), venía reservándose hasta este verso cualquier alusión al sonido. Y ahora nos dice *música.* ¿Qué clase de música debemos oír? Yo, por contraste con la finura de la atmósfera anterior, por lo impensado y repentino del nuevo tiempo verbal y, por qué no decirlo, por mi odio feroz a los altavoces al aire libre, oigo una música improcedente, detestable, un total exabrupto. La música de ese altavoz y el canto horrísono de Polifemo son para mí de la misma categoría: ¡horribles, salvajes, grotescos, risibles! Impresión injusta quizá, pero que late sin duda alguna en el humor con que sutilmente venía salpicando sus versos Guillén, sobre todo en los del primer cuarteto, y que culmina en este concierto de música en conserva.

Entonces, ¿dónde está esa unión de Naturaleza y altavoz? ¿Cómo cabe hacerla con armonía en esta disonante canción de Polifemo? Los extremos se tocan y el choque era necesario. Por otro lado, se trata solamente de una de las posibles maneras de oír esa música, la mía. Puede que a Guillén le guste la de los altavoces, pero eso en realidad no importa. Lo que hay que considerar es la idea: la voz de la Naturaleza no es la de los pájaros o de las aguas, no es la de Dios ni la de la amada, es la del hombre mismo. Porque el hombre forma parte de la creación misma, porque puede superarla, imitarla, vencerla, porque es artista de muchas artes, inventor, artífice, *trovador*. Porque puede reírse de todo.

Finalmente, y tras las interrogaciones sobre el origen y esencia de la música que irrumpió en la fiesta, el poeta retorna al imperfecto de indicativo y con él a la descripción, al final de la cual pone unas nubes. *Máquina del mundo* debe leerse con los dos sentidos: el medieval y el moderno.

Guillén nos presenta a *Dios* que *velaba su asombro con celajes,* un dios resguardándose con asombro, un dios —repito, sin artículo en el poema, por tanto Dios en cuanto creador primero, el dios de Guillén y el nuestro— sorprendido ante las invenciones de los hombres, creadores segundos, más bien orgulloso de ellas que ofendido, sin temor a que le usurpen sus privilegios, un dios comprensivo y condescendiente con sus hijos los hombres. El Dios de todos y el de cada uno a su manera. La palabra Dios no se presenta muchas veces en la poesía de *Cántico,* pero su aparición era fatal en este soneto relacionado con la música: desde tiempo inmemorial se la viene atribuyendo facultades divinas o celestiales. Guillén no puede escapar a la tradición, al menos dejar de recordarla: está preso dentro de su cultura. Le queda poco de esta idea sobre la divinidad de la música, pero vemos cómo asoma al final del soneto, deformada, ironizada si se quiere, pero presente y viva todavía. Por otro lado, Dios aparece también como supremo creador de todas las cosas, en contraste con el hombre, creador o inventor de algunas solamente; entre ellas, del altavoz de esa fiesta galante descrita por Guillén.

4. Otros dos poemas welesleños de música: «La amistad y la música» y «Cante jondo»

Por su variedad y por estar en contraste con la música del altavoz, incluyo en esta antología del cántico americano de Jorge Guillén dos composiciones escritas también en Wellesley, aunque no las comente sino vagamente: el soneto «La amistad y la música» (escrito el 26 de febrero, trabajado el 3 y el 4 de abril y corregido el 18 de octubre, días todos del año de 1943) y «Cante jondo», que no es de *Cántico,* como el anterior, sino de *Clamor. A la altura de las circunstancias,* pág. 95, una décima cuyo autógrafo me regaló su autor al día siguiente de una cena de Thanksgiving que le dimos en mi casa de Wellesley el día 25 de noviembre de 1954 y a la que asistieron varios amigos españoles.

«La amistad y la música» se le ocurrió al poeta durante una velada en casa de un magnífico profesor de Filosofía que teníamos en Wellesley, el señor don Thomas Hayes Procter, gran amigo de los Guillén, con quienes compartía su entusiasmo por los conciertos. En el soneto aparece la clásica chimenea anglosajona. El autor nos da las sensaciones y los pensamientos que tuvo con el fuego y con la música de unos buenos discos. La paz y la intimidad del pequeño concierto en un clima de sosegada amistad hicieron que el poeta se sintiera casi libre de vínculos extraños, columbrara la perfección y saciara en parte su afán de más allá. El soneto consigue su expresividad y su lirismo por el empleo de varios medios expresivos: hay varios planos que se indican por guiones, signos de admiración o cambios de perspectiva gracias a la persona verbal en que habla el autor; se mezcla la descripción a la narración; abundan las exclamaciones, que se ven y se oyen al mismo tiempo, como si fueran parte de la música. En suma, se aprecia claramente el propósito del autor de conseguir una adecuación rigurosa entre el ritmo y el sonido de la música y el del soneto, en ambos muy variados.

«Cante jondo» es otra clase de música, es canto y es español. Es una décima de tono elegíaco, cual corresponde al cante andaluz, en la que se repite tanto como en éste todo lo que exprese nostalgia y floritura. Guillén da a su décima la misma redondez que tiene el cante jondo, acabándola, por ejemplo, lo mismo que la empezó: *cante jondo, cante jondo* y *cante jondo, cante jondo.*

No es posible dejar el tema de la música sin hacer una mínima referencia a la importancia máxima de ella para Guillén. Mucho se ha hablado de los poetas-pintores, pero habría mucho más que decir de los poetas-músicos —entre los cuales debería ser situado Guillén—. Comparada la palabra individual, por muy musical que sea, con el arpegio, el acorde, el coro o la orquesta, presenta grandes limitaciones. Cuenta además con la del idioma. Mientras que la música es lenguaje internacional y no necesita traducción. A la salida de un concierto de Nadia Boulanger, le oí decir a Guillén: «Me hubiera gustado haber sido compositor, la música es un lenguaje más completo y más universal.»

Por lo demás, algo del valor de la música se puede ver en poemas cortos, como «Música, sólo música» *(Cántico,* pág. 92), donde gracias a ella *un mundo se crea / donde nunca hay muertos;* donde *todo está cumpliéndose / pleno en el sonido,* y donde, habitadas las glorias, *inmortal la vida / todo está cumplido.* Mas hay que leer muy despacio «El concierto» *(Cántico,* páginas 179-183) para saborear a fondo la significación total del mundo de la música, o hay que leer poco a poco «El acorde» de la introducción de *Clamor* para apreciar como es debido la música del Mundo de Guillén, que se ve también en dos poemas titulados «El amor y la música»: el primero lleva de subtítulo «Arabesque. Debussy», y el segundo, «Fantasía cromática. Bach» *(Que van...,* págs. 100-101 y 104-105). La música es igualmente de primordial importancia y de muy rico sentido en «Nadadoras» *(Maremágnum,* pág. 169).

VII

«LA NOCHE DE MAS LUNA», Y «ESTIO DEL OCASO» Y OTROS CREPUSCULOS

A) «LA NOCHE DE MAS LUNA»

(Cántico, 1945)

1. Fecha, verso y tema

Guillén escribió este soneto en Wellesley en 1943, los días 20 y 21 de febrero y 4 de abril, corrigiéndolo el 6 de octubre. Es un soneto de esquema clásico, como todos los de «El pájaro en la mano», a cuya sección III —hecha exclusivamente de sonetos— pertenece, y en la que ocupa el penúltimo lugar en las dos últimas ediciones de *Cántico,* antes de «Sueño abajo».

El soneto, por sus ideas e imágenes de nieve y de luna podría ser oriundo de cualquier lugar —Soria o Leningrado, por ejemplo—, pero nació en Wellesley. A pesar de su aparente objetividad y universalidad, glosa un recuerdo personal de la vida de casado de Guillén. Por las fechas en que lo escribió vivía en una casa de Weston Road, en la carretera del mismo nombre y enfrente de un vasto campo, al fondo del cual se veía pasar el tren. Más a lo lejos se perfilaban unas torres académicas algo góticas, el Colegio [1]. «La noche de más luna» es resultado de una escena familiar. Estando el matrimonio Germaine y Jorge a solas en su casa, fue ella la que llamó la atención del poeta sobre la estupenda luna que había sobre la nieve aquella noche. Entonces Guillén apagó la luz para ver mejor y se acodó al lado de su mujer en la ventana. Medio abrazado a ella contempló el panorama, de un blanco inmenso y espectacular. Era una luna grande y, entre su luz y la de la nieve, una noche espléndida, fría; una noche muy noche y una luna muy luna, la noche más lunar que podía soñarse. Todavía ahora, pasados más de veinte años, el poeta se emociona y exalta recordándola, se enternece ante el pequeño episodio familiar. «Si no hubiera sido por Germaine, esta poesía no se hubiera escrito. Se la debo a ella, como tantas otras cosas de mi vida.»

«La noche de más luna» recoge y nos ofrece uno de esos momentos de visión unitiva en los que todo está muy completo, digamos como el de «Las doce en el reloj». Guillén se dijo una vez más: *todo completo.* Sintió la luna, la nieve, la noche, el paisaje, la armonía, la organización de aquel conjunto ante él, el círculo cerrado y perfecto que formaba. Es un paisaje muy simple, sin desarrollo de vegetación, *elemental* por tanto, creado con *fondos* de nuestro planeta que estaban bien a la vista de Guillén, percibidos por él como invisibles y esenciales: la noche,

[1] La llanura, propiedad del mismo, fue cultivada, en los años de la Segunda Guerra Mundial, por cuantos acudieron a plantar algo alimenticio. Fueron muchos los profesores de ambos sexos que agotaron sus fuerzas cavando, sembrando, escarbando y cosechando. Estas escenas, debidas a la escasez de víveres, debieron de suscitar el interés de nuestro autor, ávido siempre de vida humana, de tentarle como motivos poéticos, pero no las utilizó en *Cántico.* Si hubiera estado entonces escribiendo *Clamor,* quizá aparecerían allí fijadas en el tiempo. ¡Cómo son las cosas!: «La noche de más luna» no glosa para nada aquello que Guillén vio desde sus ventanas en los años de la guerra, recuerda algo muy diferente y muy íntimo.

la luna, la nieve. A ellos se van añadiendo el frío, el silencio, la blancura, la luz de la luna y de la nieve, etc., que se refuerzan los unos a los otros hasta formar ese *ámbito completo* final.

2. La luz de la oscuridad

El título del poema parece gongorino. Pondera la cantidad —más luna— expresando realmente la ponderación de la calidad. En Góngora, la hipérbole de la cantidad implica la de la calidad de todo el ser. Cuando dice de Polifemo por su tamaño « ¡cuánto esposo! », es como cuando Guillén dice *cuánto abril* o *de más luna,* equivalentes a qué intenso abril o qué luna tan clara o tan fuerte. El procedimiento, se deba o no a Góngora, lo emplea el autor de *Cántico* con alguna frecuencia y con efectos altamente satisfactorios. A pesar de la luz de la luna y de la de la nieve, es uno de los pocos poemas oscuros de *Cántico,* y como nuestro autor no es oscuro habrá de concluirse que esta oscuridad es voluntaria. Es buscada, como lo son sus efectos. Por lo demás, nada tiene de sorprendente que por mucha nieve y mucha luna que haya, siendo de noche, el cuadro tenga un fondo de oscuridad o de tiniebla. En realidad, la técnica de Guillén en esta especie de «claro de luna» invernal tiene algo del claroscuro de los pintores.

Volviendo a la oscuridad intencionada del autor en este soneto. Me parece que es gracias precisamente a ella por lo que ha logrado un poema excelente. El tema de la composición es simplemente la luz de la luna y de la nieve, la noche y la sombra de algunos objetos sobre una pared. Todo ello ordenado y organizado alrededor de la habitación en que se encuentra el poeta, fortificando todo ese *ámbito completo,* resumido en *noche de nieve, de luna y mi estupor.* Estamos, pues, en presencia de algo tan perfecto que el autor se queda pasmado ante ello. Este sentimiento de admiración ante el panorama viene a ser el único pensamiento del autor. Pensamiento, porque sabemos que es parte de la manera de entender el poeta el mundo, que su estupor no procede sencillamente de la contemplación de una noche de luna, sino de lo que hay detrás del espectáculo, es decir, de la maravilla de la Creación. El autor no nos da otro pensamiento —por mejor decir, apenas nos da tampoco del todo éste—, lo que nos da es la descripción de esa noche de luna que tanto le impresiona. Más que nada, por su luz. La luz es el motivo principal del soneto y no podría ser pintada sin las correspondientes sombras. Ahora bien, una de las características del mismo es la imposibilidad de precisar categóricamente alguno de sus elementos, como este de la iluminación. Nos encontramos con que es difícil determinar en forma definitiva de dónde procede la delicadísima luz que baña la escena: de la nieve o de la luna o de ambas a la vez. Imprecisión con la que se consigue transmitirnos con rigurosa exactitud la vaguedad y confusión de esa luz especial de las noches de luna, más extraña todavía en esta noche de gran nevada. Es ese efecto de luz o luces lo que capta y nos transmite magistralmente una gran parte del poema, es de esta luz nocturna, lunar y nevada de donde procede el caudaloso lirismo del soneto, lo que inspira sus imponentes endecasílabos, marchando majestuosamente, cada uno de ellos una brillante rapsodia, todos convergentes al tema: este maravilloso «solo» de luz.

Lo indeterminado, lo imponderable, Guillén nos lo da como es. Consigue un cuadro blanco con esa luz inefable. Prescinde de las líneas fuertes para darnos únicamente alguna silueta: *cada objeto / va dejando a la sombra el pormenor*. Deja incluso a la luna en cierta oscuridad, porque nuestro satélite queda sin nombrar en los versos del soneto. Con estos recursos artísticos Guillén logra confundir nuestra vista, atraparnos y encerrarnos en el pequeño mundo creado en su soneto y dejarnos tan estupefactos como se sintió él al contemplar «La noche de más luna».

3. Comentario por estrofas

Primer cuarteto. Exclamativo y lírico, sin ninguna palabra de contenido sentimental, dedicado a la noche, a la luz y a la nevada. Lo característico de la noche es su inmovilidad, representada por el silencio —negación del sonido— y por la blancura —negación del color—. Está, pues, sentida con la inteligencia y no hay en ella ni la melancolía ni la soledad a la que nos tenían acostumbrados los románticos y sus sucesores. Podría haber metonimia en *noche* por luna; en todo caso cabe holgadamente pensar que en la palabra noche el poeta está incluyendo a la luna, también *inmóvil ante la mirada.* Los tres siguientes endecasílabos completan la introducción a la descripción del nocturno: la nieve —*silencio convertido en pura materia*— es más bien luz que sustancia tangible. En realidad, este gran silencio es uno de los elementos ambiguos y por tanto enriquecedores del sentido del verso. Insisto en que el poeta busca no las líneas cortantes y bien definidas, por otro lado inexistentes en una noche de gran luna, sino las poco delineadas y adrede confusas. De ahí que *tanto silencio* pueda ser determinante de noche = luna de nevada, fundiéndose así los tres objetos del primer plano. (Nótese a este respecto cómo al final del cuarteto la blancura de la nevada ilumina la noche tanto como la *pura materia* nacida del silencio.) O *puede que tanto silencio convertido en pura / materia* signifique la luz de la luna alumbrando la nieve. En el cuarteto segundo se aprieta algo más el sentido de este silencio hecho materia. El poeta habla allí de *rayos,* naturalmente de rayos de luz. Pero de momento el lector carece de esta orientación, aunque misteriosamente intuya que lo más blanco de esta noche es la luna, y que de ésta y de la nieve procede la luz.

Segundo cuarteto. *Hasta el frío, visible al fin* por estar fundido con la luz, *agrada* y resplandece *como la textura / misma de aquellos rayos;* es decir, el frío de la nieve irradia también su luz. Que Guillén vea el frío y nos lo haga ver a nosotros es uno de los hallazgos y alegrías de su poesía. Ya está comentado el gusto de nuestro poeta por hacer visible lo invisible, el átomo, la materia del tablero, etc. Yo creo que aquí se trata de este gozo del autor y no de una simple sinestesia, por otra parte muy productiva sensorialmente hablando para el soneto y sus lectores. *La textura* —tejido o dibujo— *misma de aquellos rayos* de luz de la luna se proyecta en la pared. Podría pensarse en la posibilidad de que el frío = luz = nieve sea lo que se pinta sobre la pared, en cuyo caso ambas luces, la de la nieve y la de la luna, se mezclarían en la pared. La clave de la interpretación es dudosa, a pesar del indicio que se nos da con el adjetivo *lunada* aplicado a *pared: lunada* puede servir para aclarar el origen de *aquellos rayos* y entonces habría que entender rayos de luna, luz que hace *lunada* la pared al recibirlos; pero el adjetivo podría pertenecer a la pared *antes* de recibirlos, y en este supuesto sería el frío = nieve lo que se reflejaría sobre el muro; hablando con propiedad y prosaicamente, lo que se proyectaría sería, pues, la luz de esa blancura, de esa nevada.

Tanto el primero como el segundo cuarteto, por la acumulación de palabras y frases descriptivas, proceden con lentitud. Fíjese el lector en el efecto de *mientras dura / su proyección en la pared lunada.* Sentimos casi la inmovilidad no sólo de la noche, sino del soneto.

Tercetos. En el primero de ellos tenemos *lo más nocturno,* concretándose sobre los *lisos blancos* de la pared. Véase cómo el poeta, aun llegado a la parte que contiene la delineación más clara de lo que ve en esta noche de luna, mantiene indistintas y confusas las cosas percibidas a la luz de la luna: no sabemos bien qué es *lo más nocturno* ni cuál es el sujeto de *va dejando,* si *lo más nocturno* del segundo verso o *el pormenor* del tercero; no hay líneas afiladas, tajantes, sino engañosas, traidoras, como la luz de la luna para los tiradores o para los enamorados. En esto reside en parte el éxito del soneto.

Lo más nocturno parece indicar el aspecto más oscuro de las cosas, la parte en sombra. Esta nocturnidad no permite ver los rasgos minuciosos de cada objeto, los deja en la penumbra y lo que se proyecta en la pared es sólo la silueta, menos quizá aún, la sombra misma de las cosas, imagen todavía más borrosa que la del perfil, sencillo, pero visiblemente trazado.

El segundo terceto completa el cuadro espectacular de esta noche «lunada» (acepto por su expresividad el nuevo matiz que da Guillén a la palabra —no hay verbo lunar en nuestro diccionario y el adjetivo que Guillén usa no tiene allí el sentido que nuestro poeta le concede—) y le da el golpe de llave que cierra el soneto.

Y elementales fondos de planeta se debe leer de manera muy general, pensando que estos fondos son la noche, la luna, la nieve y el frío, es decir, elementos esenciales, primitivos, reducidos a lo más general todavía, el planeta, la Tierra. Otra lectura más restringida y, paradójicamente, no tan exacta sería así: los fondos o superficie de luz y nieve bosquejan o esbozan —por eso diría el autor *elementales,* porque son rudimentarios y no bastan para delinear terminantemente, aunque sí para afirmar el *ámbito completo* en que está inmerso el poeta— el mundo del soneto, o sea la vista desde las ventanas de Weston

Road[2]. *Fortifican* tiene como sujeto gramatical los *fondos elementales* y se emplea como sinónimo de «dan fuerza» y a la vez en su sentido castrense: rodean de reductos, baluartes o trincheras un *ámbito completo,* el mundo de Guillén en aquel momento.

Noche con nieve, luna y mi estupor recapitula el tema del soneto y termina la composición prodigiosamente. Es un verso cargado, sintético, maravilloso en su aparente sencillez. El poeta surge de improviso en el verso final con el posesivo *mi.* No ha podido contener su entusiasmo, tenía que expresarlo en primera persona, de manera concreta. Así culmina mejor la idea central del soneto (y de *Cántico,* en general, cuyas últimas palabras son: *admirando cómo el mundo / se tiende fresco a la sombra).*

Guillén usa el endecasílabo agudo en este último verso y en el correspondiente del terceto primero *(pormenor* rima con *estupor),* forma prohibida por los clásicos, que la encontraban dura. También lo ha cultivado Unamuno. Guillén lo emplea por su expresividad. Y, efectivamente, resulta aquí muy expresivo. *Estupor,* por su apoyo fenético en contraste con el de los endecasílabos precedentes, por el sonido oscuro y profundo de la vocal *o,* por la duración del tiempo de la misma, que se prolonga hasta convertirla casi en una *o* exclamativa, por la calidad explosiva de las consonantes *t* y *p,* en suma, por el ritmo que da al verso, por su acento y por el sonido de la palabra misma, remacha y remata brillantemente la composición: refuerza la ya firme admiración del poeta ante lo que está viendo, perfecciona la plenitud de ese momento de equilibrio en un *ámbito* ya *completo* también, y lleva el soneto a su culminación elevadísima.

[2] No sé si Guillén recordó al escribir el primer endecasílabo del terceto final el popularísimo «la luna es un poco chico», de Lorca; pero la luna del autor de *Cántico* tiene la hondura y la redondez lorqueña y, si se me apura un poco, machadiana también.

B) «ESTIO DEL OCASO» (*Cántico*, 1945) Y OTROS CREPUSCULOS

1. FECHA, LUGAR, VERSO Y TEMA

«Estío del ocaso» fue escrito en Wellesley. Guillén lo compuso un día de invierno de 1943, el 23 de febrero, lo trabajó el 25 y 26 de abril del mismo año y lo corrigió el 13 de junio del siguiente. Forma parte de la quinta sección de «El pájaro en la mano», la última, y está situado en el tercer cuarto aproximadamente de la misma.

La poesía, tranducida al italiano [3], consta de diez versos, endecasílabos y heptasílabos con un par de alejandrinos, sin orden de estrofa y sin rima.

«Estío del ocaso» pinta un crepúsculo invernal visto desde las ventanas de la casa que ocupó Guillén en Weston Road, varias de las cuales dan al amplio campo ya descrito anteriormente. Aquellas ventanas fueron para el poeta un miradero de crepúsculos estupendos sobre el colegio y sus alrededores. Las torres de la pequeña universidad, elevándose sobre el inmenso llano, destacan limpiamente contra el horizonte iluminado por la caída del sol. Los árboles al fondo, a la derecha y a la izquierda del campo enmarcan el paisaje. Después de una gran nevada, el panorama adquiere belleza de gran cuadro. Guillén vio bien esta maravillosa pintura, vio cómo la nieve contraía y crispaba el lugar y la atmósfera, cómo adquirían las líneas del dibujo esa pureza y nitidez que se obtiene achicando el paisaje al agrandar las distancias, ese efecto conseguido cuando reducimos el tamaño de una fotografía grande o cuando miramos por la parte más pequeña de las lentes de los gemelos. Vio bien y cantó mejor esta llanura al ponerse el sol no sólo en «Estío del ocaso», sino en otros poemas de puesta de sol, como «¿Ocaso?» y «Rico occidente». Ahora que el tema del crepúsculo aparece tarde en la poesía de Guillén.

[3] Piero Bigongiari, amigo de Guillén y, al igual que éste, poeta y profesor, es el autor de la traducción aparecida en *Il vento d'Ottobre* [Milano], Mondadori, 1961, págs. 258-259. Incluye también traducciones de «Cierro los ojos» y «Noche planetaria», págs. 254-257 y 260-263.

2. Desgana de crepúsculos

Por razones de austeridad, me confiesa el autor, no hay crepúsculos en el primer *Cántico*. En aquella época, Guillén se había prohibido esta luz como motivo poético. El simbolismo y Juan Ramón Jiménez venían impregnando el tema de una sentimentalidad lacrimosa y una languidez decadente. «Yo —me dijo Guillén en cierta ocasión— no quería incurrir en esto, que me disgustaba y me parecía un defecto muy fin de siglo. Hui de los poemas sobre el crepúsculo vespertino, hui incluso de la palabra misma. Más tarde, me di cuenta de mi equivocación: el crepúsculo en sí era inocente, el crepúsculo es lo que es uno, lo que es el poeta que lo canta. Si alguien ve una puesta de sol esplendorosa como una vista de tarjeta postal, es porque la lleva de antemano en los ojos, porque no sabe usarlos para ver libremente. Entonces escribí una serie de crepúsculos, muchos de ellos en Wellesley.» Bien que, como si le quedará todavía alguna nota infamante al crepúsculo, sustituyó esta palabra por otras [4], entre ellas por ocaso, más clara y más recia: porque ni puede aplicarse, como crepúsculo, a la luz que precede a la salida del sol, ni contiene sonidos ni connotaciones de languidez como aquél —aunque conserva la idea de caída, declinación o decadencia, pero con más naturalidad y más ligereza—. Ocaso, que suena más fuerte, más duro, más épico y más castellano, que no existe en el francés, aunque provenga, como crepúsculo, del latín.

3. Comentario a la estrofa

En el título, con la palabra *estío* se obtiene una refrescante originalidad. Se trata del momento más esplendoroso de un día de invierno, el del crepúsculo vespertino. El poeta iguala la luz y los colores de la hora con los de la paleta brillante del verano; y dice, en invierno, «estío del ocaso».

El poema es a lo primero como un dibujo en blanco y negro —los versos de la primera mitad, que terminan en punto y tienen su unidad orgánica independiente de la segunda parte de la estrofa—. Son los versos relativos al invierno el fondo

[4] Véase «Cielo del Poniente» *(Cántico,* pág. 256) como ejemplo.

para la bella puesta del sol que se pinta después. Entonces el dibujo en blanco y negro anterior se transforma en un rico cuadro de gran colorido y exquisitos tonos. Estos colores, bastante gongorinos por su riqueza y preciosismo, contrastan con la carencia de ellos manifestada por los primeros cinco versos, en que no hay más que nieve y árboles sin hojas. Ahora, en *la gran hora del cielo,* es decir, la de la puesta del sol, invierno o no, nieve o terrón a la vista, tenemos *rubores de algún pórfido en boatos / que se nos desparraman con su estío.* Esta ostentación y lujosidad del pórfido gongorino, extendida profusamente, resalta con tal violencia sobre la nieve de la vasta llanura que choca con ella. Si Guillén fuese un poeta de lugares comunes hubiese dicho que la luz y el color *hieren* la blancura de la nieve. Lo cual no estaría mal, pero no es bastante para Guillén y su generación, tan esforzados en la conquista de algo nuevo y mejor. García Lorca, por ejemplo, aludiendo al ruido de los cascos de los caballos sobre la llanura campesina, eludirá el decir herir o chocar el hierro sobre la tierra y transformará el sonido producido por el galopar de los caballos diciendo: «los jinetes se acercaban / tocando el tambor del llano». Guillén, con sobriedad bien castellana, hablando de la brillantez de colores de un ocaso, de su oposición y colisión con el desabrimiento invernal, halla la palabra justa: *agresión de esplendor contra la nieve atónita.* El esplandente ocaso acomete la nieve. *Agresión,* propiamente hablando, tiene un sentido más restringido que *herida,* porque parece referirse preferentemente a ataques entre personas. Con lo cual tocamos a otro de los puntos significativos del poema «Estío del ocaso», la personificación y la humanización del mismo [5].

El verso *Y sobre la arboleda —nervio todo y crispándose—* inicia la humanización de este paisaje invernal. Se continúa ésta cuando el poeta habla de la *agresión de esplendor* y culmina la misma en la palabra final: *atónita,* referida a la nieve. Es ella la que se queda pasmada ante una puesta de sol tan veraniega, tan resplandeciente. El poeta está, claro, fundido a esta nieve, dentro de ella. Pero la deja hablar y sentir por su cuenta, como un personaje de teatro. En efecto, hay en esta escena del atardecer algo semejante a un protagonista teatral,

[5] Sobre el sentido y la función de la prosopopeya en *Cántico,* véase Debicki, *op. cit.*

mejor dicho, protagonistas, porque hay dos, uno la nieve y otro el ocaso, una más pasiva, otro más activo; una desprovista de todo *(la invernal carencia)*, el otro viviendo en el boato. Estos dos lados de la poesía, a la vez negativa y positiva, son fáciles de seguir, incluso de delimitar. Los versos son diez: el poeta dedica a cada aspecto cinco y los separa por el signo de puntuación, el punto. Hay, pues, un amago de división en dos partes. Ahora que, a pesar del contraste entre ellas, Guillén persiste aquí, como siempre, en su afán de unión y de armonía. El contraste entre la primera y la segunda parte del poema se resuelve por el poeta, que junta aquella lejana nieve del primer verso con la nieve atónita del último, que une el ocaso invernal a la idea del color y calor del estío.

4. Otros crepúsculos welesleños

En cuanto a los otros dos crepúsculos que en el último *Cántico* siguen al que acabo de comentar, uno «¿Ocaso?» y el otro «Rico occidente», hechos ambos en el mismo lugar y con la misma perspectiva de las ventanas de Weston Boad, limitaré mis comentarios a dos palabras nada más.

«Rico occidente» es anterior a «¿Ocaso?», no estando este último en el *Cántico* de 1945, mientras que el primero sí que aparece. «Rico occidente», por el despliegue de colores, por lo altisonante de algunos versos, por la grandeza de ciertas imágenes, por su derroche y por su frenesí, recuerda a Góngora otra vez. El último verso está ciertamente tomado de él, al final, cuando dice Guillén: *Piso tesoros,* refiriéndose a los colorines del crepúsculo, esta vez vespertino.

«¿Ocaso?», intercalado en el último *Cántico* entre «Estío del ocaso» y «Rico occidente», es, como éste, un poemita corto, en alejandrinos, cinco versos nada más, pero que ha resultado ser, por su métrica, una curiosidad para los especialistas. Es que contiene un tipo nuevo de verso, el tetradecasílabo dactílico, una nueva especie de alejandrino que Guillén se entretuvo en componer una tarde en Wellesley y que resultó un descubrimiento. La novedad consiste en que los apoyos rítmicos caen en las sílabas 1.ª, 4.ª, 7.ª, 10.ª y 13.ª, todos menos el último, de cláusulas dactílicas. Guillén empleó este curioso acoplamiento de acentos que impide la cesura en el verso séptimo, además, solamente en dos o tres poemas, todos muy cortos. El ritmo obtenido con estos acentos, me dice Guillén, le pareció demasiado marcado: *Intima y dúctil, la sombra aguardando aparece.* Tomás Navarro, con su finísimo oído para la poesía, fue el primero que percibió la invención de Guillén. En teoría, dice el señor Navarro, la posibilidad del verso dactílico de catorce sílabas con apoyos en 1.ª, 4.ª, 7.ª, 10.ª y 13.ª, había sido prevista hace años por Vicuña Cifuentes. Le correspondió a Guillén el honor de dar realidad efectiva a este metro [6]. «¿Ocaso?» es una muestra del mismo. Este Alejandrino se encuentra también en dos poemitas breves, escritos en Wellesley: «Unico pájaro», cuyos tres primeros versos son de aquel nuevo tipo, y el último verso no lo es, sino que está, por los acentos, en contraste con aquellos tres, y «Avión de noche» *(Cántico,* páginas 247 y 258).

Cántico contiene al menos tres crepúsculos welesleños más. Uno es «La estrella de Venus» (pág. 195), de título bien lopesco, que es un paisaje de crepúsculo vespertino, muy rico en color, en el cual cruza al principio un tren, *silbido y ráfaga,* y al final sale Venus, *y el cuerpo del amor / —femenino, celeste— / consolará a la noche.* Otro es el soneto «Ya se alargan las tardes» (pág. 267), que es todo él una sola frase prolongada hasta el final de la composición como si quisiera formar un paralelo con el alargarse de las tardes de febrero. El tercer crepúsculo es otro soneto, «Electra frente al sol» (página 278), que describe un atardecer en el momento en que empiezan a encenderse los faroles y las luces eléctricas frente a la luz del día que dura todavía. La fuente de este soneto, me ha dicho Guillén, es una conversación con su entrañable amigo Pedro Salinas, una tarde al anochecer en Weston Road. En vista de todos estos crepúsculos, uno se pregunta si Guillén, de no haber tenido su magnífico miradero welesliano, habría escrito con tanta frecuencia sobre ellos. Yo creo que sí, porque desde cualquier balcón sevillano o madrileño hubiera sabido ver las luces del atardecer. La nieve es otra cosa, claro, como lo son los trenes que podía ver pasar en Weston Road. Pero, aparte de esto, más difícil de ver desde una ciudad española, todo lo demás es tan esencial que se encuentra en cualquier lugar del mundo.

6 Navarro, pág. 472. Véase también págs. 20, 431 y 510.

VIII

NOTAS BREVES Y OTROS POEMAS

AL POEMA NÚMERO

15. Fechas: Wellesley, 21-22 de agosto de 1942, octubre de 1943 y 13-14 de abril de 1944. Steve es el reputado hispanista Stephen Gilman, yerno de Guillén.
16. Fechas: Wellesley, 26-27 de agosto y 5 de septiembre de 1943. Corregido en julio y agosto de 1944. Estas muchachas son las alumnas de Wellesley College. El poema está estrechamente relacionado, pues, con «Melenas», «Nadadoras», «Tiempo libre» y «Poesía eres tú».
17. Escrito a bordo del *Constitution* en 1954; revisado en 1955 en Wellesley. «Tren con sol naciente» es quizá el poema más norteamericano de Guillén, sobre todo en cuanto a tipos y ambiente. Este despertar de los viajeros del «coach» permite verlos en lo esencial e incluso hay en la poesía detalles del paisaje por el que avanza el tren a gran velocidad. También hay humor.
18. Fecha: 1954. La ciudad es Nueva York, y la poesía está escrita allí, aunque su tema, la angustia por la posible guerra atómica, sea aplicable a cualquier lugar del mundo. El poema resulta así de carácter histórico. «¡Ojalá parezca pronto una poesía anticuada!», me dijo Guillén.
19. Glosa el esfuerzo de algunos europeos por transformarse en americanos en vez de tratar sencillamente de adaptarse al nuevo continente. Dafne se queda a medias en su proceso de metamorfosis, y el europeo, con la pesadumbre de una vida partida en dos.
20. Compuesto en el autobús de Wellesley a Boston en 1950. En este trébol, tan incisivo, satírico y quevedesco —recuerda, en efecto, el memorial «Católica, sacra, real majestad...»—, Guillén nos da comprimida su idea contra los prejuicios de raza.
21. Fecha: México, 9 de octubre de 1950. Resultado de un viaje de Guillén a Cuernavaca hecho la víspera para visitar a Alfonso Reyes.
22. De igual fecha y con igual ocasión que la poesía número 21.
23. Lo mismo que las dos anteriores.

24. Fecha: Wellesley, enero de 1950. Esperando el autobús para ir a Boston, Guillén, observando el humo de la gasolina sobre el asfalto de la plaza de Wellesley, recordó un soneto de Baudelaire, «Recueillement», oído recitar a Valery en Madrid, el año 1924, en una conferencia dada por éste en la Residencia de Estudiantes de la calle del Pinar. El soneto empieza, «Sois sage, ô ma Douleur, et tiens-toi plus tranquile», y termina con «Entends, ma chère, entends, la douce nuit qui marche» *(Les fleurs du mal)*.
25. Relacionado con la vida en Wellesley del poeta y profesor; y se ve, resultado de su actividad docente. Como es sabido, Bécquer es uno de los poetas favoritos de Guillén. Lo incluía en dos de sus cursos anuales.
26. Fecha: México, 1950, últimos meses de este año. Esta décima romancera de endecasílabos corresponde, pues, a la estancia de Guillén en México; pero aquí también, la poesía, por su tema, podría ser sobre o de cualquier lugar en donde hay negros.
27. Fecha: México, noviembre y diciembre de 1950. La décima trata del monumento a Carlos IV sobre una hermosa montura. El caballo parece contar más que el jinete, al menos para el vulgo, que llama a la estatua «El caballito». «¡Caso tan particular bien merecía un poema —me dijo Guillén medio en broma—, y como yo ya tenía en *Cántico* una 'estatua ecuestre', decidí llamar a la nueva 'la estatua más ecuestre'! »
28. También de México, 1950. Otra décima romanceada más en la que hay unos árboles vistos por el poeta en Chapultepec, los que le hicieron pensar en unos de la *Divina comedia* ilustrada por Gustavo Doré.
29. México, 9 de octubre de 1950. Los supremos de esta décima romancera son unos pájaros.
30. Esta décima sobre la Bahía de San Francisco data de la primavera de 1951.
31. México, 1950.
32. Berkeley, California, 1951. Décima de eneasílabos consonantes sobre la vista de la ciudad alta desde una ciudad más baja.
33. El día 2 de abril de 1952, a pleno día, hubo un robo a mano armada en uno de los grandes hoteles de Boston. Guillén concibió «Los atracadores», poema en prosa, aquel mismo día 2, en Wellesley, y lo escribió del todo en Columbus, Ohío, después, pero en 1952.
34. Fecha: Wellesley, 21 de marzo de 1953. Es una poesía basada en la fiesta de natación que dan en la primavera las alumnas de educación física del College. Guillén comenzó la composición en Columbus, recordando a Wellesley, y la escribió o la acabó en Wellesley, dando fecha y lugar al publicarla en *Cántico,* aunque omitiera en la fecha el año, 1953.
35. Fecha: Wellesley, noviembre de 1953. Ruth Whittredge, profesora de español de Wellesley College durante los años 1944 a 1950, es

amiga del poeta, ha traducido parte de su obra en prosa y, por los años de mediados de siglo, recibía frecuentes visitas del matrimonio Guillén, algunas en su casa de Salem, junto al mar. La poesía responde a una de estas visitas.

36. Poema en prosa sobre el otoño en Nueva Inglaterra. Al fondo, la añoranza de una España imposible para el emigrado de la poesía.

37. No sería difícil de identificar a esta agria y desagradable compañera caritativamente perdonada por el poeta a pesar de todo. Otra vez, por su tono satírico e incisivo, el poeta nos hace pensar en Quevedo.

38. El romance trata de la muerte de un gato, ocasionada por un involuntario pisotón de Guillén al bajar la escalera oscura de unos amigos de Arlington, Massachusetts. Quizá ocurriera en casa de Amado Alonso.

40. La poesía podría referirse a la muerte de algún amigo español del poeta, en América también, como la de Pedro Salinas, en 1951, o la de Amado Alonso, en 1952, fallecidos el uno en Boston y el otro en sus cercanías, en Arlington, Massachusetts.

42. «Lo que por de pronto vale es esta tierra, este mundo.» Es una composición intermedia entre el campo y la ciudad, entre el otoño y el invierno, entre la tarde y la noche, pensada en Wellesley durante una meditación peripatética por los arrabales de la *casi ciudad,* un mes de noviembre.

43. El tema es la Nochevieja neoyorquina de Times Square, comparable a la madrileña de la Puerta del Sol, con la caída de la bola del reloj de Gobernación.

44. El poema refleja la violencia de una calle cinematográfica, la sensación caótica, de maremágnum, de confusión, vista en las películas norteamericanas de tiros y puñetazos.

45. Expresa el agradecimiento y el optimismo del europeo acogido a la hospitalidad americana. Es uno de los poemas de Guillén más reproducidos en los últimos años.

46. Fecha: Wellesley, 26 de noviembre de 1954. La víspera fue el día de Thanksgiving, y tuvimos una pequeña comida en mi casa con Guillén y otros amigos españoles. Hubo discos de flamenco y cante jondo. Guillén me regaló el autógrafo el día 26 por la mañana.

47. El caso extraordinario de puritanismo de la destacada prohibicionista, muy admirada por algunas austeras profesoras de Wellesley a las que Guillén compadecía por su estrechez de espíritu, inspiró al poeta este satírico trébol.

48. Este jardín es el de la que fue casa de las hermanas Fano, en Hato Rey, Puerto Rico, dos de las cuales, Esther y Elsa, muy distinguidas por su amor a lo español, son amigas de Guillén. Esta casa ha dejando de existir, desgraciadamente, lo mismo que su maravilloso jardín tropical, debido al desarrollo urbano de San Juan. Esther Fano fue profesora de español de Wellesley College y, como tal, estableció amistad, primero, con Pedro Salinas y, después, con Gui-

llén. El cocuí es una especie de pequeñísima rana, al canto del cual, por onomatopeya, se debe probablemente el nombre de co-quí.

55 y 56. Son poemas que muestran cómo Guillén acierta a integrar el amor pasado y el amor presente, el amor a sus dos esposas: Germaine Cahen (1897-1947) e Irene Mochi Sismondi, con la cual contrajo matrimonio en Bogotá, Colombia, el 11 de octubre de 1961, a los quince años casi de haberse quedado viudo.

58. Juan Centeno, exquisito rondeño, profesor de Middlebury College y director (1934-1949) de su Escuela de Verano durante la época más brillante de la misma, fallecido el 19 de junio de 1949.

59. Pierre y Alix Deguise, amigos del matrimonio Guillén. Pierre Deguise fue compañero de francés de nuestro poeta por los años de 1950. Hoy enseña en Connecticut College, New London, Connecticut. «Apertura de curso» está dedicado a Jacques Deguise, primogénito de la familia.

64. Fecha: Wellesley, primavera de 1957. El amigo es en realidad una amiga de Wellesley College: Ella Keats Whiting, profesora de inglés de 1928 a 1961, especialista en John Audelay y en Chaucer, *Dean of Instruction* de 1939 a 1954, *Dean of the College* de 1954 a 1961. Desciende, en efecto, de la familia de John Keats. En sus funciones de especialista en poesía y de decana del College, miss Whiting entabló gran amistad con Guillén. Le profesaba y le sigue profesando, aun después de jubilados ambos y de vivir en ciudades diferentes, una viva admiración.

68. Ramón de Zubiría estudió en Middlebury College durante las sesiones de verano, tomó seguramente cursos con Guillén y de entonces data la amistad entre ambos. Zubiría es autor de un libro sobre *La poesía de Antonio Machado* (Madrid, Gredos, 1955). Ha sido rector de la Universidad de los Andes, Bogotá, donde Guillén fue de catedrático en 1961. Zubiría, creo, desempeña hoy cargos diplomáticos en Europa.

69. M. M. es Marilyn Monroe. El poema está escrito en Portugal, donde Guillén leyó la noticia del suicidio de la famosa actriz. Esta trágica muerte le impresionó mucho, dice. No quiso poner el nombre de la desgraciada estrella de cine en el poema; dice que lo hizo para que quedara todo más recatado y, así, más a tono con la composición. Se publicó ésta primero en los *Papeles de Son Armadáns*.

TERCERA PARTE

APENDICES

I

APENDICE NUMERO 1

Los saltos de «Tiempo libre»

Incluyo en este apéndice ciertos datos sobre la estrofa, el verso y los saltos de «Tiempo libre» por parecerme interesantes como medios expresivos de Guillén.

Las estrofas de nueve versos suelen comenzar por heptasílabo o endecasílabo, rara vez por trisílabo: de las diez primeras (2-11), seis empiezan en endecasílabo; tres, en heptasílabo, y una sola, en trisílabo (la número 3), y de las doce finales (13-25, excluyendo la 21, que es de ocho versos), cinco principian con endecasílabo; seis, con heptasílabo, y solamente una (la número 15), con trisílabo. Las cuatro estrofas del poema que no son de nueve versos comienzan así: dos, en endecasílabo (las números 1 y 21), y dos, en trisílabo (la 12.1 y la final, la 26). Falta referirme a las diez estrofas centrales de nueve versos: comienzan en endecasílabo siete de ellas, y las tres restantes, en heptasílabo (como ya dije en otro lugar cómo empieza la 12.2, no lo repito aquí, pero sí le recuerdo al lector que si quiere que le salga bien la cuenta de diez estrofas, no debe sumar aquí la estrofa 12.1, que no es de nueve versos). Este recuento y la tabla que doy a continuación, para mayor claridad, prueban que el endecasílabo es el verso más frecuente en «Tiempo libre» y que es, asimismo, el más abundante al comenzar la estrofa. En efecto, de los trescientos nueve versos de la composición, 152 son endecasílabos, 121 son heptasílabos y 36 son trisílabos, todos ellos distribuidos como se verá.

CUADRO CLASIFICADOR DE ESTROFAS, VERSOS Y SALTOS

Parte	*Estrofa número*	*Número de versos*	*Número de sílabas del verso*									*Número de saltos y distancias*	
			1.º	*2.º*	*3.º*	*4.º*	*5.º*	*6.º*	*7.º*	*8.º*	*9.º*	*4 síl.*	*8 síl.*
Primera parte (Once estrofas)	1	3	11	7	3	—	—	—	—	—	—	2	—
	2	9	7	7	3	11	7	7	3	11	11	3	2
	3	9	3	7	7	11	7	11	7	7	7	5	—
	4	9	11	3	11	11	7	7	7	7	11	2	2
	5	9	11	11	7	11	11	7	11	11	3	4	1
	6	9	11	7	11	7	3	11	7	7	7	5	1
	7	9	7	7	7	3	7	7	11	7	11	5	—
	8	9	7	3	11	7	7	3	11	3	11	3	4
	9	9	11	7	7	7	3	7	11	7	7	5	—
	10	9	11	7	3	7	3	11	7	7	7	5	1
	11	9	11	7	11	7	11	3	11	11	11	4	2
	11 estrofas (10 de 9 vs. 1 de 3 vs.)	93 versos	15 trisílabos 44 heptasílabos 34 endecasílabos									43	13

CUADRO CLASIFICADOR DE ESTROFAS, VERSOS Y SALTOS

(Continuación)

Parte	*Estrofa número*	*Número de versos*	*Número de sílabas del verso*									*Número de saltos y distancias*	
			1.º	*2.º*	*3.º*	*4.º*	*5.º*	*6.º*	*7.º*	*8.º*	*9.º*	*4 síl.*	*8 síl.*
Segunda parte (Una estrofa subdividida en once subestrofas)	12.1	7	3	7	7	11	11	11	7	—	—	3	—
	12.2	9	7	7	11	7	7	7	7	7	11	3	—
	12.3	9	7	7	11	7	7	7	11	11	11	4	—
	12.4	9	11	11	11	11	11	11	11	11	11	—	—
	12.5	9	11	11	11	11	11	11	11	11	11	—	—
	12.6	9	11	11	11	11	11	11	11	11	11	—	—
	12.7	9	11	11	11	11	11	11	11	11	11	—	—
	12.8	9	11	11	11	11	11	11	11	11	11	—	—
	12.9	9	11	11	11	11	11	7	11	7	7	3	—
	12.10	9	11	11	7	7	7	11	7	7	11	5	—
	12.11	9	7	7	11	11	7	3	11	11	11	4	1
	11 sub-estrofas (10 de 9 vs. 1 de 7 vs.)	97 versos	2 trisílabos 26 heptasílabos 69 endecasílabos									22	1

CUADRO CLASIFICADOR DE ESTROFAS, VERSOS Y SALTOS

(Continuación)

Parte	*Estrofa número*	*Número de versos*	*Número de sílabas del verso*									*Número de saltos y distancias*	
			1.º	*2.º*	*3.º*	*4.º*	*5.º*	*6.º*	*7.º*	*8.º*	*9.º*	*4 síl.*	*8 síl.*
Tercera parte (Catorce estrofas)	13	9	7	7	11	7	11	7	11	11	3	5	1
	14	9	7	11	11	11	3	11	11	7	11	3	2
	15	9	3	7	7	7	3	7	11	11	7	5	—
	16	9	11	7	7	11	7	7	7	3	7	5	—
	17	9	11	7	3	7	3	7	11	7	3	8	—
	18	9	7	11	3	7	3	11	11	3	11	3	4
	19	9	11	7	11	7	7	11	3	11	7	5	2
	20	9	11	11	11	7	7	7	7	7	3	2	—
	21	8	11	3	11	11	7	11	11	7	—	3	2
	22	9	7	11	7	11	7	7	7	3	11	5	1
	23	9	11	3	11	11	7	7	7	11	11	2	2
	24	9	7	11	11	7	7	11	7	11	3	5	1
	25	9	7	7	11	3	11	11	7	11	7	4	2
	26	3	3	7	11	—	—	—	—	—	—	2	—
	14 estrofas (12 de 9 vs. 1 de 8 vs. 1 de 3 vs.)	119 versos	19 trisílabos 51 heptasílabos 49 endecasílabos									57	17

Distancia de cuatro sílabas es el paso de un verso de 3 sílabas a uno de 7 o viceversa, o de uno de 7 a uno de 11 o viceversa; mientras que distancia de ocho sílabas es el paso de un verso de 3 a otro de 11 o de uno de 11 a otro de 3 sílabas. Me interesan estos saltos como novedad característica de Guillén en «Tiempo libre». Están contados de la manera que indico a continuación. En la primera y tercera parte del poema, empezando y acabando en cada estrofa, consideradas por separado, sin sumar los saltos que pueda haber al pasar del último verso de una al inicial de la siguiente; en cambio, en la segunda parte, sumándolos todos, porque la puntuación del final de cada estrofa, vacilante adrede, no me sirve, como me sirve la más contundente de las partes primera y tercera, para determinar diferencias de tono, timbre o registro de la voz, cortes, pausas o silencios, musical o lógicamente hablando; es decir, porque, en resumidas cuentas, no hay realmente estrofa.

En los saltos más fuertes, en los de ocho sílabas, se pueden distinguir tres clases: simples, dobles y triples, o sea, de 11 a 3 o de 3 a 11 sílabas (simple), de 11 a 3 a 11 (dobles) y de 3 a 11 a 3 a 11 (triples). En la columna de distancias cuentan así: los simples, como un salto; los dobles, como dos; los triples, como tres. En cuanto a su número, es el siguiente. En la primera parte: uno triple, dos dobles, seis simples. De ellos son decrecientes, o sea, que van de mayor a menor número de sílabas, cuatro solamente, y son crecientes (que van de menor a mayor en el número de sílabas) muchos más, nueve. En la segunda parte, donde de los 97 versos totales 69 son endecasílabos, estando 53 de ellos juntos, apenas hay saltos de ocho sílabas, solamente uno, al final. Es un salto simple y creciente. En la tercera parte, algo más larga que su contrapartida la primera —tres estrofas más que contienen veintiséis versos—, tenemos: seis dobles, cinco simples y ningún triple. Nueve son decrecientes y ocho crecientes. Considerándolos todos en conjunto se halla que todos los saltos dobles de «Tiempo libre» empiezan por endecasílabo, el único salto triple comienza en trisílabo, y en cuanto a los saltos simples, tres empiezan en endecasílabo y ocho, por trisílabo. La única conclusión que me atrevo a sacar es que Guillén prefiere empezar los saltos dobles por endecasílabos; que en los simples, la tendencia al 3 a 11 es clarísima —en realidad parece ser casi la fórmula exclusiva de la primera parte e incluso de la segunda, aunque resulta inconsecuente extraer conclusiones del único salto de ocho sílabas que veo al final de esta parte—, y que hay luego otra preferencia, en la tercera parte, a mezclar el salto de 11 a 3 (dos saltos) y de 3 a 11 (dos saltos). Como curiosidad diré que salto simple de 11 a 3 hay sólo uno en las dos primeras partes, apareciendo mucho más en la tercera cuando se llega al desenlace del poema.

Los saltos de cuatro sílabas de distancia son más frecuentes que los de ocho y están más ligados entre sí. Si seguimos la clasificación aplicada a los de ocho sílabas, tendremos que ampliarla para añadir saltos cuádruples, quíntuples y hasta algún óctuple. La distribución es la siguientes: en la primera parte hay cinco cuádruples, uno triple, cuatro dobles y doce simples. Son decrecientes veinticho y crecientes quince. En la segunda parte hay cinco dobles y doce simples. De ellos, son decrecientes trece y crecientes nueve. En la tercera parte hay un óctuple, un quíntuple, un cuádruple, cuatro triples, seis dobles y dieciséis simples. Son decrecientes veintinueve y crecientes veintiocho. Si queremos buscarle tres pies al gato, podremos decir que del total de saltos de cuatro sílabas de «Tiempo libre» son crecientes 69 y decrecientes 53. En la primera parte hay más crecientes —veintisiete— que decrecientes —dieciséis—. En la segunda se mantiene la diferencia —trece crecientes contra nueve decrecientes—, mientras que en la tercera no hay casi diferencia —los crecientes son veintinueve y los decrecientes veintiocho—. Se observa como curiosidad que el último salto del poema es al revés que el primero: 11 a 7 a 3 éste y 3 a 7 a 11 aquél.

En resumen: sumados los saltos de 8 y los de 4 sílabas tenemos que de los 153 existentes en «Tiempo libre», 88 son crecientes y 65 decrecientes, con lo cual se puede afirmar que Guillén prefiere empezar por verso corto y pasar al largo, si bien resulta que, teniendo en cuenta el lugar del poema donde se hallan, esta tendencia aparece neutralizada al final del mismo.

Otro resultado que acusa el recuento de versos y de los saltos en distancia de la tabla anteriores es el siguiente (los saltos de 4 y de 8 sílabas de distancia los presento englobados):

1.ª parte: 93 versos, 56 saltos, es decir, un 60 por 100 de saltos.

2.ª parte: 97 versos, 23 saltos, o sea un 23,8 por 100 de saltos.

3.ª parte: 119 versos, 74 saltos, equivalentes a un 62,2 por 100 de saltos.

Los porcentajes de la primera y de la tercera parte están muy proporcionados. En cambio, su desigualdad con los de la segunda parte salta a la vista. Mas era de esperar que fuera así, dado el número extraordinario de endecasílabos contenidos en esta parte número dos.

En el capítulo sobre «Tiempo libre» explico lo que en mi entender significan estos saltos como procedimiento estilístico y los efectos que Guillén obtiene con ellos.

II

APENDICE NUMERO 2

La estrofa 21 de «Tiempo libre» y Góngora

Fuera voluntaria o involuntaria por parte de Guillén, esta estrofa fue estampada en *Cántico* (1950) como de 8 versos, aunque después, en *Aire nuestro,* el autor la hizo imprimir como de 9. Y el caso es que grandes poetas cometen intencionadamente —consciente o inconscientemente— irregularidades artísticas que escandalizan a los críticos, sobre todo a primera vista del fenómeno. Cuando éste es considerado más a fondo les vuelve la tranquilidad y muchas veces se les aumenta la admiración. Así ha ocurrido con un verso irregular de Góngora al cual sobra un sílaba, y así podría muy bien suceder con esta estrofa de Guillén a la que falta un verso.

El verso de Góngora es del *Polifemo,* y algunos comentaristas le sacan 12 sílabas en vez de las 11 que cuentan los otros del poema, y para el que, si se quiere reducirlo a endecasílabo, no hay más remedio que aceptar una sinalefa de tres vocales, al parecer prohibida en aquellos tiempos. Dámaso Alonso recoge las explicaciones de Díaz de Rivas y de Salcedo, y termina diciendo: «Lo interesante es ver cómo la doctrina del valor expresivo de la violencia a la lengua, en el significante, que ya está en Herrera (comp. Macrí, pág. 73), era corriente entre los comentaristas de Góngora»[1]. En otro lugar había dicho: «Góngora hace concordar a la maravilla la música de su verso con la representación que requiere cada tema. El 'significante' no sólo representa el 'significado' como puro concepto, sino que por medios sensoriales también lo expresa»[2]. Guillén, en mi entender, hace lo mismo. Mas volvamos al discutido endecasílabo largo de Góngora. Me permitiré reproducir aquí la segunda parte de la octava número 53 del *Polifemo* y la explicación que da Dámaso Alonso del último verso de la misma. En ella refiere Polifemo cómo cierto día pudo verse en el mar en calma y contemplar su único ojo.

> Miréme, y lucir vi un sol en mi frente,
> cuando en el cielo un ojo se veía:
> neutra el agua dudaba a cuál fe preste,
> o al cielo humano, o al cíclope celeste.

> Al llegar aquí hay que mencionar un acierto de Salcedo (y de algún otro comentarista [Díaz de Rivas]). Dice éste [Salcedo], comentando el último endecasílabo de esta estrofa: «Cuidadosamente escribe D. Luis este verso, que parece largo, para significar la duda y suspensión del agua en este juicio.» Contra la idea del siglo XIX y que todavía perdura en el XX, que alaba siempre los versos sólo por «fáciles» y «fluidos», vemos que un verso, como ese 8.º, que sólo es endecasílabo si se anuda la costosa sinalefa de tres vocales (o - o - a), puede ser extraordinariamente eficaz: en él, el significante se asocia de una manera especial al significado, para reforzarle en su contenido. Versos de sinalefa difícil pueden —en determinadas condiciones— tener un valor expresivo[3].
>
> *o al cielo humano, o al cíclope celeste.*
>
> Además de Salcedo, notó lo expresivo de este verso Díaz de Rivas. He aquí sus palabras: «Curiosamente se ha advertido que este verso tiene doce sílabas, si no es que por la sinalefa se gastan dos vocales allí: humano *o al,* que son dos *oo.* Lo cual dicen no se permite. Pero adviertan que en razón del metro suelen cometer los poetas varias licencias: o ya lo hagan por gala,

[1] Dámaso Alonso, *Góngora y el Polifemo,* 4.ª ed., Madrid, Gredos.
[2] Alonso, II, pág. 216.
[3] Alonso, II, pág. 262.

o ya por artificio, o ya por variedad. [Cita ejemplos latinos.] El Petrarca en aquel verso

> *Fior, frondi, erbe, ombre, antri, onde, aure, soavi,*
> *Canzoniere,* 303,

donde a *fior* hace de una sílaba, siendo de dos. Camoes, en el can. 3

> *esta é ditosa patria minha amada,* III, 21,

comete sinalefa comiéndose dos vocales, como nuestro poeta, que son la A y la E primeras. Y si los poetas cometen estas licencias, algunas veces artificiosamente, para significar con lo acelerado, ligero, áspero, etc., del verbo o verso lo que representan, en cierta manera podemos decir que con el concurso de estas dos vocales se hace el verso más vasto y grande, para significar la desmesurada persona del gigante. Fuera de que, si no lo medís, no advertiréis en tan curiosa objeción, porque él suena muy bien leído de un golpe» [4].

Se trata, está visto, de una técnica literaria especial, pero con cartas de nobleza, de la cual hacen uso —sin abuso— algunos poetas. Jorge Guillén, creo, la lleva más lejos y aplica esta libertad a la estrofa. Con su dominio magistral de la forma, el autor de *Cántico* consigue establecer una alianza perfecta de aquélla no sólo con la idea, mas igualmente con la emoción, bien sea del intelecto o del sentimiento. Sí, sentimiento; porque a estas alturas no hay ya crítico ni comentarista que ose afirmar todavía aquello de que en la poesía guilleniana escasea la emoción.

III

APENDICE NUMERO 3

La soledad guilleniana. Rodeo etimológico: Vossler y la palabra soledad

No es mi intención entablar una polémica sobre la existencia de la soledad en la poesía guilleniana, sino establecer el sentido, el lugar y la función de este tema. Parto, pues, de la

[4] Alonso, II, págs. 267-268.

idea de que hay soledad en la poesía y en la vida de Jorge Guillén en América, sobre todo en la época de la muerte de la esposa. Esto en las dos acepciones de la palabra soledad, la objetiva y la subjetiva, que convendrá distinguir más adelante. En realidad, nadie ha dicho que no la hubiera en *Cántico*. Lo que se venía diciendo, por muchas vueltas que se le diera al asunto, es que era de categoría diferente a la de los poetas anteriores a Guillén, e incluso contemporáneos suyos. Negarla, nadie ha osado hacerlo —ni siquiera el poeta mismo—, ya que ello supondría cercenar la poesía y la vida... Si *Cántico,* según el mismo Guillén, supone «una relación relativamente equilibrada entre un protagonista sano y libre y un mundo a plomo» [1], lo que habrá que determinar es cómo y cuándo siente este protagonista la soledad y qué hace con ella. Como el protagonista es sano, la soledad no será enfermiza; como es libre —física, espiritual e intelectualmente—, la soledad no será cárcel, ni angustia, ni obsesión mental; como practica la voluntad de vivir, la soledad será un enemigo a combatir, y porque entre protagonista y mundo hay una entrañable relación, la soledad no será ruptura, rechazo o engreimiento, tendrá que ser algo distinto. Esta novedad del concepto o renacimiento del mismo en su sentido olvidado es lo que se venía sintiendo en la poesía guilleniana, pero no se terminaba de definirlo claramente así [2]; mejor dicho, por afán de ensalzar esta nueva actitud, la tendencia era más bien a pasar a lo extremo y a casi negar la presencia de la soledad en las poesías de *Cántico*. Mas se leía entre líneas otra cosa: porque ¿cómo olvidar que Guillén tiene una visión completa del mundo, que aspira a la posesión total de la realidad? Sólo olvidándolo se podría afirmar que la soledad está ausente en *Cántico*. Vaya esto por delante. Pero se da además el hecho —y la lengua debe reconocerlo— que aunque el hombre sea animal sociable, está realmente a solas muchas veces, unas porque lo necesita y lo busca (pensemos en un solo de violín o de aviación, por ejemplo), otras, contra su voluntad (y entonces se siente en desdichado abandono).

Hay en realidad al menos dos sentidos de la palabra sole-

[1] *El argumento de la obra,* pág. 25.

[2] Biruté Ciplijauskaité (págs. 155-185) lo hace, pero como no estoy de acuerdo con su declaración de que el mundo de Guillén «no es el de la solidaridad humana», no me sirve su teoría.

dad —algunas lenguas, como el inglés y el portugués, poseen voces diferentes para cada uno de ellos—, y resultaría curioso que el español no tuviera, o la hubiera perdido si la tuvo, palabra distinta para cada uno de los significados. Usamos la palabra soledad para expresar: primero, la carencia de compañía; segundo, el pesar y la melancolía que se siente por la ausencia o pérdida de alguna persona o cosa. Es decir, designamos con la misma palabra la actitud externa y la interna, la cualidad o estado de estar solos, aislados —lo cual no tiene de por sí por qué producir pesar ni disgusto—, y el afecto o emoción sentidos por tal estado o cualidad. Sería interesante detenerse a pensar por qué el hombre de habla española tiende a mezclar los dos sentidos y a cargar de emoción —melancolía, nostalgia, saudades— una situación que de hecho y frecuentemente se busca con propósito positivo. ¿Cómo es que no distinguimos más claro? ¿Acaso somos incapaces de estar solos y a gusto como lo estaba, por ejemplo, aquella heroína de Aldous Huxley, Marjorie Carling, aun en medio de todas sus desventuras amorosas, en su casita de campo en la que, ausente de todo el mundo, hallaba, sin embargo, cualidades transparentes y musicales y una «solitude... friendly and kind» que la predisponía a gozar los pequeños placeres de la vida retirada? [3]. ¿Seremos los españoles más sociables que los ingleses y norteamericanos, que los portugueses, cuyas lenguas y almas distinguen con dos palabras dos cosas diferentes?

Trataré de precisar y resolver alguna de estas cuestiones, para lo que convendría hacer un rodeo.

Según Karl Vossler [4], la palabra soledad procede etimológica y fonéticamente del latín *solitatem.* Como la *i* protónica se ha conservado en *e* en soledad, en lugar de perderse como la de *solidata* o *solitarium* (en castellano soldada y soltero), como *solitas* era poco usada y cuando lo era sonaba a novedad, Vossler concluye que soledad es un neologismo de origen ibero y erudito nacido en la Edad Media bajo la influencia de la lírica galaico-portuguesa. *Soëdade, soïdade* y *süidade,* que aparecen en este orden, cuenta como 4 sílabas en los cancioneros de los

[3] *Point Counter Point,* Perennial Classic, Harper and Row, New York, 1965, pág. 362. La novela apareció en 1928.

[4] *La soledad en la poesía española,* traducción de José Miguel Sacristán, Madrid, Revista de Occidente, 1941.

siglos XIII y XIV y significan desde el principio «una pequeña poetización, algo esencialmente lírico. Soledad-abandono, ausencia, toma en el lenguaje usual de los trovadores galaico-portugueses el valor sentimental y la acusada importancia de tristeza, queja, afán, anhelo, languidez y nostalgia» [5], mientras que el significado objeto de soledad-aislamiento se expresa por *soidas* y otras formas portuguesas y «por la palabra castellana feudal *soledade*». A partir de esta disociación, que tuvo lugar aproximadamente hacia el final del siglo XV, se adscribe la palabra *soïdade* de un modo absoluto a la vida de los sentimientos y de la subjetividad [6]. En el siglo XIV aparece la voz *saudade,* que compite con *süidade* y que adquirirá el mismo sentido que aún hoy le damos [7].

En castellano, la palabra soledad aparece más tarde que sus hermanas portuguesas. Vossler señala el hecho de que no aparezca en el *Libro del buen amor,* donde hay situaciones que se prestan a su empleo.

En el siglo XV había otras palabras eruditas que contendían con *soledad: solicitud, solitud, soledumbre,* pero el significado objetivo de soledad ni se encontraba entonces ni se encuentra hoy en desuso, y en castellano es incluso posible «jugar con esta ambigüedad que el portugués no permite» [8]. Una ojeada a nuestros diccionarios da los datos siguientes:

Siglos XV y XVI. Corominas, bajo *solo* y como derivado de esta voz, tiene esta entrada: *Soledad* APal. 191b, 463b; *solitudo,* Neb.; en la ac. «añoranza» es hermano del port. *saudade;* en castellano se documenta ya en la segunda mitad del siglo XVI

[5] Vossler, pág. 11. En la misma, Vossler dice que *solitas,* con sentido próximo a *soliduto,* se encuentra en Accius, Apuleyo y Tertuliano, el cual le da una significación esencial en este ejemplo: «Monotes et Henotes; id Solitas et Unicas» *(Adversas Valentinianos,* 37).

[6] Vossler, pág. 12.

[7] Vossler, pág. 13.

[8] Vossler, págs. 16 y 17, en las que se citan también ejemplos del uso de palabras cultas coexistentes con *soledad:* «en el Marqués de Santillana: *solicitud,* en la acepción objetiva de solitariedad *(N. B. A. E.,* volumen XIX, pág. 540), y en Carvajal: *solitut (Antología de poetas líricos castellanos,* por Menéndez y Pelayo, tomo II, pág. 188. Madrid, 1923), y en Gómez Manrique *(N. B. A. E.,* tomo XXII, pág. 44), *en mi triste solicitud;* además, *soledumbre,* en Fray Hernando de Talavera *(N. B. A. E.,* vol. XVI, pág. 37), *lugar de soledumbre,* aisladamente también, *señaldad singularitate,* que, como *señardá,* en la actualidad aún pervive en Asturias, aunque en apoyo de *señero*».

(«Magdalena anda hoy con gran soledad de su yerno, que partió hoy para ahí»), carta de Felipe II citada en Cuervo, Ap., página 533; don Quijote, en casa de los Duques cuando parte Sancho para su Insula, «sintió su soledad, y si le fuera posible revocarle la comisión y quitarle el Govierno lo hiziera», II, XLIX, 165 r.º El *Universal Vocabulario en Latín y Romance* de Alonso Fernández de Palencia (Apal), en Corominas, es de 1490 (Sevilla).

Siglo XVII. Covarrubias: *Soledad. Solitudo. Solo,* el que está sin compañía. *Lat., solus -a -um.* Es calidad del mozo soltero estar solo y suelto de todo, o de mujer que no tiene a quién dar cuenta, para que se case más presto y pueda decir: «No tengo padre ni madre, ni perro que me ladre...» Este autor no da otros sentidos de la palabra *solicitud.* (Covarrubias, *Tesoro de la lengua castellana,* reimpreso en 1674, pero con censura de 1610, por Pedro Valencia).

Siglo XVIII. *Solicitud,* s. f. Lo mismo que soledad. Es voz anticuada. *Calisto y Melibea,* f. 115: «O mezquino, y cuanto me es agradable de mi natural la *solitud,* y silencio, y oscuridad.» El mismo diccionario da estos sentidos de *Soledad:* «La privación o falta de compañía. El lugar desierto o tierra no habitada. Orfandad o falta de aquella persona de cariño, o que puede tener influjo en el alivio, y consuelo: y en este sentido se llama así por excelencia la que tuvo Nuestra Señora en la muerte de su Hijo Santísimo. Por extensión significa alguna obra o Poema oscuro que trata de cosas solitarias: como las de Góngora, *Lat. Compositio metrica sic dicta.*» Para los autores del diccionario *soledad* procede de *solitudo. (Diccionario de Autoridades,* RAE, Madrid, 1726-1739.)

Siglo XIX. Roque Barcia (1824-1885), en su *Diccionario Etimológico de lengua española,* da lo mismo que el de *Autoridades* y añade a *Soledad:* nombre propio de mujer. Como etimología de esta palabra da *solitas, solitatis,* pero de otras lenguas romances (no da el portugués), dice: it. *solitudine,* fr. *solitude,* y cat. *soledat.*

En antiguo francés había la palabra *solitudine,* que es hoy día *solitude (Dictionnaire de L'Ancienne Language Française,* par Frederic Godefroy, Paris, 1880-2902, reprinted by Kraus Reprint Corporation, New York, 1961, 10 tomos).

Vossler halla las siguientes pruebas de la conservación del

significado objetivo dentro del subjetivo de la palabra *soledad* y, por tanto, de su ambigüedad en castellano. *Soledad* no ha producido ningún adjetivo anímico como ha hecho *saudade* en portugués con sus *saudadoso* y *saudoso*. *Soledad* ha servido como nombre toponímico durante la colonización de América y después de ella, y en España, aunque no la usáramos como nombre de ciudades, pueblos o montañas, como pasó en la América Hispana, sí se empleó para heredades, quintas, ermitas o grupos aislados de casas. En cambio, *saudade* no es seguro que les diera a los portugueses nombre de lugar alguno. En fin, *Soledad,* como nombre onomástico de advocación mariana (María de la Soledad, por ejemplo), aparece y se hace frecuentísimo a fines del siglo XVIII, en Madrid, y ha sido nombre empleado desde muy antiguo en toda España para imágenes, santuarios y otros fines religiosos, mientras que *suidade* sirvió sólo en portugués antiguo como apellido y, aun así y todo, de manera muy limitada [9]. Esta forma de mantener el valor objetivo de *soledad* que señala Vossler y que acaba de ver el lector, y el uso corriente que hacemos de la misma palabra para indicar estados subjetivos, demuestra nuestra incapacidad o por lo menos nuestra falta de deseo de distinguir con vocablos diferentes el aspecto externo y el interno de la soledad. El fenómeno lingüístico corresponde indudablemente a nuestra actitud psicológica: no estamos a gusto cuando estamos solos, sentimos la soledad como privación de un bien, y aunque haya habido épocas, como la romántica —y no sólo la del siglo XIX—, y aun otras más lejanas en tiempo a nosotros, en que el hombre parece buscar la soledad y complacerse en ella, con ello no hacemos más que afirmar nuestro deseo de vivir en sociedad. Porque, como dice bien Vossler: cuando el solitario, el aislado, es lo normal, es el modelo a que se aspira, estamos en presencia de un pueblo, de un hombre o de una época pesimista, desengañado, que rechaza el estado de cultura en que se ve obligado a vivir, sin que esto signifique un pesimismo absoluto, sino temporal [10]. De donde resultaría que nuestra insistencia en matizar la soledad como algo indeseable no es más que nuestro fortísimo y españolísimo deseo de sociabilidad, de solidaridad con el hombre y

[9] Vossler, pág. 24.
[10] Vossler, págs. 29 y 30.

el mundo que nos rodean. Y Guillén, el poeta español por excelencia.

De ahí la importancia de *Cántico* en general y de «Tiempo libre» en particular, donde se ponen en su lugar las cosas. El actor de «Tiempo libre» está solo y ni se aburre ni se entristece. Lo que hace es concentrarse, pero no sobre él —entonces tendríamos ese engreimiento o deformación del yo, ese narcisismo tan antiguilleniano—, sino sobre el mundo y sus criaturas, las humanas y las que no lo son, las reales y las mitológicas como Narciso. He aquí las novedades de Guillén. Nos hace pensar en la soledad como algo que se puede utilizar positivamente. Nos devuelve el sentido objetivo y puro de la palabra evitando caer en connotaciones pesimistas (recuérdese el verso inicial de «Tiempo libre», en que el poeta rehúye la voz soledad y usa en su lugar apartamiento). Revivifica el significado (¿original?) objetivo, el que casi se perdió debido a la poetización temprana del mismo, contando en cambio con la posibilidad de que el lector lo siga subjetivizando quieras que no y entregándonos así una realidad más completa. Lucha contra la soledad-ausencia, nostalgia, pesar, porque no puede menos de sentirla alguna vez (y de ello me ocuparé en seguida). Sí, la actitud de Jorge Guillén hacia la soledad es una lucha cerrada contra ella. Su mejor arma es la inteligencia, por medio de la cual percibe y descifra el alrededor. Allí está lo que acompaña —incluso otra soledad, y entonces ya hay compañía—; observando y relacionando el mundo y el hombre, los hombres entre sí, la Naturaleza y sus elementos, el arte y el artista, etc., Guillén se defiende y triunfa de la soledad. Parece como si nos estuviera dando una receta contra los fantasmas: ábranse bien los ojos para que se desvanezcan. Tal actitud no es más que consecuencia de su voluntad de vivir, y sabido es que su héroe es el hombre que vive con mayor intensidad.

IV

APENDICE NUMERO 4

LA SOLEDAD AMERICANA DE J. GUILLÉN. RODEO BIOGRÁFICO: EL POETA-PROFESOR DE WELLESLEY

La soledad, la muerte, la nada, el caos, existen para nuestro hombre como para cualquier otro. Como existe el dolor, la injusticia y los otros «accidentes». Limitándonos a «Tiempo libre», querría recordar al lector las circunstancias de la vida del autor en la época en que lo compuso, que fue la de la muerte de su mujer. Y me permitiré quizá algún otro paréntesis sobre la soledad americana que padeció Guillén en los EE. UU., y de la cual no hay constancia ni alusión alguna en los poemas escritos en Wellesley. Veremos así para qué le sirve a Guillén la soledad, pero de antemano podemos anticipar la respuesta: la soledad subjetiva, la deprimente, la nostálgica o enfermiza, no es tema de la poesía de *Cántico,* si bien su autor debió de padecerla intensamente y durante largos períodos. Fijémonos en algunos hechos de su vida. Compondré con ellos un anecdotario de la soledad de nuestro autor.

Los datos biográficos más recientemente aparecidos están en dos publicaciones en inglés: la revista *Books Abroad* [1] y el libro *Cántico: A Selection* [2]. Para el problema de su soledad en América habrá que tener en cuenta que Guillén se expatrió en 1938 y que desde entonces ha vivido en muchos sitios. En algunos mucho más que en otros, como en Wellesley, que a la larga puede que resulte haber sido su verdadera residencia y domicilio, su único hogar americano. En Wellesley crecieron y se educaron sus hijos Teresa y Claudio. En Wellesley hizo Teresa sus estudios de escuela secundaria y en Wellesley College los siguientes (tengo que decirlo así porque no hay correspondencia exacta con nuestro sistema español de bachillerato y licenciatura), todos completados brillantemente. Solita Salinas,

[1] «An International Symposium in Honor of Jorge Guillén at 75», *Books Abroad,* 42, Winter, 1968, págs. 58-59.

[2] Jorge Guillén, *Cántico: A Selection,* edited bv Norman Thomas di Giovanni, An Atlantic Monthly Press Book, Little, Brown and Company, Boston [1965], págs. 287-291.

la hija de Pedro Salinas —el cual también enseñó en Wellesley College—, un poco mayor que Teresa Guillén, estudió y obtuvo igualmente allí las mejores notas. Por Wellesley andaba también su hermano Jaime. En Wellesley College se casó Teresa. Desde Wellesley hicieron Teresa y Claudio el bachillerato francés, comenzando en Montreal, examinándose allí y en Nueva York; Claudio asistió a Williams College, entró en Princeton y desde Wellesley fue llamado a filas o entró voluntario en el ejército francés, sirviendo a su patria materna en la Segunda Guerra Mundial bajo la bandera francesa. En Wellesley vivió muchos años enferma Germaine Cahen de Guillén, en la clínica Wellesley-Newton sufrió varias intervenciones quirúrgicas, y a Wellesley venía a consulta médica cuando, por estar Jorge de permiso, se hallaba el matrimonio Guillén ausente de su domicilio habitual. Fue Wellesley, pues, lugar de alegrías y penas para Guillén. Los hijos crecían, mas la madre se apagaba. Su enfermedad, con altibajos de esperanza y desesperanza, fue larga y dolorosa. Ambos sufrían. ¡Aquella incertidumbre, aquella angustia de las repetidas operaciones! Aún parece que veo a Jorge en las escaleras de la clínica despidiéndose de mí una noche sin tiempo cronológico en la que no sabíamos si Germaine saldría de ella o no. Salió y fue a morir a su tierra, París, en 1947, no sé si por voluntad propia o por capricho de la suerte: parecía Wellesley el lugar natural para su muerte.

En Wellesley estaba Guillén el 1.º de abril de 1950 cuando recibió la noticia de la muerte de su padre en Valladolid. El luctuoso suceso nos apenó a todos los amigos del poeta, sobrecogido de sentimiento. En esta dolorosa situación, en la que en nuestra medida participamos tantos, ocurrió, sin embargo, una peripecia risible que querría evocar rápidamente, antes de que se pierda. Viene a confirmar la reconocida bondad del poeta como persona y a desmentir una vez más eso de que sólo los tontos son buenos. A una compañera del departamento de español de Wellesley College se le ocurrió la idea de hacer decir una misa en la iglesia del pueblo. La profesora aludida, ferviente española y ávida practicante en religión, pensó que puesto que en Valladolid seguramente se celebrarían misas por el alma del difunto, lo mismo podía y debía hacerse en Wellesley por y para los españoles que allí residían. Con lo cual, a la vez que acompañábamos al hijo vivo, honraríamos además públicamente la memoria del padre muerto. El acto, planeado en mi entender con la mejor intención, produjo resultados imprevistos y, para mí, asombrosos. Asistió Jorge, estoy segura de ello. ¿Cómo podía negarse su proverbial bondad a algo nacido de una efusión cordial? Asistieron, creo, los componentes de su familia que estaban en aquel entonces en Wellesley. Asistimos los compañeros españoles de Wellesley y nuestras familias respectivas. De Boston vinieron otros amigos de Guillén, algunos, y, dicho sea en su honor, muy recalcitrantes al catolicismo, pero que supieron practicar lo del «noblesse oblige» en aras de la amistad. No fueron ellos los más tenaces en la resistencia. Los hubo más obstinados y «puros», más intransigentes y sectarios. ¿Quiénes? Los miembros protestantes del departamento de español: se negaron a poner los pies en la iglesia porque ésta era católica. Ni por Guillén —a quien, dicho sea de paso, le importó un pito tal abstención, entre otras razones porque comprendía y excusaba la actitud de los disidentes y porque no quería además ser causa, aunque fuera indirecta, de discordia—; ni por Guillén, repito, a quien querían todos, ni por la oficiosa colega, que nunca les había caído bien y que buscaba entonces un acto de unidad, al menos externa. Sabiendo que el servicio religioso cotidiano de Wellesley College era entonces oficial y exclusivamente protestante, que estaba a cargo de la administración y profesorado del mismo, que lo dirigíamos uno por uno y, salvo contadas excepciones —entre ellas la de Guillén—, todos cada mañana, de toga y birrete, Biblia en mano y salmo protestante a toda voz; sabiendo que la compañera peticionaria de la misa e indulgencias, a pesar de su tenaz ortodoxia y sin incidir en reprimenda eclesiástica alguna, era de las más asiduas en oficiar en la capilla del «college», que sus sermones eran de los que más gustaban, ¿no resultaba irritante por un lado y risible por el otro el que los protestantes, más papistas que el papa, se negaran a asistir a aquella infortunada misa? ¿Y cómo ensalzar la bondad de Guillén prestándose al acto, asistiendo a él —no sabré nunca si de buena o mala gana, pero insisto en que no sabe negarse a la cordialidad, menos todavía en un caso así, en que se produjeron desavenencias y contrariedades de las que en cierto aspecto él se sentiría causante involuntario—, sin mostrar prejuicio, hostilidad, descontento o miedo a comentarios ultrancistas? Mostró y demostró una vez más su capacidad de comprensión, armonía, tolerancia, cualidades todas en nada reñidas con la hombría e integridad de carácter tan distintivas de Guillén. Adivino, sin embargo, que no le consolamos de su pesadumbre, que no le mitigamos el sentimiento por la muerte de su padre. Creo que el incidente debió de hacerle sentir aún más su soledad wellesleyana. Pero todavía le faltaba sentirla aún más allí, después del fallecimiento de su mujer.

A Wellesley volvió Guillén a poco de enviudar, y en esta pequeña ciudad aguantó como pudo una soledad casi absoluta. Ausentes por razones familiares o profesionales los hijos, vivía en Norfolk Terrace, en el mismo piso ocupado más recientemente con ellos y con Germaine, y a veces también con la madre de ésta. Un piso grande y una familia grande..., ahora un piso demasiado grande y sin familia. Vivía solo. Claudio venía algún fin de semana de Princeton; Teresa, no; estaba demasiado lejos (en Columbus, Ohio), con su marido, Stephen Gilman, y con los hijos. Las relaciones eran, sin embargo, cariñosísimas. Hay que proclamarlo a todo viento: Teresa y Claudio mantuvieron siempre y mantienen todavía hoy una comunicación verdaderamente filial con Guillén, que a su vez, también hay que decirlo, bien se la merece y bien les corresponde. Lo mismo pasa con los hijos políticos, especialmente con Steve, desde muy joven amigo de Guillén y a quien está dedicado «Familia» *(Cántico,* págs. 400-401). En cuanto a los nietos, ¡qué alegría para el gran poeta verlos nacer y qué alegría para todos poder afirmar que han salido tan mimosos con el «abué» como lo fueron sus propios padres!

La soledad en la vida americana presentaba además problemas prácticos, de modo singular domésticos. ¿Cómo se las arregla solo un español de poco inglés, maduro en edad, sin mucho dinero, sin criada, sin automóvil, pero viviendo en las afueras de Boston, activo en su carrera, con un padecimiento hepático que limita hasta el aburrimiento el régimen alimenticio; un hombre acostumbrado a vivir en un mundo con mujeres que le ahorraban los detalles fastidiosos de la casa y el vestir? ¿Quién, por ejemplo, le cose los botones, le muestra dónde están los chanclos los días de gran nevada, en los que, a pesar del mal tiempo, hay que dar clase?, ¿quién le hace comprarse camisas?, ¿quién le apunta y recuerda las citas profesionales y los compromisos sociales? Hubo quienes le invitaron a comer todos los domingos de aquel su primer año de viudez, le cosieron ojales, le regalaron calcetines, le llevaron al dentista o le volvieron a invitar al lunes siguiente porque se había presentado a almorzar con ocho días de anticipación. Hubo quien hizo como si no le viera esconderse inocentemente detrás de un árbol, en pleno día y en plena calle principal del pueblo, para librarse de unos ojos curiosos cuya mirada pretendía evitar. ¡Como si no bastaran la estatura, la delgadez, los andares y la boina de Guillén para traicionarlo por aquella alameda!

Para las comidas empezó por tomar una asistenta, creo recordar que canadiense. No duró mucho esta solución, y entonces se hacía el desayuno él mismo y almorzaba y cenaba en el restaurante llamado por nosotros de los chóferes —porque, en efecto, paraban allí para avituallarse los conductores—. Se comía bien y barato. Los dueños, unos griegos emigrados, se entendían con Jorge muy bien. Pero... la monotonía del menú, de los más limitados además, no correspondía a la amenidad de la conversación de los propietarios ni a su afectuosidad con Guillén. Lo curioso e inexplicable es que, poco a poco y sin ayuda médica, el poeta se curó. Por cierto tiempo, cada vez que asistíamos a alguna comida guisada para muchos —como en el «college»— o por manos que aun siendo de las amigas más cercanas a Guillén desconocían su régimen, Jorge tenía el mismo miedo que tienen tantos otros enfermos del hígado o del estómago cuando se sientan a la mesa. Disimulando como Dios le daba a entender, se las arreglaba para preguntarme con los ojos o en voz muy baja si podía o no comer de aquello. Desconfiaba de todo menú; cuanto más apetitoso, tanto menos de fiar, me decía. El régimen se convirtió en verdadera manía: ni una gota de leche, ni una pizca de huevo, ni una mota de grasa podían intervenir en la preparación de sus alimentos. Vergüenza da decirlo, pero le traicionamos más de una vez; yo misma, animada por su esposa o por la hija; luego, de viudo, yo sola, bajo mi propia responsabilidad. En descargo debo decir que, rodeada de médicos en aquella época, me permití aplicar el criterio permisivo de la medicina moderna y combatir así las exageraciones y la rigurosidad del poeta. Más tarde, después de la muerte de su mujer, empezó a tomar algo de leche, por ejemplo, con el matutino cereal que había venido rociando con zumo de naranja durante años; por fin, y entre a la desesperación y a la aventura, se lanzó a otras especulaciones digestivas. Como mejoró y como esta mejoría, casi curación total, ocurrió solamente después de viudo, no hay más remedio que pensar que mucho de su enfermedad era de origen psicosomático. Para mí, debida a las preocupaciones: por la salud de Germaine, por la angustia de las preocupaciones, por la inseguridad de la vida en un país extraño, por la incertidumbre por el paradero de los miembros de su familia política en Francia durante la guerra, muchos de ellos aniquilados en campos de concentración por los alemanes; otros, víctimas de la guerra contra los nazis; en fin, dolor y soledad. Cuando ocurrieron los desenlaces de todas estas situaciones, cuando la incertidumbre se resolvió claramente en tragedia, vino un período de sana y natural tristeza, nada morbosa ni depresiva. Cumplido naturalmente este tiempo, Guillén entró en la convalecencia de su alma y de su cuerpo. Fue entonces cuando mejoró tantísimo de su dolencia digestiva.

Luchaba contra la soledad con ahínco, se agarraba a todo lo que podía ayudarle. Uno de sus mejores aliados era todo lo español. Cualquier alusión a España —también a Francia, claro está— parecía consolarle, hasta alegrarle. En más de una ocasión al menos, incluso regocijarle y hasta hacerle reír a carcajadas. A este propósito, recuerdo el siguiente episodio. Una noche, ya muy avanzada la hora, llamó con los nudillos a la puerta de nuestro piso. Vivíamos él y nosotros entonces en el edificio Ridgeway, propiedad del «college», en Norfolk Terrace. Venía a pedirme un poco de leche para el desayuno de la mañana siguiente. Al oír golpear nerviosamente en la puerta, yo, medio dormida ya, me sobresalté y acudí a abrir sin tenerlas todas conmigo. Me encontré con su figura alargada, en batín, pijama y zapatillas, algo que no sé por qué me hizo pensar en los «sleepens» colectivos de los coches camas americanos, en que uno conduerme casi con el vecino, sin distinción de sexo. A lo que se ve, otra capa de mi memoria me llevó a recordar el trayecto Irún-Burgos o Madrid-Burgos, repetido tantas veces por mí y por Jorge también, pero éste con destino a Valladolid en vez de Burgos. El sudexprés, creo, era el tren que pasaba por esas ciudades siempre de madrugada, cuando uno estaba dormido y calentito en su litera, de la que nos sacaba el mozo una hora antes de llegar a la estación de destino. Creo que fui yo quien, al encararme en la semioscuridad con el poeta, dije: «¡Venta de Baños, cinco minutos de parada!» De lo que estoy bien segura es de que al nombrar la famosa estación de trasbordo, tan estrechamente ligada a la infancia viajera de Guillén y a la mía propia, se nos desató la risa a los dos y nos desvelamos para el resto de la noche. Este detalle, casi infantil, sin gracia alguna o sin la bastante para causar la hilaridad que nos produjo, da idea de la nostalgia de España que se sufre en el extranjero y de la que se consuela uno a veces con la medicina de la risa. Pero ¿qué duda cabe de que Guillén padeció de esta soledad, mucho más todavía después de la pérdida de Germaine? Como sufrió, además de ésta, de casa y familia, la del profesorado en tierras extranjeras, que ejerció con verdadero entusiasmo. Guillén, catedrático en los Estados Unidos y en la América hispánica, bien merece capítulo aparte. Porque ello es otro aspecto de su soledad, la del desterrado político [3].

Este destierro deja su estela poética en la obra del autor. Buena prueba son poemas como «El desterrado» y «Estación del Norte» *(Cántico,* págs. 208 y 368-369), «Dafne a medias» y «Un emigrado» *(Maremágnum,* págs. 60 y 179), «Desterrado» y «Ultima tierra en el destierro» *(Que van a dar en la mar,* páginas 75 y 76) y «Brindis» y «Cante jondo» *(A la altura de las circunstancias,* págs. 85 y 95). «El desterrado» es un expatriado solamente porque la niebla le ha apartado de sus cosas, del volumen de las mismas, del suelo propio; es decir, la realidad. Hay cavilaciones de suicida, cero, caos, nada (compensados por la «pérfida bicicleta»), todo enemigo de la patria; es decir, la realidad. Fuera de ésta, el poeta es un desterrado. «Estación del Norte» es claramente la salida de un tren de refugiados políticos. El protagonista, rebelde y valientemente, afirma su fe en la Tierra, a pesar del peligro, del odio, del crimen y de la completa injusticia de que se ve rodeado. La ironía con que se expresa llega incluso al sarcasmo. En

[3] Composiciones de tono político son, por ejemplo: «Potencia de Pérez» y «Luzbel desconcertado» *(Maremágnum,* págs. 40-53 y 72-93), «La sangre al río (1936-1939)» *(A la altura...,* págs. 46-50), «Una prisión (1936)» y «¿Por qué no fue asesinado Gutiérrez?» *(Homenaje,* 326 y 487).

«Dafne a medias. Un miserable náufrago» se nos presenta el triste caso del europeo tratando, no de adaptarse a América, sino de transformarse en americano. Dafne se queda a medias en su metamorfosis: *Mis cabellos se mueven con susurro de hojas. / Mi brazo vegetal concluye en mano humana.* «Un emigrado» de Nueva Inglaterra glosa la añoranza del otoño español; echa de menos el paisaje, a los amigos, pero rechaza por imposible el retorno. En «Desterrado», lo que causa soledad es la lengua, y se adivina que, en «Cante jondo», es la música. «Ultima tierra en el destierro» se refiere al entierro de un emigrado: mas, una vez muerto, *el destierro terminó ya.* En «Brindis», Guillén levanta su copa por la América hospitalaria donde *tantos dan a su aventura... forma de esfuerzo dichoso.* El tono optimista y agradecido de esta composición puede observarse igualmente en otras recién citadas. Podríamos incluso decir que hay de común entre ellas esta nota positiva. Ahora bien, también puede apreciarse en todas casi algo del dolorido sentir, de la nostalgia, de la soledad, en fin, de Guillén fuera de su tierra. Contra ellas luchó, como queda dicho anteriormente, y luchó también escribiendo y enseñando.

Buena parte del quehacer de Jorge Guillén ha sido y sigue siendo, aun después de jubilado, enseñar literatura española. Su tarea como profesor es la misma que como poeta. Lo que crea es una sola cosa, poesía, que va haciendo simultáneamente en libros, cursos y conferencias. No ha sido la enseñanza una subtarea, un derivado, mucho menos un sucedáneo de la poesía. Es todo un solo e inseparable quehacer al que Jorge Guillén se entrega totalmente, con fidelidad y entusiasmo absolutos, monógamos. Su autenticidad es de las más claras de todo nuestro siglo. Como él mismo dice, se lo ha jugado todo a una carta única, la de la poesía. (Por poesía, claro está, no hay que entender nada más que versos o poemas, por muy maravillosos que los haya hecho.) Por eso la realidad física y espiritual del «college» americano —paisaje, tiempo, alumnas, soledad, etc.— aparece mano a mano con otros temas en las ediciones últimas de *Cántico* (1945, 1950), escrito sobre todo durante los muchos años de su profesorado en Wellesley College. Tuve la suerte de ser una de sus compañeras de trabajo allí, y en esta capacidad llegué a conocerle bastante a fondo.

Pude entonces apreciar su soledad y su lucha contra ella, sobre todo después de la muerte de su mujer.

Para mí fue un compañero perfecto, con el que me sentía tan a mis anchas como solía sentirme con los míos de universidad en nuestros años escolares. Eso que de Guillén me separaban edad y rango. Debo decir, para empezar, que Guillén había sido profesor mío en la escuela de verano de Middlebury College, hecho grave, porque debía haber dado a nuestra relación un tono muy distinto del que adquirió desde muy al principio. No fue así porque Jorge Guillén, en vez de intimidar a sus alumnos, intimaba con ellos. Por muy asustadizo que se fuera, en su presencia se sentía uno al punto muy a gusto; la comunicación se establecía fulminantemente. Es que buscaba siempre la rima, y la encontraba fácilmente: hasta llegaba a inventarla, más que nada por generosidad, en casos extraordinariamente peliagudos. Además, nos trataba a todos como iguales suyos, como camaradas de esa gran internacional de la inteligencia. Las jerarquías parecían existir únicamente por encima, no por debajo de él; es decir, que los de abajo eran sus iguales, pero él no se consideraba igual a los de arriba. Sentido irreprochable de la igualdad y de la desigualdad, porque así queda hueco para la admiración, el respeto y el estímulo. Recuerdo a este propósito de la justicia lo siguiente: una tarde tuvimos junta de nuestro departamento de español, y entre las cosas tratadas estaban las horas de clase que cada uno de nosotros iba a enseñar al curso siguiente. Se decidió que ciertas prácticas de lengua no se contaran como horas de enseñanza. Como todos dábamos lengua, menos Guillén, que explicaba exclusivamente literatura, resultaba que él no tenía prácticas y, por tanto, salía con menos horas de clase que los demás. Salió apesadumbrado de la reunión; se le notaba en la cara, muy encendida al salir, que había estado irritadísimo durante la junta y que ahora empezaba a desaparecer la irritación y a sustituirla la tristeza. Caminábamos en silencio y de pronto estalló: «¡Dimito! No hay más remedio. Es absurdo eso de que yo enseñe menos horas que ustedes, no lo acepto. Todos, todos las mismas horas de clase; lo otro es una injusticia.» Siguió un larguísimo monólogo. Soledad. Con el tono de voz bastaba para entender lo que le dolía su privilegio, pero por si no fuera bastante intercalaba hondísimos suspiros y exclamaba continuamente: « ¡Ay, Dios mío! » Así continuó hasta que llegamos a nuestro destino, y su descorazonamiento era tan fuerte que me costó horas convencerle de que debía resignarse a aceptar la desigualdad de horario; se trataba de poco, pero no fue nada fácil, porque le resultaba inmoral e injusto tratar desigualmente a los que él juzgaba ser iguales.

Tenía la idea de que para conocer a un hombre no basta con saber la ejemplaridad de su conducta moral, doméstica, ciudadana; hay que resolver la gran interrogante de su conducta con los compañeros de trabajo. (Véase en *Homenaje,* pág. 484, el poema en prosa «Los colegas».) En la mesa de la oficina y en el juego académico que se organiza alrededor de ella, no hay duda de que se conoce al caballero tanto mejor que en la del comedor o en la de los naipes. Con buenas cartas, o con todas en la mano, el hombre bueno aprende a pasar a los envíones de la envidia y celos y recelos profesionales, a los envites de la competencia y de la rivalidad: ni se impacienta ante el «me opongo a lo que vas a decir», ni responde a una zancadilla traicionera con otra. Juega siempre limpio. Guillén fue en este sentido un santo. Si la cosa iba contra él, permanecía imperturbable. Claro que debía de sentirse más solo entonces, pero salía tranquilo e incólume de la aventura. En cambio, se le desencadenaba una indignación torrencial cuando el ataque era contra algún compañero. Entonces sí que aceptaba el reto y peleaba como un león. Se transformaba en un Niágara de palabras arrolladoras y no había modo de pararlo. Escribía cartas, se iba a ver a los rectores y decanos [4], protestaba aquí, consolaba allá. Después de removida Roma con Santiago, cuando las gestiones habían resultado inútiles y el fallo del asunto no era de su agrado, andaba un par de semanas silencioso, retraído, abrumado y deprimidísimo, solo. Siempre cortés, pasado el desahogo verbal del primer acto de la supuesta tragedia. Supuesta, porque, a la larga, la presunta víctima del suceso académico salía ganando con la mudanza en vez de perdiendo, que es lo que se figuraba iba a pasar. Lo que generalmente sucedía es que se buscaba otro puesto de mayor categoría, y al par de años conseguía quedarse fijo en el nuevo centro. Con lo cual queda dicho que lo que más enfurecía a Guillén y lo

[4] No hay equivalencia entre nuestros cargos universitarios y los norteamericanos. Aquí no hay rectores, sino presidentes.

que más le abrumaba era que no se quedara en Wellesley algún que otro compañero que hubiera querido quedarse.

Conviene explicar aquí el sistema que seguían entonces las instituciones docentes en los Estados Unidos para selección del profesorado joven. Es ya conocido de muchos, pero no de todos. No reclutan su profesorado por medio de oposiciones ni más exámenes que los del certificado de estudios, historial académico, cartas de recomendación, publicaciones del candidato si las tiene y su personalidad y carácter, que juzgan en una entrevista breve, pero generalmente penetrante. Esta manera de seleccionar solía y aún suele encandilar al principio a los europeos; hasta que nos damos cuenta de la contrapartida: si bien le nombran a uno fácilmente, lo hacen con carácter temporal, por un año, dos, tres o, en el caso de candidatos con doctorado y méritos verdaderamente irresistibles, por tres a seis. Si le renuevan a uno el contrato, se estiran un poco más y llegan a los dos o tres años también. Pero la incertidumbre se agrava todavía más porque la renovación del contrato no se produce automáticamente, sino que, en general, hay que merecerla según criterios muy variables. Todo se remedia cuando se obtiene la permanencia o la inamovilidad de cargo, que llega tarde. Mientras, tiene uno puesto, pero está en el aire. Con esta inseguridad se anula lo fácil que inicialmente fue conseguir la vacante. Pasan nueve y doce años hasta que se es inamovible, y durante ellos, el profesor ve sus clases inspeccionadas periódicamente por compañeros y ha de someterse a otra clase de pruebas, ninguna de las cuales es, sin embargo, las nuestras de las oposiciones. Podría pensarse que la oposición se hace una vez dentro de la Universidad, y que se compite con otros compañeros, también en situación de provisionalidad, para el mismo puesto. Parece así, pero no lo es, porque no hay plantilla fija ni tampoco verdaderas vacantes a llenar cada año. Aparte de que el número de matrícula en cada departamento influye en el número de profesores asignados para el mismo, hay otros factores determinantes. Los dirigentes de instituciones universitarias aspiran a tener el escalafón de cada departamento con diferencias de rango, edad, sexo, especialidad y, en el caso de lenguas y literaturas extranjeras, también de país de origen. Incluso el color y la religión, aunque no sean considerados factores decisivos, pueden llegar a jugar papel importante; la tendencia es a que todos estemos representados. No es, pues, tan frecuente, o al menos no debía serlo, la rivalidad entre compañeros, aunque sí es cierto que hay más competencia entre nosotros que en Europa. Con este sistema americano sucede muy a menudo que un profesor que vale, pero cuya edad, especialización, etc., no encaja en el marco actual del departamento, tiene que marcharse porque le niegan la inamovilidad. Su departamento propone, pero una comisión del claustro, presidida por el rector, es la que dispone. Casi siempre, los departamentos de mayoría europea, llevados de nuestra tradición de inamovilidad, recomendamos que se queden los que no están fijos. Bien pensado, queremos el oro y el moro: queremos que no haya oposiciones, pero no queremos ser amovibles. Pronto llega el pronunciamiento de la comisión competente a ponernos los puntos sobre las íes. El compañero tendrá que buscarse otra colocación con mejor expectativa de permanencia: generalmente la encuentra y, además, con ascenso desde el primer momento. Así ha sido en casi todos los casos que conozco. A la larga se sale, pues, beneficiado; pero, mientras se está resolviendo el asunto, casi siempre hay nerviosismo, disgusto y explosiones de toda clase en los departamentos.

Era en esta época de nombramientos cuando Guillén oía y callaba; callaba, para luego estallar en un chaparrón supersónico de palabras. «Yo voto que se quede, que se queden. ¡Todos! ¿Está claro?» Y cuando nos llegaba el fallo desfavorable de la comisión superior, andaba retraído una temporada. Escribía lo que sentía: *—Los candidatos son dos. / Nunca posible eminencia. / Buen mediocre nos dé Dios. (Maremágnum,* página 110). Soledad. Se le veía sufrir y nos daba pena. Esquivaba infantilmente a la persona que creía responsable de lo sucedido. Una vez hasta le oí hablar y le vi gesticular solo, hasta tal punto llegaba su justa indignación y el injusto ostracismo a que se condenaba en aquellos períodos. Le buscábamos, le llamábamos por teléfono, pero era inútil: había que esperar a que pasara el aguacero. El mundo era entonces para él un poema contrahecho, una visión más cerca de *Clamor* que de *Cántico.* (Véanse «Virgen docente», en *Maremágnum,* pág. 180; «Doncellona», «La bella tan maridable» y «Recurso mágico», en *Homenaje,* págs. 188, 226 y 545, respectivamente.)

Llegaba a clase puntualmente y no faltaba nunca, a no ser

las raras veces que estuvo enfermo. Era implacable, sin embargo, con la muchacha ausente sin razón. «Yo vengo. Pues que venga ella también.» En efecto, acudía como un clavo, sin que le arredrasen las inclemencias del tiempo. Se le veía aparecer todo nevado por los pasillos, quitarse los inmensos chanclos y meterse rápido en el aula. Les gustaban sus cursos a las alumnas, hasta a las menos dotadas, y ellas mismas le hacían la propaganda. Las más entusiastas eran las de habla española, y no únicamente porque le entendían más, sino porque sabían desde su tierra chilena o argentina quién era Jorge Guillén. Ellas y alguna americana del Norte compraban *Cántico* y pedían a su autor que se lo firmara. A veces, los muchachos que las acompañaban las enteraban de lo que era nuestro poeta, sobre todo si la chica era de habla inglesa. Pero en realidad hay que declarar que las alumnas adivinaban solas la talla humana y literaria de su profesor. Una sola vez dio con una estudiante impertinente y descontentadiza, tanto que a la niña no le gustaba el *Quijote;* el drama duró todo un semestre, sin que se salvara Cervantes, y con la subsiguiente desazón y mal rato para Guillén, quien tomó el incidente mucho más a pechos de lo que se merecía. Su autora era una muchacha inteligente e iconoclasta, con deseo de afirmarse en la vida; elegía el ataque destructor como atajo más rápido para cumplir sus fines, por otra parte, todavía hoy incumplidos, a los veinticinco años al menos de aquello. Guillén le dio un sobresaliente a pesar de todo. Nobleza obliga.

¿Se dio cuenta la facultad de quién era nuestro profesor de español? Los entendidos en literatura, que eran y son muchos, sí. Entre los otros, algunos hubo que adivinaron la talla intelectual de aquel hombre alto y delgado, modesto de gesto y tono, de raído gabán y boina oscura, que paseaba solo o andaba rápido, el pecho, los brazos y la cabeza cortando el aire medio metro antes que el resto del cuerpo, formando al caminar una figura en letra itálica. Pocos fueron los que no se enteraron de la importancia de Guillén. Afortunadamente no se contaron entre ellos las autoridades administrativas; tanto la presidenta como las decanas reconocieron desde el principio la categoría humana y literaria de Jorge Guillén, estuvieron siempre a la altura de las circunstancias y trataron al poeta con la máxima consideración. Obtuvo cuantos permisos solicitó para enseñar en el extranjero (Colegio de México, 1950) o en otras universidades de los Estados Unidos (Yale, 1947; Berkeley, 1951; Ohio State, 1952-1953; Harvard, 1957-1958), y cuando llegaba el año de solicitar la licencia sabática nunca se la denegaron o se la aplazaron descontándole los años ausente de su cátedra por haber ejercido fuera. Por lo demás, el profesorado de Wellesley College ha contado y sigue contando en su haber con personajes de todos los ramos del saber. En literatura española, con Pedro Salinas, Jorge Guillén, Carlos Bousoño y Julián Marías. En la extranjera, con Katherine Lee Bates [5], Vladimir Navokow, Richard Wilbur y David Ferry. Ambas listas podrían alargarse, pero he elegido los nombres mencionados porque representan no solamente literatura de imaginación, sino ensayo y filosofía también. Por ellas se ve bien que Wellesley está y estaba acostumbrado a distinguir. A Jorge se le distinguió y se le hizo justicia, incluso justicia poética. Ada M. Coe, profesora de español allí durante unos cuarenta años, jefe del departamento durante una gran parte de ellos y encargada con otros de los nombramientos —ella trajo a Salinas y a Guillén—, se las compuso para que fueran a parar al autor de *Cántico* la toga y el birrete de Katherine Lee Bates. No fue insensible al hecho Guillén. Medio en serio, medio en broma, me mostraba el forro de la toga con el nombre de K. L. Bates. Era el espaldarazo de la poesía [6] americana del pasado, repetido después solemnemente entre vivos por la American Academy of Arts and Letters (1955) o por Archibald Macleish.

Entre las funciones extra del profesor estaba la de dirigir monografías sobre poetas españoles; no le pesaba, al contrario: « ¡Si a mí me encanta hablar de poesía! Ya ve usted qué cosa para quejarse. Un par de horas cada dos semanas con esa muchacha, bonita, lista, fina, limpia, simpática y que, además, quiere leer a Antonio Machado. A mí eso no me cuesta nada.» Y acudía con rigurosa exactitud a las entrevistas. Había barreras como la de la lengua y la generacional, claro. Soledad. Pero

[5] Autora de *America Beautiful*, hoy casi el himno nacional y, desde luego, himno de Wellesley College, al son del cual se desfila académicamente.

[6] Entre otros premios recientes a Guillén están los siguientes: el de la ciudad de Florencia, en 1957; el de Etna-Taormina, Sicilia, en 1959; el Gran Premio Internacional de Poesía de la V Bienal de Knokke-Le Zoute, Bélgica, en 1961, y el de San Luca, Florencia, en 1964.

Guillén arremetía con fervor y lograba salvarlas. Cuando al final la alumna le entregaba su estudio, Guillén lo leía y corregía con toda atención; lo mismo hacía con los temas de clases más grandes y con los ejercicios de examen, parcial o final. (Hay que decir muy alto que cumplía todos sus deberes de profesor como si fuera un simple soldado raso de la literatura y de nuestro departamento.) En general quedaba satisfecho. Quizá la tarea más dificultosa para él fuera la de calificar, sobre todo si la nota era un suspenso. Lo recuerdo muy bien batallando con un examen deplorable. Estaba sentado leyéndolo en un sillón de mimbre y se iba sonrojando a medida que avanzaba por el escrito. Cuando terminó se le escapó uno de sus suspiros característicos. Cualquiera hubiera dicho al verle la cara que estaba en un funeral. ¡Qué difícil resulta suponer que la nota se recibió con tanto disgusto como costó el darla!

Llevaba a clase todos los días notas escritas en cuartillas, unas amarillentas y ajadas, otras resplandecientes. Las viejas eran las nostálgicas papeletas por las que preparó en Madrid las oposiciones a cátedra. Las nuevas las iba añadiendo a medida que salían artículos y libros. Porque Guillén, armado de sus cuatro lenguas, se lo lee y aun relee todo e incluso torna a releérselo. Se lo vimos hacer con Ortega, cuyos tomos uno a uno y a lo largo de un semestre completo llevó consigo a aquel modesto restaurante griego, donde, después de quedarse viudo, solía comer solo. Mientras esperaba el almuerzo leía, doblemente ávido; y leía mientras comía y, después, ya de sobremesa. Con sus apuntes, llevaba a clase libros, revistas y folletos en los que había marcado de antemano lo que iba a utilizar usando unas lengüetas de papel multicolor. Solía primero revivir al autor y sus tiempos, situarlo en literatura —y aquí entraba la de varios países—, para pasar luego a la obra. Al hablar del autor sabía mil anécdotas y era muy ocurrente. Después hacía una síntesis y entraba a leer trozos de aquel escritor, poemas, escenas o párrafos, según de lo que se tratara. Preguntaba poco, pero les hacía leer en clase a las alumnas para asegurarse de que entendían bien lo que allí decía. Antes del respingo de la muchacha desdeñosa del *Quijote,* solía preguntar más; entre ello preguntaba a una discípula si le había gustado lo que llevaban, y pedía algún comentario personal. Después ya no hacía semejante interrogación. «A mí no me dice nadie que no le han gustado las coplas de Jorge Manrique. ¡Pues no faltaba más! » Al comenzar su lección, notas en mano, parecía lejano, lento, frío, pero luego se hacía conciso y exacto en ideas y expresión. Descartadas las cuartillas, empezaba a calentarse y a aproximársenos. Era entonces cuando se ponía a improvisar comentarios, dándole vueltas a la misma idea, y cuando le oíamos pensarla en alta voz, cada vez desde un aspecto distinto. Por fin la redondeaba y la soltaba en una sola frase, corta, clara, poética, además, y por ello cargada de sentidos, que eran las diferentes fases de la idea. Este público alumbramiento era un apasionador espectáculo intelectual en el cual habíamos visto todas y cada una de las puntadas que llevaba la confección de una idea. Ha habido y seguirá habiendo quien, ante Guillén, se asombre de las discrepancias tan tajantes que hay entre la exacta cuantía de su palabra en verso y la prodigalidad de palabra en la conversación en prosa, esencialmente poéticas las dos clases, a pesar de todo. La cosa merece ser pensada muy en serio y, mientras lo hacen, a mí se me ocurre esta explicación.

Para Jorge Guillén, tan locuaz en prosa y tan justo —y cabal— en verso, la prosa es su lenguaje analítico, descriptivo, el revelador fotográfico de todo lo que le pasa a su pensamiento, la placa en negro del mismo, en la que se manifiesta todo su secreto y se ven todos los movimientos, si se permite la expresión, como al gran «ralenti» de una lente de cine y de microscopio al tiempo. Mientras que el verso es el lenguaje sintético, la varita mágica del oráculo, el avión de propulsión a chorro, el cuadro en color, extraído de la película en negro, o plenamente e independiente de ella, un cuadro en el que, por medio de delicadas operaciones del cerebro y del corazón —dicotomía realmente inaceptable—, pone nuestro poeta únicamente las palabras que dicen más cosas y que las dicen mejor. Y entre la prosa y el verso de Guillén están sus pausas, sus silencios, su soledad. Los tres esencialmente poéticos.

Consecuencia de su soledad eran sus distracciones, que a veces le causaban a él mismo hilaridad, otras enojo. Había en ellas desambientación, aislamiento de la vida americana y un cierto aspecto poético. Sirvan los dos siguientes de ejemplos. En un período en que tuvo el pensamiento más embargado que de costumbre llegó a cometer una equivocación de consecuencias gravosas para su bolsillo. Firmó un contrato con una universidad norteamericana que dividía el año escolar en cuatrimestres. Como estábamos en guerra, la universidad funcionaba durante el verano. Guillén, acostumbrado a la división en semestres, no se fijó bien, no lo consultó con nadie y tuvo que enseñar incluso durante el verano; perdió así las clases que venía dando en otro lugar, en Middlebury, un «college» situado en la montaña, donde el espantoso calor veraniego no se sentía apenas, y se asfixió en cambio en el lugar donde le tocó quedarse. Lo hizo lamentándose, pero sin echarle la culpa a nadie más que a él mismo. Hay que decir en su honor que errores así cometía menos de los que se podrían seguramente contar de otro poeta. Otro error, de género muy diferente, es este que sigue.

Sucedió una tarde en mi casa, al final de las tres horas largas que me dedicó para explicarme su manera de hacer décimas. Surcaba el aire del salón con sus palabras y el suelo con sus pasos incesantes. En un paréntesis al problema de las décimas había dicho, palpando la puerta de salida y palmoteando en ella para reforzar con el gesto la expresión de su idea: «Mi poesía parte siempre de la realidad, de los hombres, de la tierra, de las cosas, de esta puerta que veo también y sé lo que es y para lo que me sirve. No, no soy de esos poetas que andan por las nubes, que no ven los objetos sensibles.» Volvió a hablar copiosamente de la décima. El tema era alucinante y yo y mi perro «Lunero» estábamos fascinados; yo, por las razones; «Lunero», por el sonido de las palabras. Tan deslumbrado estaba el can que vino a sentarse cerca de mi sillón, al lado del cual hacía Guillén escala durante su navegación por el cuarto, y se pasó un larguísimo rato inmóvil, mirando al poeta fijamente —*¡pupila tan pueril junto a un iris tan grave!*— (*Cántico,* pág. 311), embobado y embebido por su discurso. Por fin, Guillén, a quien no le gustan los perros, ni mucho menos los gatos, a los que teme como al diablo, reparó en la postura y en la solicitud caninas: «Fíjese cómo me escucha, con tanta atención casi como las niñas en clase.» Se puso el sombrero que tenía en la mano hacía ya lo menos media hora y concluyó: «Bueno, ahora sí que es de veras; adiós, me voy a cenar.» En esto abrió la puerta con intención de salir y... se metió de golpe en un armario empotrado cuya puerta estaba al lado de la de la salida. Todo fue tan rápido que ni el perro ni yo pudimos impedirlo. Mucho menos Guillén, abstraído como estaba en lo de las décimas. ¿Cabe distracción más poética?

Se sentía más a gusto y menos solo en Wellesley, creo, que en las otras instituciones para hombres sólo, o en las mixtas en que enseñó [7]. Le agradaba la compañía de las muchachas, las cenas en las residencias, el trayecto en autobús a Boston para asistir a espectáculos, conferencias, exposiciones. Tenía relaciones muy cordiales con profesores y profesoras, con las decanas, con la misma presidenta, y gran amistad con catedráticos de departamentos de otras universidades. Este sincero interés por gentes y cosas era una arma eficaz contra la soledad. Así no se perdía en una reunión, ni las de claustro, en las que, me contaba, se divertía mucho. Sentado casi siempre en el mismo escaño, mientras se leía el acta de la sesión anterior pasaba revista a todas las caras, saludando sonriente a las conocidas, escudriñando a las nuevas, incluso si eran de mujeres, y mirando intensamente a la presidenta —tuvimos dos en su tiempo: Mildred Mac Affee Horton y Margaret Clapp, y es todavía admirador intelectual de ambas—. Cuando empezaban los informes y los debates, Guillén lo seguía todo interna y externamente a la vez: no le interesaban tanto las propuestas o las enmiendas, lo que despertaba su curiosidad era la persona que las hacía y su forma de hacerlas. Cuanto más reñida era la proposición, tanto más valor tenían para él sus actores. Había claustro del que salía tan sofocado como de los toros, aunque nunca participó activamente en la corrida. Eso sí, votaba: generalmente, después de saber cómo estaba votando alguno de su confianza, lo que era fácil saber, puesto que votábamos levantando el brazo. En sus últimos años de catedrático de Wellesley, estas juntas de claustro y las internas del departamento iban ya siendo motivo de preocupación para él: le quitaban tiempo, del cual comenzaba a mostrarse más avaro. «¡Justina, por Dios, que nos tenemos que morir! ¡Que no me quedan horas para escribir!», protestó una tarde para la que yo había convocado una reunión más. Pero sentía la dignidad de ganar-

7 Algún poema, como «Poesía eres tú» *(Maremágnum,* pág. 119), parece buena prueba del gusto con que nuestro profesor enseñaba a las muchachas.

se la vida con la enseñanza, y nos lo ha dejado registrado en «Los poetas profesores» *(Homenaje,* pág. 498).

Hay que decir muy alto y en su favor que, para un hombre tan ocupado y tan importante como Guillén, cumplía con todo cuidado y diligencia los innumerables deberes burocráticos del profesor norteamericano. El papeleo en nuestro departamento, como en los demás, era inacabable. Guillén contestaba a todo: cuestionarios, voto por escrito, recomendaciones, proyectos en consulta, etc., etc. Lo que más le gustaba era lo que tenía que ver con libros, publicaciones y bibliotecas. Así, formó parte de los comités que entendían en estos asuntos. Era muy cuidadoso con todo papel que recibía con el membrete del colegio y los estudiaba y consultaba con toda atención. Rarísimas veces perdía o tiraba sin querer estas comunicaciones, si bien se le traspapelaban con cierta frecuencia. En suma, extendía a esta prosa —bien prosaica en ocasiones— el interés y respeto que la literatura le inspira.

Guardaba con esmero los originales y correcciones de sus poesías, especialmente cuando estaba todavía escribiendo *Cántico.* Cuando no creía tener lugar seguro para ellos —por estar de licencia y haber subalquilado o querer subalquilar su piso de Wellesley— se los entregaba al tesorero del colegio para que los tuviera a salvo en una caja fuerte. Estando una vez en Florencia, se enteró por los periódicos de que habíamos tenido un huracán en Massachusetts y de que Wellesley había salido bastante damnificado. El poeta me envió entonces un telegrama pidiendo noticias de sus papeles y de sus libros, lo cual horripiló a Teresa Guillén, quien lo más dulcemente posible regañó al padre por no haber redactado el cable de forma que mostrara preocupación e interés por las personas. «Pero, rica —respondió el poeta—, si me contestan quiere decir que se han salvado las personas también.» La cosa, chistosa en sí, tenía verdaderamente su miga. Para Guillén, autor nada prolijo en verso, los telegramas, cuanto más escuetos, mejor.

Guillén era y es buen amigo: *Amigos. Nadie más. El resto es selva,* dijo en *Cántico* («Los amigos», pág. 316). Tenía y sigue teniendo muy estrechas amistades en ambas Américas. Hay constancia de ello en varios poemas inspirados por amigos escritores, catedráticos y otros, o dedicados a ello. En *Homenaje* aparecen, entre otros, los siguientes: Alfonso Reyes, Jorge Gaitán

Durán, María Rosa Lida, Ana María Barrenechea, los hermanos Juan y Augusto Centeno, Pierre y Alix Deguise, Soledad Salinas de Marichal, Ramón de Zubiría, Pedro Salinas y otros poetas muertos; más los vivos mencionados en la sección titulada «Variaciones», que incluye a otros muchos hombres de letras (páginas 112-113, 167, 176, 177, 178 y 194, 179, 186-187, 573 y 204-209, y para «Variaciones» véanse págs. 430-471). «El jardín de los coquíes» está dedicado a Esther y Elsa Fano *(A la altura...,* págs. 166-167); «Apertura de curso», a Jacques Deguise, y «Muerte y juventud» se refiere a Gabriel Pradal *(Que van a dar en la mar,* págs. 130 y 140), mientras que «La amistad y la música» fue inspirado por un concierto en casa del matrimonio Procter *(Cántico,* pág. 269) y «Mar que está ahí» se debe a una visita a Ruth Whittredge en su casa de Salem, Massachusetts, como puede verse en el poema *(Maremágnum,* págs. 170-171) [8].

Amigos particulares de los Guillén, pero que no están mencionados en la obra del poeta, son los siguientes (algunos de ellos ya muertos, todos profesores o escritores residentes en los alrededores de Boston en la época del último *Cántico):* Amado Alonso, William Berrien, Andrée Bruel, María Díez de Oñate, José Antonio Godoy, Edith y Ben Helman, Louis Hudon, Lucinda Moles, Renato Poggioli, Isabel Pope de Conant, Jean Seznec, Ella Keats Whiting, y sus familias, si las había. Guillén los visitaba con frecuencia —algunos eran vecinos de casa y entonces la visita era diaria, casi siempre después de cenar— y pasaba horas de conversación con ellos, a lo cual llamaba sus «orgías».

Así era el poeta-profesor de Wellesley, Massachusetts, USA. En la soledad americana, un español relacionado con el am-

8 El mar es tema importante para Guillén y aparece, entre otros poemas, en los siguientes: «Lo inmenso del mar», «En lo azul, la sal», «La verde estela», «El aparecido», «Nivel del mar» *(Cántico,* páginas 238, 239, 290, 464-466, 480-488), «Europa», «Mediterráneo», «El encanto de las sirenas» *(Maremágnum,* págs. 38, 55, 63-67), «Mar en brega», «Mar-Olvido», «La cólera marina gasta espumas» *(Que van...,* páginas 164, 44, 71), «Tiempo de vivir», «Tiempo antiguo», «Acantilado» *(A la altura...,* págs. 33, 85, 153), «Al margen de *Os Luisiadas.* Cabo de Europa», «Al margen de Vico. Este mar Mediterráneo», «Margen vario. La inmensidad, el mar», «Correspondiendo (Mediterráneo)», «Mar con luna», «Orilla vespertina», «Vida sin muerte», «Viento de tierra» *(Homenaje,* págs. 46, 66, 78, 155, 292, 375, 529 y 544).

biente universitario norteamericano, pero sin dejarse absorber, sin confundirse con él. Uno de los casos más obstinados de resistencia a la americanización que me eché jamás a la cara. (Véase «Dafne a medias», de *Maremágnum,* o «Pasaporte», de *Homenaje.)* Un español que se resistía tenazmente a dejar de serlo. No es tanto que no se haya hecho ciudadano americano o que no se haya angloamericanizado tampoco en lo más mínimo. Su amor a España es muy grande y está reflejado en su poesía [9]. Incluyo en esta antología varios poemas como ejemplo. Por ello le producía invencible disgusto cuanto tocara a la pérdida, deslustre o disminución de nuestros estudios en el extranjero y, claro es, cuanto dejara de reconocer la grandeza de España en la historia o en las artes. A este respecto hubo en los EE. UU. una etapa bastante molesta cuando la campaña rooseveltiana de «buen vecino» con Hispanoamérica, coincidente con la española de «hispanidad». Fue una batalla diplomática reñidísima. La idea de Roosevelt caía frecuentemente en manos de beocios y oportunistas que creían indispensable extirpar la influencia y los lazos españoles con las repúblicas hermanas; sólo así se produciría el entendimiento de yanquis e hispanoamericanos. Se dieron incontables conferencias y se escribió incansablemente tirando a matar a los conquistadores, a la colonia, a todo lo que constituye la leyenda negra. El tono era excesivo. A esta virulencia ensañada venía a sumarse algún que otro partidario del movimiento indigenista. Entre todos querían abochornarnos, ¡como si con ello quedara mejor ensalzada la personalidad enorme de los países iberoamericanos! Habría que recordar ciertas polémicas de nuestro siglo XVIII europeo para hacerse cargo de la situación. Los verdaderos intelectuales organizaron el contraataque. Pero no quiero entrar en asunto tan intrincado, sino volver a Guillén en aquel momento americano. Ante una conferencia que se anunciaba con un título sospechoso para nosotros los españoles, solía decirme, si yo me resistía a asistir: «No, no, hay que ir. Hay que estar presentes. Estando allí nosotros no se atreven a decir tanta barbaridad.» E íba-

[9] Además de estarlo en los poemas citados, aquí y en la pág. 258 se ve este amor en «Cante jondo» *(A la altura...,* pág. 95), «12 de octubre», «Cartagena de Indias» *(Homenaje,* págs. 89 y 573) y en otros varios poemas.

mos, y nos sentábamos en primera fila, y mirábamos al conferenciante clavándole verdaderamente los ojos.

Fue por esta época también cuando muchos departamentos de español dividieron los estudios de literatura en dos, por un lado los de España y por otro los de América. Nos oponíamos a la separación, entre otras razones por ésta de carácter práctico: no teníamos profesorado suficiente y no nos lo querían aumentar para constituir una sección independiente de literatura iberoamericana. Pero en cuanto a las razones teóricas estábamos de acuerdo con la necesidad de dar mayor importancia a estos estudios; nos correspondía además a los de Wellesley el honor de pertenecer a un departamento que había sido cronológicamente el primero en el litoral este de los EE. UU. en establecer cursos de literatura hispanoamericana exclusivamente. Jorge Guillén era el profesor de esta asignatura. Prevaleció nuestra posición, mas ¡cuánta soledad y cuánta incomprensión hubimos de sufrir entonces! Con aquellos golpes le acometía a Jorge una gran tristeza. Su soledad la transmigraba ahora a la madre patria. Me citaba, nos citábamos, frases, versos famosos sobre la soledad de España. Entre éstos aquel inolvidable soneto de Quevedo que empieza: «Un godo, que una cueva en la montaña...», y termina: «Y es más fácil, ¡oh España!, en muchos modos, / que lo que a todos les quitaste sola, / te puedan a ti sola quitar todos.»

Lo curioso de este episodio era que nuestro poeta es aficionadísimo a las letras de los países de habla española, a sus tierras, a su gente. Tiene grandes amigos allí y, como es de sobra conocido, ha dado cursos en varias universidades hispanoamericanas. Conoce muy bien algunos de estos países, es admirador ferviente de muchos de sus escritores ya muertos y muy amigo íntimo de otros todavía vivos: se podría confeccionar una lista con nombres de ensayistas, poetas, pintores, músicos, en fin, con artistas en general. Los cursos de Guillén en el otro hemisferio americano o sus cursos en el norte de América sobre literatura latinoamericana han tenido gran éxito; las invitaciones a repetirlos han sido reiteradas, así que su interés en este asunto está bien demostrado. Tenemos además el mismo acreditado entusiasmo del poeta por lo francés. Como por otras literaturas. Y por otros países. Guillén es un espíritu abierto a todo; español, pero universal [10]. ¿De dónde procedía, pues, su inquietud, su disgusto, su retraimiento solitario durante aquellos debates de la época de la política del buen vecino? No fue ésta, claro es, la que los ocasionaba, sino el que cayera la puesta en práctica de la misma en manos a veces demasiado toscas. Lo que le fastidiaba era la aplicación con un criterio mezquinamente enano de algo bien pensado y grande; el enemigo era el politicastro demagogo que atronaba las aulas pidiendo que se arrancara lo inarrancable, que se debilitara lo fuertemente arraigado para en su lugar implantar o reforzar lo todavía no cuajado. En el terreno propiamente literario significaba esto una reducción, una mutilación de la literatura. Jorge la sentía como una herida personal. Tan fuerte era y es su vocación y tan unida estaba y está a su doble quehacer de profesor y poeta. Vocación y profesión imposibles de ejercer en el silencio ni en la soledad, enemigos aviesos contra los cuales luchó en público cara a cara y arrojadamente desde la poesía y la cátedra, desde el amor y la amistad, y en privado, desde él mismo por y para ser él mismo, para ser realidad.

Por eso dijo modestamente nuestro poeta cuando Harvard University le ofrecía la cátedra de poesía «Charles Eliot Norton», para desempeñar la cual hay que pronunciar conferencias en inglés ante un público muy exigente de escritores, profesores y estudiantes:

Me encontraba en un abismo
De inconsistencia, perplejo.
Sólo recobré mi fe
Cuando me alumbró el consejo
De un amigo: «Sé tú mismo.»
¡Realidad!
Y respiré.

(«Reajuste», *Homenaje,* pág. 534.)

El amigo fue verdaderamente una amiga de Wellesley College, Ella Keats Whiting, profesora de inglés en dicha institución de 1928 a 1961, especialista en John Audelay, sobre quien

10 Por eso trata con simpatía al hombre de color y protesta y se avergüenza de la injusticia racial. Véase «Tren con sol naciente», «Que no», *Cristiano autobús,* «Inditos», «El niño negro» *(Maremágnum,* páginas 28, 33, 97, 107 y 123) y «Los negros» *(Homenaje,* pág. 121).

ha publicado un libro[11], y en Chaucer, *Dean of Instruction*, de 1939 a 1954; *Dean of the College*, de 1954 a 1961, y, en efecto, descendiente de John Keats. Poseía y aún posee miss Whiting, hoy ya jubilada, todas las gracias y refinamientos que la sociedad norteamericana llegó a producir cuando no era todavía tan «afluente» como en estos días; cuando se tendía en los EE. UU. a ser intelectual, liberal y progresista; cuando se respetaba y admiraba por muchísimos lo que hoy día parece ser patrimonio exclusivo de una corta minoría de gente mayor y de una parte pequeña de la juventud: la rebelde que milita ruidosa en las filas de los «activistas».

[11] *The Poems of John Audelay*, The Early English Text Society, London, 1931.

INDICES

INDICE ALFABETICO DE LOS POEMAS INCLUIDOS EN LA ANTOLOGIA

Página

INDICE GENERAL

EL CANTICO AMERICANO DE JORGE GUILLEN

PRIMERA PARTE: ANTOLOGIA

II. Clamor

III. Homenaje

Página

TERCERA PARTE: APENDICES